黄冈师范学院教材建设专项基金项目

U0653183

大别山
红色文化
概论

主编◎宋文生　　汪季石

南京大学出版社

图书在版编目(CIP)数据

大别山红色文化概论/ 宋文生，汪季石主编. 一南京：南京大学出版社，2023.8(2025.8 重印)

ISBN 978 - 7 - 305 - 26753 - 6

Ⅰ. ①大… Ⅱ. ①宋… ②汪… Ⅲ. ①大别山－革命传统教育－概论 Ⅳ. ①D642

中国国家版本馆 CIP 数据核字(2023)第 104454 号

出版发行　南京大学出版社

社　　址　南京市汉口路 22 号　　　邮　　编　210093

书　　名　**大别山红色文化概论**
　　　　　DABIESHAN HONGSE WENHUA GAILUN

主　　编　宋文生　汪季石

责任编辑　顾其兵　　　　　　　编辑热线　025 - 83592315

照　　排　南京开卷文化传媒有限公司

印　　刷　常州市武进第三印刷有限公司

开　　本　787 mm×1092 mm　1/16 开　印张 12　字数 226 千

版　　次　2023 年 8 月第 1 版

印　　次　2025 年 8 月第 3 次印刷

ISBN　978 - 7 - 305 - 26753 - 6

定　　价　39.80 元

网　　址：http://www.njupco.com

官方微博：http://weibo.com/njupco

微信服务号：njuyuexue

销售咨询热线：(025)83594756

《大别山红色文化概论》
编 委 会

主 编

宋文生　汪季石

副主编

夏　慧　王贵东

委 员

（按姓氏笔画排序）

余晚霞　张　扬　陈永典　郑　鹏

前　言

地域的魅力或归功于自然造化之神奇，或依乘于自身文化之积淀，若能两两辉映，自然相得益彰——大别山就是这样一个神奇的地方！

大别山是我国为数不多的大型连片山区，位于湖北、河南、安徽三省交界处，包括三省的黄冈、信阳、六安和安庆四个专区及武汉、孝感、随州三个专区的部分地方，总面积达七万二千平方公里。大别山是我国地理上的一条重要界线，划分我国南北两部，是长江和淮河的自然分水岭。山南麓的水流入长江，北麓的水流入淮河，区内地形起伏较大，水资源丰富，千米以上的高峰有一百多座。

大别山是"古色"的山。有史以来，人文渊薮，蔚为大观，华夏文明中的皋陶文化在这里绵延，传统儒学在这里积淀，禅宗文化在这里发祥和光大，戏曲文化在这里兴起和流传……

大别山也是"绿色"的山。这里的风光"大别于他山""别于天下"，有群峦叠嶂，秀水峻峰；流云雾海，冬雪秋林；山山飞瀑，径径通幽……

大别山更是"红色"的山。在烽烟四起的近代，朴诚勇毅的大别山人民，大义担当，在历史的舞台上谱写了一首首壮丽雄浑的斗争篇章，上演了一幕幕可歌可泣的英雄故事，为中国的革命事业做出了巨大的贡献，创造了令人瞩目的红色文化。

习近平总书记非常重视我们党领导大别山地区光辉的革命历史，他曾三次视察大别山。2010 年 1 月，时任国家副主席的习近平来到湖北红安，在中国工农红军第四方面军诞生地七里坪，询问陪同人员：大别山为什么 28 年红旗不倒？这个问题你们还要好好研究！2016 年 4 月，习近平总书记在安徽金寨，听取县委书记汇报"大别山精神"，指示"要提炼好、弘扬好'大别山精神'，让红色基因代代相传，让红色江山永不变色"。2019年9月,习近平总书记考察河南新县后发表重要讲话:"鄂豫皖苏区根据地是我们党的重要建党基地,大别山精神是我们党的宝贵精神财富。"

2020年8月21日,习近平总书记在安徽合肥渡江战役纪念馆再次作出重要讲话:"鄂豫皖苏区能够'二十八年红旗不倒',刘邓大军千里跃进大别山能够站住脚、扎下根,根本原因是我们党同人民一条心,军民团结如一人。"

为了让青年学生领会习近平总书记在大别山作出的重要论断,贯彻习近平总书记的重要指示,我们推出《大别山红色文化概论》。通过学习,青年学生可以了解什么是大别山红色文化,知晓大别山红色文化的内容所包含的事、魂、人、物,聆听和传唱大别山红色歌谣,从中感受我们党领导大别山军民进行革命斗争的艰苦历程,感受中国共产党的革命精神和力量。青年学生能够更加深入具体地了解我们党的发展历史,传承红色基因,弘扬革命精神,把对红色文化、对革命先辈的敬意转化为追求卓越人生的目标,坚定地做党的事业的接班人和实现民族复兴的生力军!

目 录 ●

Contents

第四章　青山处处埋忠骨　多少英魂铸光辉

第五章　旧地哪寻烽烟迹　一书一物家国情

第六章　红谣不辍传薪火　以歌咏志发强音

第一章

谁将热血洒峻岭　赓续文脉谋复兴

——大别山红色文化是什么

21 世纪初期,随着经济全球化的步伐加快,西方发达国家强势输出自己的文化,许多国家逐渐意识到只有民族的文化才是世界的文化,保持文化的多样性、保持自己国家文化的特色是民族发展的精神保障。一时间,寻根问祖成为各个国家在文化发展问题上的共识,红色文化便是在这样的宏大背景下提出的具有中国特色的文化类型。

对文化的研究实质上最终关注的还是作为实践主体的人,人们不断对文化进行深层了解和分析,只不过是希冀从纷繁复杂的文化现象中去理解和把握人的多种生存方式,对人类生活过程中丰富的精神活动进行感知和体验,借此为主体的人生追求寻找价值指向或意义系统。作为中华民族特定时期形成的红色文化,对其进行的研究当然也有着这种文化哲学的意义。而对红色文化的重要组成部分——大别山红色文化的研究亦然。

◆ 第一节　大别山红色文化的内涵和特色

大别山红色文化与中国其他不同地域的红色文化共同构成中国红色文化的有机整体,它与红色文化是特殊性与普遍性的关系,对近代以来的中国社会产生了极其深刻的影响。

一、文化、红色文化与大别山红色文化的内涵

本书所指的大别山红色文化中"文化"该怎么理解呢？一提到文化这个词，我们会发现，但凡人类社会的一切实践活动及其产物都可以归于文化的名下，其使用频率之高、使用范围之广，以至于很难给它一个合理的解释。如果再进一步要求给出一个关于文化的精准定义，简直是一件难上加难的事情。事实上，的确如此，国际学术界对文化的定义就有200多种，美国学者克罗伯和克拉克洪在著作《文化，关于概念和定义的检讨》中统计出，仅从1871年至1951年的80年间，就出现了164种关于文化的定义，真可谓众说纷纭、莫衷一是。

且先梳理一下这琳琅满目的文化定义，我们会发现每一种界说都有合理性，定义"文化"的学者几乎遍布各个学科领域。这说明了文化的定义之所以难以统一，一是由于文化本身的复杂特殊性使得它的本质无法完全充分概括，二是由于研究主体们在界说时选择的角度、侧面等不同，所作出的定义只能是对对象的某一个方面、某一个层次的认识。所以，定义作为人类的认识成果，它总是相对的、有条件的。从总体上看，这些关于"文化"的定义，基本可以划分为两大类，当然也可以按学科或研究视角分得更细。第一类就是从整体的、综合的、宏观的层面去规定文化是什么，第二类则从具体的、微观的层面界说文化。比较而言，宏观层面的界说包容性更强，微观层面的界说指向性为胜。比如克罗伯的定义：

"文化由外显的和内隐的行为模式构成；这种行为模式通过象征符号而获致和传递；文化代表了人类群体的显著成就，包括它们在人造器物中的体现；文化的核心部分是传统的（即历史地获得和选择的）观念，尤其是它们所带的价值；文化体系一方面可以看作是活动的产物，另一方面则是进一步活动的决定因素。"①

这个界说解释是克罗伯在统计了一百多种文化的定义之后，所做的综合性概括，这个版本的文化定义在学者中的认可度比较高。

还有两种关于文化的定义为许多学者接受，一是英国文化研究的奠基人之一雷蒙德·威廉斯概括了文化的三种界定方式：(1)文化的"理想"定义，即把文化看作是人类完善的一种状态，是智慧、精神和美学的一个总的发展过程，认为文化是伟大传统中

---

① 傅铿.文化的镜子：西方文化理论导引[M].上海：上海人民出版社，1990：12.

的最优秀的思想和言论；(2)文化的"文献式"定义，即文化是有记录的文化作品和活动；(3)文化的"社会"定义，即文化是对一种特殊生活的描述，不仅表现艺术和学问中的某些价值和意义，而且也表现制度和日常行为中的某些价值和意义。① 还有就是美国政治学家塞缪尔·亨廷顿的观点：

　　"第一，文化可以指一个社会的产物，即人们所说的社会的高雅文化、艺术、文学、音乐和大众文化或者叫民间文化。第二，人类学者在一个更宽泛的意义上所说的文化，是指一个社会整个的生活方式、社会制度、社会结构、家庭结构以及人们所赋予它们的意义。最后，其他学者，尤其是政治学家，把文化视为某种主观的东西，意味着信仰、价值观、态度、取向、假定、哲学，即一个特定群体的世界观。"②

　　中国学者对"文化"一词的定义亦非常多，以权威性的《辞海》为代表："文化，从广义来说，指人类社会历史实践过程中所创造的物质财富和精神的总和。从狭义来说，指社会的意识形态，以及与之相适应的制度和组织机构。"

　　学习揣摩以上几种"文化"的定义或定义"文化"的几种思路，为我们理解把握并去界定"红色文化"和"大别山红色文化"的概念提供了帮助。通过综合分析，可以初步判断红色文化和大别山红色文化所指的"文化"主要是指一种优秀的传统观念、思想、精神，这些优秀的传统观念和思想通过一定历史时期人们的物质和精神实践活动而体现出特有的价值、信仰追求和意义。

　　那么，如何进一步解释"红色文化"呢？李泽厚先生在《美的历程》中说："红色本身在想象中被赋予了人类所独有的符号象征的观念含义。"红色是中国人自古以来就偏爱的颜色，我们的祖先很早就把组成世界的金、木、水、火、土五元素与色彩联系起来，其中"火"对应的色彩就是"赤"（属于红色系），象征着光明、温暖。随着时代的发展，在中国文化中，红色还象征着幸福、庄严、神圣、热情、奔放、激情、斗志、美好等，这种色彩的象征意义是中国历史文化的长期积淀。19世纪以来，红色被全世界公认为是含有政治内容的色彩，俄国十月革命和中国共产党领导的新民主主义革命把红色的"革命斗争"意义发展到极致，中国共产党举"红旗"、建"红军"、创"红区"，取得了革命的胜利，红色俨然成了"革命""中国共产党""社会主义"的象征。从符号学来看，在当下中国，红色具有明显的政治指向，与革命、斗争、民主、解放、自由等元素相关联，因而成为革命的象征符号。因此，形成于中国近代的这一与革命斗争历史紧密联系的文化，被

①　林坚.文化学研究引论[M].北京：中国文史出版社，2014：13-14.
②　塞缪尔·亨廷顿.再论文明的冲突[J].李俊清，译.马克思主义与现实，2003(1).

称之为"红色文化"。这种称法是中国文化语境下的一种必然选择，一种自动生成。

而关于什么是"红色文化"，学术界有着不同的观点。李水弟认为，红色文化是我党在新民主主义革命时期以马列主义为中心的新文化，即科学的宇宙观和社会革命论为基础，根据中国革命的实际情况，领导中国人民创建的反帝、反封建的先进的无产阶级政治文化。[①] 王国梁等认为，中国共产党领导的新民主主义革命称之为红色革命，由红色革命形成的文化形态亦称为红色文化。[②] 黄光文等认为，红色文化是指在中国共产党的领导下，中国人民为实现中华民族的解放、自由与伟大复兴事业的历史过程中的一系列文化现象的综合体。它以马克思主义为指导，同时继承了中华民族传统文化的精华，体现了马克思主义与中华民族优秀传统文化的有机体结合。[③] 陈世润认为，红色文化是中国共产党领导中国各族人民在革命斗争和建设实践中所形成的伟大革命精神及载体。[④] 李平认为，红色文化包括中国新民主主义革命的遗址、遗物、纪念物等物质文化和在这一革命过程中孕育出来的革命历史、革命文学艺术，包括人民领袖、将军、烈士及老区广大人民群众的革命事迹等非物质文化两种形态。[⑤] 这些定义，各有侧重点，有的把红色文化界定为政治文化，有的界定为革命文化，有的把红色文化界定为革命精神及载体，还有的从文化内容和形态方面概括红色文化的内涵。如果从文化学角度和完整性来看，李平的观点更加全面；其他学者的观点更注重从微观层面去解释红色文化。

学术界对"大别山红色文化"这一概念的解析以"红色文化"的内涵为基础，目前形成了以下几种代表性观点。江峰等认为，大别山红色文化是指在近代以来的中国革命过程中，在大别山这一特定区域，由马克思主义先进文化为导向，融合中国传统儒、释、道等主流文化，区域内中原文化、吴楚文化、宗族文化等多种文化元素，从而融合生成的一种具有明显地域特征的特色文化。[⑥] 刘保昌认为，大别山红色文化是根源于楚文化的一种地域文化，其"独特地域性，正是建立在独特的文化精神传统和独特的地理地貌特征的基础之上"，同时大别山红色文化还是一种特色文化，"兼具马克思主义中国化、特殊地域蕴含积淀而成的独特文化属性。"[⑦] 何晓坚认为，大别山红色文化是中国共产党领导大别山区军民在革命和建设事业中形成的具有地域特色的文化，是中国革

① 李水弟,傅小清、杨艳春.历史与现实:红色文化的传承价值探析[J].江西社会科学,2008(6).
② 王国梁.论湖北红色文化的渊源、特色及地位[J].理论界,2007(3).
③ 黄光文,朱龙凤.红色旅游资源开发中的红色文化传承[J].求实,2008(6).
④ 陈世润,李根寿.论红色文化教育的社会价值[J].思想政治教育研究,2009(4).
⑤ 李平.弘扬红色文化　抵制"三俗"之风[N].光明日报,2010-09-03.
⑥ 江峰,汪颖子.中国红色文化生成的系统要素透析[J].北京师范大学学报(社会科学版),2010(6).
⑦ 刘保昌.大别山红色文化禀赋论[J].孝感学院学报,2011(5).

命道德传统的重要组成部分。[1] 许杰等认为,大别山红色文化就是在鄂、豫、皖三省交界的大别山区形成的一种较为独特的地域文化类型,它来源于中国共产党在新民主主义革命时期领导的历次革命斗争的具体实践的深厚积淀,在外显上具有厚重的物质载体,在内涵上具有丰富的精神指向。[2] 梁家贵认为,大别山红色文化是"区域红色文化",就是在中国共产党领导下,大别山人民在中国的革命与建设过程中所形成的文化。[3]

以上对"大别山红色文化"的内涵解说,相同点在都强调了大别山红色文化的地域特色,具有地域文化的特点。我们不反对强调大别山文化的地域性,但不能因为这种地域性而把大别山红色文化归为单一的地域文化,这样就没有彰显出大别山红色文化的"红色"特质,因此在界定时应把握好表述的分寸。不同点是,对于大别山红色文化的形成时间存在着界定的差异,有的学者界定为近代以来的中国革命过程,有的学者界定为新民主主义革命时期,有的学者认为除了中国革命过程,还应包括新中国成立以后的"三线建设时期"。我们认为,大别山红色文化属于红色文化的组成部分,从历史时空看,应该还是遵循统一的说法,在定义解说时,对大别山红色文化的本质挖掘方面还需要深化,大别山红色文化是一种文化,它就应该有着文化的一般特质;大别山红色文化是红色文化的一部分,它应有红色文化的共性,也具大别山区域的个性。

综合以上对文化、红色文化及大别山红色文化的分析,我们认为大别山红色文化是指新民主主义革命时期,大别山地区人民在中国共产党领导的革命斗争实践中,将中华民族精神和大别山地域优秀传统文化融入反帝、反封、实现民族独立和人民解放的时代追求,所形成的以大别山精神为核心,以大别山革命历史为载体,以物质与非物质形态为表现的宝贵财富。

二、大别山红色文化的特色

红色文化是中国新民主主义革命斗争实践的产物,也是中华民族优秀传统文化的延续。红色文化具有形成产生的民族性、实践主体的人民性、本质内容的革命性、价值导向的先进性、表现形式的丰富性等鲜明特点。大别山红色文化是红色文化的重要组成部分,从一般性、普遍性看,亦具有红色文化的这些特点。但是从个别性、特殊性看,

---

[1] 何晓坚.红色文化对构建社会主义核心价值体系的促进作用:以大别山红色文化研究为例[J].学术探索,2012(10).

[2] 吕杰,许月明.论大别山红色文化的历史地位[J].福建党史月刊,2013(18).

[3] 梁家贵.略论大别山红色文化[J].理论建设,2014(3).

大别山红色文化较之其他区域红色文化而言，又独具自己的特色。分析和把握大别山红色文化的特色，能使我们对大别山红色文化的认识上升到理性层面。大别山红色文化的特色体现在五个方面：

第一，令人震撼的历史功绩。

在中国近代革命史上，红色文化的生成地对中国新民主主义革命的胜利都做出了重要的贡献。这些革命老区，养育了中国共产党及其领导的人民军队，提供了坚持长期斗争所需要的人力物力和财力，为壮大革命力量，取得最后胜利，付出了巨大牺牲。可以说，新中国的建立离不开革命老区的强力支持，是革命老区无数革命先烈前仆后继用鲜血和生命换来的，所以革命老区是新中国社会主义大厦的牢固基石。革命老区用自己的光辉业绩赢得了载入史册、彪炳千秋的至高荣誉。

全国众多省份的革命老区县市达两千多个，按革命战争年代建立的革命根据地划分，大别山是鄂豫皖根据地所在地，是著名的革命老区。由于战争年代的需要、地理位置的特殊、大别山优秀的文化传统等诸多因素，大别山老区为中国革命创下的历史功绩是令人震撼的。

大别山地区在中国新民主主义革命中，自开始革命实践起，"28年红旗不倒，22年武装斗争不断"。从1921年中国共产党成立，大别山地区经受了28年的拉锯战，经历了汪精卫叛变革命、国民党以及地主武装数次围剿、红军北上长征、中原突围、刘邓大军转入外线作战等起起落落，但始终没有放弃没有投降，真正做到了将革命进行到底，这是中国近代革命史的奇迹。

从大别山地区先后走出了国家领导人、开国将领等一大批为中国人民解放事业贡献卓越的重要历史人物，书写了"两百个将军同一个故乡"、五个将军县（全国共十个县获此美称）的历史辉煌。大别山地区诞生了80多位中共中央委员，其中有董必武、李先念两位国家主席，还有3位中央副主席、5位国务院副总理等。大别山地区还诞生了徐海东、王树声、许世友等400多位开国将军，其中元帅1人、大将2人、上将18人。被中央军委确认的36位军事家中有9位来自大别山红军部队。因此，大别山被人们称作英雄之山、将星之山。

大别山儿女为中国革命前仆后继，据有关部门统计，从黄麻起义开始到新中国成立时的二十多年间，大别山区人民在中国共产党的领导下，参军参战的红军就有200多万，近百万人英勇牺牲。如当时的红安县为中国革命牺牲了14万人，在中国工农红军的队伍中，每三个人中就有一个红安人，每四名英烈中，就有一个属红安籍；如当时的金寨县和六安县就有30万多万红军，为国捐躯的多不胜数；还有当时不足10万人的新县，就有5.5万人献出了生命。"青山处处埋忠骨"正是对大别山区为中国革命事业做出巨大贡献的真实而令人震撼的写照，这样的奉献和付出在中国革命史上是罕见的。

第二,独树一帜的红色精神。

红色精神是中国共产党领导中国人民在革命、建设和改革各个时期所形成的伟大革命精神的总称,是中国共产党发展的经验总结和精神财富。[①] 红色精神是红色文化的灵魂和核心,大别山红色文化中形成的大别山精神是指中国共产党领导大别山人民进行反帝反封建的民族民主革命时期形成的优良革命传统和精神动力,与井冈山精神、长征精神、延安精神等一样都是中国共产党领导中国人民在不同时期、不同地域进行革命斗争过程中形成的红色精神。

理论界研究成果中提及的红色精神从内涵上看各有其自身的特点,如井冈山精神的内涵是:坚定信念、艰苦奋斗;实事求是、敢闯新路;依靠群众、勇于胜利。长征精神的内涵是:乐于吃苦,不惧艰难的革命乐观主义;勇于战斗,无坚不摧的革命英雄主义;重于求实,独立自主的创新胆略;善于团结,顾全大局的集体主义。延安精神的内涵是:解放思想、实事求是的思想路线;全心全意为人民服务的根本宗旨;自力更生、艰苦奋斗的创业精神。西柏坡精神的内涵:敢于斗争,敢于胜利的开拓进取精神;坚持依靠群众,坚持团结统一的民主精神;戒骄戒躁的谦虚精神;艰苦奋斗的创业精神。这些内涵既反映了红色精神所包含的艰苦奋斗、不畏困难的一般共性,也具有地域、时间、事件等元素所带来的特殊性。

虽然中宣部对大别山精神的内涵还没有给出正式的官方表述,但目前湖北、河南和安徽理论界在揭示大别山精神内涵实质方面有许多相似的观点。大别山精神也有着红色精神的基本特点,如革命精神、奋斗精神等。但与其他红色精神相比较,具有独树一帜的鲜明特色。其一就是"坚守信念,对党忠诚",有的研究表述为"信念坚定,执着坚韧""坚守信念,胸怀全局"等。以上几种说法都揭示了大别山精神忠诚执着的特色。大别山地区的人民在新民主主义革命斗争中,坚守马克思主义信仰,坚持中国共产党的领导,经历了各种艰难困苦都没有放弃,做到了"28 年红旗不倒,22 年武装斗争不断",这是当时全国根据地中仅有的一例。大别山精神突出的第二个特色就是"万众一心,不胜不休",有的研究表述为"前仆后继,不怕牺牲",或"百折不挠,英勇顽强",或"不怕牺牲,不胜不休"等。种种说法都表明了大别山精神中那种极度英勇顽强的特色。在黄麻起义和鄂豫皖苏区革命烈士纪念碑的背面镌刻着"小小黄安,人人好汉;铜锣一响,四十八万;男将打仗,女将送饭"的著名革命歌谣,这首歌谣是革命年代大别山人民团结一心的真实写照。"怕死不革命,革命不怕死",这是大别山革命队伍中曾经普遍流传的口号,朴实的话语反映了大别山人民不怕牺牲、英勇顽强的品格。曾经热播的电视剧《亮剑》中的主人公李云龙,其原型就是大别山地区红安县的王近山,是红

---

① 陈新、曾耀荣.试论红色精神与党的思想建设之关系[J].江西社会科学,2011(2).

军中有名的、受到毛泽东夸赞的战将,他勇猛顽强的"亮剑精神"就是大别山精神不胜不休的写照。大别山地区在战争年代不同时期为革命牺牲了近百万人,尽管如此,人们依然积极参军参战,大别山地区先后创建了十支红军队伍,走出了三支主力红军,表现了前仆后继的大别山精神。其三,大别山精神中"不图名利,无私奉献"的特点也极为典型,有的研究表述为"胸怀大局,勇于担当"或"艰苦奋斗,廉洁奉公"等。这些表述都揭示了大别山精神中无私奉献的鲜明特色。在对红安县红色精神的研究中,有个经典的文本表述,即"一要三不要"(要革命,不要家、不要钱、不要命)和"一图两不图"(图贡献,不图名、不图利)。整个大别山地区为中国革命奉献了大量的人力、物力、财力,但无论是革命战争年代还是革命取得成功,大别山人民没有因此而居功邀功、争名要利,这样的精神正是无私奉献的写照。

第三,悠久厚重的文化底蕴。

社会中一些不了解或没有真正了解大别山红色文化的人,看到大别山地区人民在战争年代积极参加革命、大别山地区多出将帅等现象,会有一些脱离历史语境和社会实践,又缺乏逻辑推断的言论和看法,比如穷山恶水出刁民,人穷才会闹革命等。不否认这些说法有存在的合理性,因为社会存在决定社会意识,但是唯物辩证法也告诉我们,社会意识对社会存在具有反作用,社会意识具有相对独立性,它可以超前于社会存在。大别山地区历史悠久,文化底蕴非常深厚。三千多年前的《尚书·禹贡》已有大别山的记载,此后,《史记》《汉书》中的地理志等史籍对大别山的记载更是延绵不断。大别山一带自古以来人杰地灵,一代名相孙叔敖,施教于民、布政以道、兴修水利、严明法度,在他悉心辅助楚庄王时期,楚国进入了政治、经济、文化发展的全盛期。战国四公子之一的楚相春申君,开发东吴、兴修水利、治理申江、抑制水患,政绩显赫而深得民心。开漳圣王陈元光,厉行法治、重视垦荒、兴修水利,对开发漳州做出了卓越贡献,把中原文明传播到福建、台湾等地。宋朝宰相司马光,著名的史学家、政治家、文学家,一部史学巨著《资治通鉴》名扬千古。还有印刷史上的伟大革命家、活字印刷的发明者毕昇,医学巨著《本草纲目》被译成多国文字、被誉为世界药王的李时珍,医术精湛的"北宋医王"庞安时,治学严谨、医德高尚,有"中华养生第一人"之称的明代"医圣"万密斋,文武双全的明官梅之焕,吸昆曲和秦腔等艺术特点,采汉戏语言和北京语言特点,融徽汉二腔而创造出旋律丰富具有独特风格的京剧唱腔,被皇帝封为"戏状元"的京剧鼻祖余三胜……从大别山地区走出的名人不胜枚举。英才辈出,文化繁荣,大别山地区在悠长的岁月中逐渐形成了崇文重教的人文传统,催生出开拓、创新、兼容的文化精神。

因此,在新民主主义革命到来之时的大别山地区,过去的人文氛围、文化传统仍然保持着强劲的生命力,大别山长久积淀的文化底蕴依然渗透在人们的生活实践中。这里读书的风气格外浓厚，上到富豪士绅，下到普通的小康人家和温饱农户都很重视，"布衣暖、菜根香、诗书滋味长"，这是普遍流行于大别山区的一条家训。如明清两代，大别山鄂东，进士总量在全国排第五位，仅次于杭州、福州、苏州和北京。因此，当我们深入大别山红色文化，不难发现这一区域文化传统无处不在的影踪。比如，在了解大别山革命人物的成长经历时，会发现很多人物都具有相似的成长轨迹。那就是不管社会当时如何动荡，家庭环境殷实还是穷困，父母或家族长辈都会或尽其所能，或节衣缩食，把还是幼年或少年的这些革命人物送到学堂去念书，有机会还要继续送到高等学府去深造，重视读书教育的传统可见一斑。而这些从小就在学堂接受教育的革命人物，他们最初是为了寻找个人新的出路而四处求学的，但到了各式的新式学堂以后，他们的眼界大开，不断接受新知识、新的思想观念，在民主与革命思潮的冲击下，他们中越来越多的人走上了民主革命的道路，逐渐成长为有头脑、有理想、有追求的青年革命党人。如董必武从一个清末的秀才，成长为卓越的无产阶级革命家，毛泽东称他为革命的元老，还有陈潭秋、林育南、朱蕴山、蒋光慈等等一大批有文化有思想的革命者。这也是为什么当20世纪初期马克思主义作为当时世界最先进的社会主义思潮传入中国时，大别山地区尽管山远地僻，但是马克思主义很早就在这里传播开，如金寨县1920年就在燕子河成立了马克思主义学习小组；这也是为什么中国共产党一大十三位党代表中有三位是来自大别山地区；这也是为什么大别山地区在战争年代除了众多仁人志士投入革命洪流，还涌现出一批冲破阻碍、潜心研修、学术报国的高级知识分子和以笔为枪进行战斗的文人，如著名地质学家李四光、著名马克思主义经济学家王亚南、被誉为"楚国之宝"的方志学家王葆心、被誉为"一代大哲"的现代新儒家学派的开创者熊十力、国学大师黄侃、民主斗士文学家闻一多、文学家废名和胡风等等。

第四，首创超前的革命实践。

悠久的历史，鼎盛的人文，形成了大别山人民开拓创新的文化精神，也使得传承了这种精神的大别山红色文化与其他红色文化相比，具有革命实践的首创超前性。这种首创超前性可以从传播革命思想、探索革命道路、创建党组织、建立革命武装四个方面体现。

大别山地区是中国革命的启蒙区之一。"五四运动"以后，中国一大批先进知识分子接受了马克思主义，开始走上了革命道路。这其中就有大别山地区的陈独秀、董必武、恽代英、林育南、陈潭秋等一批早期的马克思主义者，他们是大别山区革命的启蒙者和导师。他们在大别山区传播马克思主义，建立各种马克思主义学习组织，为革命的开展作了充分的准备工作。

继中国共产党领导的南昌起义和秋收起义不久，1927年11月起，大别山地区党组织相继领导组织了黄麻起义、商南起义、六霍起义等武装革命，其中尤以黄麻起义影响巨大。黄麻起义是将土地革命、武装斗争和政权建设三者紧密结合并取得成功的一次伟大尝试，以游击战争为作战方式，走上了由城市转向农村的道路，实行了工农武装割据，走上了中国革命的成功之路，为随后创建以大别山为中心的鄂豫皖革命根据地奠定了基础。黄麻起义与毛泽东领导的秋收起义都是中国革命的创举，走在了探索中国革命成功道路前列。

在创建党组织方面，大别山地区亦有超前的创举。1921年7月初，积极传播马克思主义的恽代英、林育南等人在大别山鄂东黄冈林家大湾浚新学校成立了共产主义小组"共存社"，公开宣布它是布尔什维克党性质的组织，这是中国第一个建立在农村的共产主义小组，共存社成立的时间比党的一大召开的时间早几天，标志着中国第一个具有无产阶级政党性质的团体诞生。1921年11月，陈潭秋带着中国共产党第一次全国代表大会的精神回家乡黄冈，成立了八斗湾、陈策楼两个党小组，至1922年春，这两个党小组发展成为两个党支部，这是全国最早的农村党支部，揭开了党领导农村革命的第一页。1921年底，大别山地区的中共黄安工作小组成立，1922年2月中共陈策楼小组成立，1923年冬，寿县小甸特支成立，这都是中国当时农村中最早的中共组织之一。1925年，大别山地区的鄂东黄梅成立了中共黄梅县委会，这是全国最早的县级党组织之一。1927年11月，黄麻起义胜利后，鄂东特委主持创建了鄂东第一个工农革命政权——黄安县农民政府，这是中国共产党历史上建立的最早的红色政权之一。

大别山地区在建立革命武装方面亦走在了前列。黄麻起义之后，大别山地区就建立了第一支工农革命军队——鄂东军。根据红军建制，革命战争时期，全国境内共有"军"字番号的红军队伍35支，在大别山诞生、战斗和发展起来的红军队伍就有10支，分别是红一军、红四军、升格为红八军的鄂东原第五军第五纵队、红九军、红十一军、红十二军、红十五军、红二十五军、红二十八军、红三十军，其中的红四方面军后来成为中国工农红军三大主力部队之一，还有红四方面军和红二十五军先后进行了万里长征，中国四支红军长征队伍中，大别山红军就占有2支。而大别山地区创立的鄂豫皖根据地也因武装斗争、政权建设和土地革命的蓬勃发展成为全国第二大革命根据地。

第五，别具一格的区域文化性格。

作为区域文化与革命文化的结合，大别山红色文化与其他红色文化相比，在革命实践中，大别山区人民展现了别具一格的区域文化性格。区域文化性格，就是生活在一定的文化区域中的绝大多数人所共同具有的带倾向性的、稳定的心理特征。[①] 从风俗习惯、地理分布、文化发展、历史沿革等因素对大别山进行文化分区，会发现大别山

---

① 阎耀军.论区域文化性格概念[J].理论与现代化,2002(3).

因其地域的跨越性,文化边界是比较模糊的。自春秋战国以来至近代的两千多年中,我国各文化区不断发展演变。从各文化区的"史化度"来看("史化度"即中原中央王朝统治的历史长短,决定了中国各地在文化沉积厚度上的差异①),长期以来,对大别山具有决定影响力的是史化度极高的楚文化区、中原文化区和吴越文化区。这三个文化区在历史发展中也是不断交汇、融合、演变,如秦汉时期,吴越文化先后融入楚文化和中原文化,而元明清至近代吴越文化又发展鼎盛;中原文化区中的豫南是大别山所覆盖之地,在历史上由于楚国文化的扩张,在相当长时间内是属于楚文化区的,汉代后又与中原文化保持为一个系统,但在文化特征上有很多南北交融的特点。因此,大别山不属于单一的某个文化区,没有哪一种文化在这里完全占主导地位,大别山区是多个文化区的过渡和交融地带,对几种文化有很强的兼容性和吸纳性。因此,长期生活在大别山区域的人们,在这种开放兼容的文化背景中会形成具有普遍性的稳定心理趋势和价值取向,积淀出别具一格的区域文化性格。

历史上,人们很早就对不同文化区域的区域文化性格做了细致的识别和划分,自《诗经》始,《左传》《史记》等文献均有记载,对楚、中原和吴越三个文化区的区域文化性格已形成了成熟的看法。楚人具有活泼感性的自由精神,筚路蓝缕、拓跋草莽的韧性精神,顽强不折、刚勇进取的奋发精神;②唐代李筌在《太白阴经》中称韩魏(今河南一带)之人厚,项退结在《中国人的性格素描》中称北部汉人一般比较豪爽,持重而爱好传统,中部汉人进取,文化方面的创造力特别强,中原地区由于地理位置特殊,兼具北部与中部的文化性格;而吴越之人则机智敏捷,富于思考,昌盛人文,精明强干。这三个文化区的文化性格互相内化,对大别山地区人们文化性格的形成起到了重要的作用。我们从大别山红色文化的很多具象和非具象形式可以感应到这种区域文化性格。如大别山地区在战争年代,经历了各种困苦磨难,但是这里的人民始终没有放弃过革命斗争,做到了"28年红旗不倒,22年武装斗争不断",从这一过程中我们感受到大别山人民顽强不屈的性格;如大别山人民在新民主主义革命时期,做出了许多具有开创性的事情,在革命探路、创党、建军等方面均走在全国前列,反映了大别山区人民勇为人先、开拓进取的文化性格;如大别山区域在革命战争年代涌现了大批如董必武、李先念等有胆有识的革命领袖和将才,富于思考、精明强干、机智敏捷的区域文化性格表露无遗;又如革命时期,大别山文人的性格均显现出强烈的地域文化色彩,闻一多自由无羁的诗歌风格和拍案而起的无畏勇气流动着楚文化狂放刚勇的基因,胡风的骨鲠敢言和"首虽离兮心不惩"的执着、熊十力"穷于财,可以死吾之身,不能挫吾之精神与意志"的

---

① 吴必虎.中国文化区的形成与划分[J].学术月刊,1996(3).
② 周积明.文化区分与湖北文化[J].江汉论坛,2004(9).

人生追求,无不是坚忍勇毅的楚人性格之体现;再如,大别山红色文化资源中有相当数量的红色歌谣,从这些歌谣创作的内容、演唱的调式风格等,既可以感受到楚人爱歌咏辞赋的浪漫性格,又可以感受到婉约阴柔与阳刚豪放并存风格背后的吴越文化与中原文化的交融。等等,不一而足。

◆ 第二节 大别山红色文化形成的渊源

"任何精神形态的出现,都有一定的实践基础和历史条件,它必然扎根于本民族的传统精神与文化,并吸收和借鉴时代精神的精华,在长期的实践过程中孕育形成。"[①]大别山红色文化形成的内源因素离不开大别山地区的自然环境、历史文化和社会生态。

一、延绵的文脉是大别山红色文化形成的优秀基因

社会意识形态具有历史继承性和社会遗传性,优秀的文化在人们主动的传承和被动的遗传下,与特定的社会条件结合,易于发展为新的文化形式。

大别山地区是中华民族文明最悠久的地区之一。《左传》《尚书·禹贡》中已有大别山的记载。《史记·夏本纪》中,夏禹"封皋陶之后于英、六"。皋陶是上古时期与尧、舜、禹齐名的"上古四圣",禹把他的后裔封在英山、六安,即大别山东部。皋陶文化是古代华夏文化的组成部分,直接影响了大别山地区早期文化的发展,文明的进程自此不断延绵。在几千年的历史长河里,大别山地区在楚文化、吴越文化和中原文化的互动影响下,形成了别具特色的地域文化。

大别山地区具有深厚的儒学文化积淀。传统儒学作为中国文化的基础与核心,几千年来生生不息,源于其蕴含着"以人为本的核心理念,乐而不忧的生活态度,内圣外王的价值追求,参赞天地的终极追求"。[②] 自西汉时期,淮南王刘安在大别山南麓的鄂东修建孔子庙,儒学就开始了在大别山的传播。南宋末年,儒学家龙仁夫侨居鄂东,改

① 王炳林,房正.关于深化中国共产党革命精神研究的几个问题[J].中国高校社会科学,2016(3).
② 赵明.试论中国传统儒学中的人文精神[J].天津师大学报,1998(3).

建孔子庙为问津书院,开书院讲学之先风,直至新民主主义革命前,在官方和民间的支持下,儒学的传播持续不断。宋代孟珙、朱熹,元代吴澄,明代王阳明等著名儒学大师都亲临书院,讲学布道。明朝尚书耿定向、御史舒山、湖广巡抚熊尚文等官员,两次大规模复建书院,并在大别山北麓的河南商城汤池修建问津书院分院;文人乡贤如董敬中、吴应澍、吴良吉和有"黄安三耿"之称的耿定向、耿定理、耿定力三兄弟等,以丰厚的学识成为王阳明等名儒的弟子,大力传承儒学。因此,自宋至清的五百多年间,大别山地区出现了文人萃聚、文风迭起的局面,形成了崇文重教的文化传统,据不完全统计,问津书院共培养进士387名,培养举人、名儒和要吏多不胜数,如宋代庞安时、明代熊桴、李时珍、姚明恭,清末以来的熊十力、汤用彤、徐复观、闻一多、王葆心、李四光等。

大别山地区是禅宗文化的发源地。南朝时,菩提达摩来中国传授禅法,传衣钵给弟子慧可,慧可隐居在大别山的腹地司空山,一百多年的时间里,禅宗衣钵传五代,皆在大别山地区。禅宗文化在大别山地区平稳、安宁的环境中发展和成熟,禅宗思想也成为对中国哲学思想有重要影响力的传统文化。禅宗文化的积极影响有三,一是禅宗有开拓创新的精神,二是禅宗有扎根人民的功夫,三是禅宗有和而不同的海量。[①] 学者荆三隆认为禅宗文化有"精进不止的求索精神"等[②]。禅宗文化发祥于大别山地区,其文化精神自然会在大别山地区流长。

大别山地区还有许多特色文化,如在全国颇有影响的戏曲文化。大别山人喜歌,北宋苏东坡谪居黄州时考证大别山豫南和鄂东的山歌"鸡鸣歌",写到"光、黄人(指河南光山和湖北黄冈)二、三月,群聚讴歌。不中音律,宛转如鸡鸣。"《湖北通志》记载,大别山南麓的鄂东北,地沃人淳,文化发达,俗近文雅,善歌者多。在大别山地区的生产生活中,形成了插秧歌、薅草歌和采茶调等一些原始的音乐素材,孕育了哦呵腔、二黄腔和采茶调等戏曲的基本元素,衍生出岳西高腔、东路花鼓戏、楚剧、汉剧、京剧、黄梅戏等剧种。

事物的发展总是普遍联系的,大别山地区多种文化都不是孤立存在的,也许某一时期某种文化占主导地位,但不意味着其他文化就消失了,且文化之间本也是互相影响的,并可能在新的时期发展出新的文化形式。而优秀文化于社会的积极作用常常是隐性而多样的,当长久生活在其中的人们对它有强烈的认同感时,它便具有凝聚社会力量的作用,便能成为这个地域的血脉,在重要时刻凝聚大家的共同利益和理想追求。于是,大别山红色文化中的一些典型文化现象便不能用偶然性予以解释,如"全国十个将军县五个在大别山"的"将军多"现象。

---

① 叶小文.禅宗三大特色的现代启示:在中国南岳佛教论坛的讲话[J].佛学研究,2003(1).
② 荆三隆,陈潇.谈禅宗文化的系统性特征:以禅宗人生观为核心[J].五台山研究,2012(3).

二、特殊的自然生态环境是大别山红色文化形成的空间物质条件

冯天瑜先生认为,地理环境是文化创造的自然基础,如果把各民族、各国度有声有色的文化表现比喻为一幕接一幕的悲喜剧,那么,这些民族、国度所处的地理环境便是这些戏剧得以演出的舞台与背景。并认为地理环境不只是文化的消极衬托物,更重要的是,它是锻冶文化合金的重要元素。① 大别山的自然地理环境是大别山地区革命时期须臾不可脱离的空间和物质。

大别山地理环境具有封闭与开放并存,单一与多样同在的特点。大别山是长江和淮河的自然分水岭,位于湖北、河南、安徽三省交界处,是我国为数不多的大型连片山区之一。崇山峻岭将其与外界隔开,使其相对封闭,格状水系的发达,又使其内部极为活跃;高山连绵是这一地区的主要地貌,其中又不乏丘陵、平原、盆地、谷地。这一整体属性对大别山红色文化形成的影响可从精神和物质层面加以分析。

马克思历史唯物主义认为社会生活的物质条件即社会存在决定社会意识,"人创造环境,同样环境也创造人"。② 大别山的地理环境及与此相应的生产方式在一定程度上影响到这一地区人们的心理素质、性格特征、文化风貌,在革命战争时期,这些普遍性的精神气质则又会表现出特殊的时代性。

《论语》中言"仁者乐山,智者乐水",宋代庄绰认为"大抵人性类其风土"。大别山地区岗峦起伏,群峰突起,山的高耸激发了人们的探究向往,征服高山能使人获得成就感,生活于其间的人们自然而然会形成积极向上、勇于攀登的精神个性,大别山地区军民在革命战争时期,突出地表现为一种不胜不休、勇敢顽强、百折不挠、前仆后继的革命精神;而山的稳定不移、泽民厚生,则使世代居住于山的人们受到其关照和润化,形成了山里人朴实仁厚、坚定守一的性格特征,在革命战争时期,大别山人民具有朴诚勇毅、听党指挥、对党忠心的革命风范,出现了"红旗二十八年不倒"的少有革命现象;大别山水绕山环,资源丰富,和谐的地理条件在人们勤劳耕作和利用下,生活能自给自足,生计能得过且过,故人们养成眷恋桑梓,固守家园,不肯轻去乡里、不求闻达的精神面貌,这也促成了大别山人民在革命中不计得失、不计名利的个性特征;大别山地区水系发达,水的流动赋予人们以柔性和灵活。大别山域内多是东南西北交汇之地,文化

---

① 曹诗图.文化与地理环境[J].人文地理,1994(2).
② 中共中央马克思恩格斯列宁斯大林著作编译局.马克思恩格斯选集:第 1 卷[M].北京:人民出版社,1972:43.

氛围浓厚,思想较为活跃,包容性强,因此当马克思主义传入中国后,大别山地区在接受新思想和中国革命的探路、创党、建军方面均走在全国前列。

从物质层面探究为什么大别山地区是我国土地革命时期的第二大根据地,是抗日战争时期的游击区,也是解放战争的重要战场,要从自然环境与革命实践的关系出发进行思考。

首先,大别山历来是军事要地,为红色文化的形成提供了革命斗争的战场,确定了革命的战略地位。从华北平原到长江流域中游,必须穿越大别山,这一区域内存着很多天然的军事要隘,古来就有著名的十三关。臧励和编《中国古今地名大辞典》中言大别山:"旧於关上设关隘十三,曰黄土、平靖、武胜、九里、大胜、墨斗、白河、东黄土、穆陵、双庙、长岭、松子、铜锣,自古南北战争,恒倚此为重险"。十三关封死了大别山的所有入口,当中国革命到来时,大别山必然成为全国军事要地之一。如土地革命时期,中国共产党在大别山建立鄂豫皖苏区的战略意义,旨在使其与湘鄂西、湘鄂赣苏区互为犄角,同中央革命根据地南北呼应。解放战争时期,毛泽东研究渡江占领全中国策略时,发现大别山雄峙于国民党首都南京与长江中游重镇武汉之间,在敌强我弱的情况下,控制住大别山,意味着东可取南京,西可取武汉,南可扼长江、瞰制中原。后来基于这一地理位置优势制定刘邓大军挺进大别山的战略,改变了国共军队力量的对比,使蒋介石统治中国的局面从此进入到土崩瓦解阶段。

其次,大别山得天独厚的自然环境为红色文化的形成创造了有利的革命环境。在土地革命时期,中国共产党积蓄力量、保存革命果实和反国民党围剿中,在抗日战争时期的持久作战中,在解放战争时期重大军事战略的实施中,特别需要复杂隐蔽的地形地貌。大别山地区山高峰多、水系发达,彼此之间便于贯通,易于成为掩护屏障,利于军事战斗。而丘陵、平原、盆地、谷地交叉分布的复杂地形都为建立革命根据地提供了良好的自然环境条件。

再次,大别山地区优越的自然条件为革命提供了后勤保障,促进了红色文化的发展。军民生活、革命战争和各项建设主要依赖农业,大别山是农作区,具有发展农业生产的良好自然条件,还有大量的野生动物、水产品等丰富的物产和矿产,能为红军提供丰富的给养。在共产党的领导下,大别山人民自己动手、丰衣足食,对丘陵山地进行开荒,为革命根据地的建设和发展奠定了坚实的物质基础。如抓好春耕、秋耕、秋收运动,"使苏区的土地一寸不要荒了",同时"加紧生产运动,多种杂粮瓜菜"①,各种农作物的种植积极推行开来,帮助群众克服了缺粮困难,初步解决了根据地军民吃饭和穿衣问题。对此,党中央领导给予高度评价,时任中共中央宣传部部长张闻天说:"正因

---

① 赵效民.中国革命根据地经济史(1927—1937)[M].广州:广东人民出版社,1983:21.

为鄂豫皖苏维埃政府能领导千百万工农民众去为了提高土地的生产力,所以鄂豫皖苏区在去年(1931 年)空前的水灾中,得到了大大的丰收,冲过了饥荒的难关,保障了红军的给养。"①

三、失衡的社会生态环境是大别山红色文化形成的外部驱动力

在整个社会生态系统内,事物的发展还与政治、经济等构成的社会生存环境交互作用。

大别山红色文化起源于 20 世纪 20 年代,彼时大别山地区处于半殖民地半封建状态,社会矛盾日益尖锐,人民生活极其悲惨。该地区 70%—80% 的土地被地主阶级占有,农民必须交占产量 50% 左右甚至 70%—80% 的地租,地主每年还要向农民收鸡、柴、羊、棉、油等租课,农民租种地主的土地前还须交纳一部分押金,逢年过节要向地主送礼,遇上地主家的红白喜事、修屋建园,还要承担繁重的劳役,各种高利贷盘剥更是惊人。此外,官府还要向农民征收名目繁多的苛捐杂税。地主阶级残酷的经济剥削和强势的政治统治,使大别山地区民不聊生。

自 1906 年京汉铁路开通后,一些"洋商"及"洋行"操纵的买办商人陆续来到大别山地区开办各种公司,以其雄厚的资本和特权,勾结封建地主阶级,打击当地的民族资本主义以获取更多经济利益。帝国主义还在大别山地区传教、办教会学校、开医院,进一步对大别山地区进行奴化教育。这些精神和物质的双重侵略,使大别山地区的部分小农经济解体,农村无产阶级和半无产阶级队伍扩大,加深了人们对帝国主义侵略势力的仇恨情绪。

因此,当时大别山地区整个社会生态环境是紧张失调的,多种社会矛盾逐渐演变成不稳定的洪流,随时可能撼动冲击大别山地区业已恶化的社会。

而大别山地区在宋、元、明、清诸朝代,都为政治风云旋转之区及民族、阶级、社会矛盾纠葛之地。郡民久经战争风暴的考验,危难之时表现出强大的凝聚力,每当社会动荡时,便集众结寨,或保家卫国,或抗击外族入侵。南宋时期章家寨是岳家军抗金的前沿阵地,还是抵抗蒙古铁骑的前哨。元代,司空山和天堂寨是大别山反抗蒙古人高压统治的据点,元末天堂寨红巾军首举反元旗帜,拥兵百万,战将百员,一举撼动元朝统治。明末清初,社会矛盾交织,三百余寨并起,著名的蕲黄四十八寨持续斗争百余年,农民可歌可泣的斗争事迹和反抗精神经久流传。著名方志学家王葆心说:"蕲、黄,

---

① 谭克绳,马建离,周学谦.鄂豫皖革命根据地财政经济史[M].武汉:华中师范大学出版社,1989:92.

一战地也;而六朝、南北宋迁时,尤甚。以故,其民质沐战斗之余风,富于啸悍之魄力与战争毅力。每大乱出,辄倡为联合策与进取策,以乘时会。"①而著名汉学家罗威廉则把这种历史以来形成的抗暴精神归为"集体记忆、历史意识及其他日常文化实践"。②

大别山地区民间延续几百年不惧强暴、勇敢顽强的精神与此时紧张失调的社会生态环境处于极易碰撞的状态。马克思和恩格斯在 19 世纪中叶时就非常关注中国近代革命,他们断言"古老中国的末日正在迅速到来","过不了多少年,我们就会看到世界上最古老的帝国做垂死的挣扎,同时我们也会看到整个亚洲新纪元的曙光"。③ 事实上,在新民主主义革命开始之前,大别山地区已经开始了各种反抗斗争。1912 年黄冈县农民组织洪门反抗地主阶级的压迫;1914 年黄安县杨家冲农民冲进地主杨云山家开仓分粮;箭厂河农民一千余人在普济寺成立哥老会,提出"打富济贫"的口号,准备起义。到"五四运动"前后,大别山地区的反抗斗争已成常态。斗争中逐渐觉醒的农民成为日后中国民主革命的主力军,他们的抗争实践是孕育大别山革命精神的温床。

四、马克思主义的传播是大别山红色文化形成的基础

大别山红色文化形成于新民主主义革命期间,在这之前,大别山地区已经接受了旧民主主义革命的洗礼,特别是维新运动和辛亥革命对其影响深远,这里曾是维新运动和辛亥革命的活跃地。维新运动中,大别山地区讲习议政蔚然成风,知识分子们创建了"光黄学社""自新学社""证人学会""日新学会""黄冈军学界讲习所"等社团,宣传民主思想,开阔了大别山人民的眼界。余诚、田桐、居正、黄侃、詹大悲、王汉、董必武、李四光等大别山爱国青年正是在维新运动的冲击下走上求学和革命道路的,他们在外求学通过各种渠道把国内外的信息和鼓吹民主共和的读物寄回大别山。维新运动的失败也使大别山地区的广大知识分子将个人命运与国家民族的存亡紧密联系一起。后来,参加孙中山组建的同盟会的大别山知识分子非常多,其中比较著名的人物有张汇滔、吴昆、何季达、熊十力、吴贡三、殷子衡、李长庚、董必武、刘子通、李西屏、李四光、张海涛、柏文蔚、刘基炎、朱蕴山、曾绍文、袁家声等,他们都在辛亥革命中起了积极作用,他们有的是民主革命的中坚,有的是同盟会的骨干分子。他们不仅积极参加革命活动,还积极宣传革命思想。他们翻印《警世钟》《猛回头》《革命军》等书,广为散布,在

① 王葆心.蕲黄四十八砦纪事[M].台北:台湾中华书局,1966:10.
② 罗威廉.红雨:一个中国县域七个世纪的暴力史[M].李里峰,等,译.北京:中国人民大学出版社,2014:2.
③ 中共中央马克思恩格斯列宁斯大林著作编译局.马克思恩格斯选集:第 2 卷[M].北京:人民出版社,1972:21 - 22.

开通民智方面的成效,正如《柏烈武先生革命谈话》中所言"革命思潮遍于乡里"①。

在辛亥革命和其后的反军阀斗争中,新文化运动逐步兴起,它是中国新民主主义革命前的思想启蒙运动。新文化运动中,在外求学的大别山地区进步学子,回来积极传播新思潮。鄂东在恽代英、陈潭秋、林育南的领导下,成立了武汉地区最早的进步团体"互助社",林育南还和魏以新创办《新声》半月刊,专门"从事新思潮的研究",这是武昌"第一个新文化出版物","是全国响应北大新思潮的先驱者",②鄂东进步青年宛希俨、吴致民、梅电龙等纷纷参加"互助社"活动,他们和恽代英、陈潭秋、林育南等一起致力于新文化工作,组织读书会向青年人传播新思想。皖西六安在朱蕴山的筹建下,成立了培养新青年的"安徽省立第三甲种农业学校",学校废除封建教规,教学上侧重于新思想新文化的传授,社会活动上成立爱国剧社,通过演出宣传革命。皖西舒城第二高小校长王蔼如通过他在北京大学读书的弟弟王天羽获得《新青年》等进步刊物,提供给师生阅读。皖西霍邱高君曼,毕业于北京女子师范学校,与丈夫陈独秀回乡探亲带回进步书刊,并在霍邱讲学宣传新思想。豫南的信阳第三师范学校创设了"第三师范贩卖部",公开向青年学生推荐和出售《新青年》《每周评论》《新潮》等进步刊物和鲁迅的杂文、小说等书籍,成为传输新思想新文化的重要窗口。

这些新思想的传播对大别山地区产生了积极的影响,因此在"五四运动"爆发时,大别山地区的反响强烈。在鄂东,陈潭秋、林育南与当时武汉学界的先进层恽代英、李求实领导了武汉的五四运动,他们与学生代表集会,带领学生举行了声势浩大的游行示威。黄安的赵子健、倪季丹、郑遵芳,黄梅的宛希俨、吴致民,蕲春的吕汉城、易少屏、龚盖凡、龚锐明等参加了这场划时代的伟大运动。而鄂东籍旅京、沪、汉的仁人志士和青年学生,也不断通过报刊和书信,或返回鄂东家乡,将"五四运动"的目的和意义传递开来。如在外参加革命工作的董必武密切联系黄安,宣传"五四运动",戴季伦、曹学楷、郑位三、江子英、陈定候等进步学生深受影响,先后去武汉、北平等地求学。在豫南,信阳第三师范学校全廉波、秦会醇等学生领袖成立学生会,组织学生演讲队到各处展开宣传,并与城内各校学生成立"信阳学生联合会",统一组织和领导信阳的学生运动。在学生运动的影响下,信阳各界成立了"豫南救国会",掀起了"挽回路权"和声援"闽案""鲁案"的反日运动。在皖西,安庆、霍邱、六安、寿县等地青年学生和工人、市民纷纷走上街头,游行示威,并致电北京学生,表示声援,舒传贤、许继慎、蒋光慈、薛卓汉在当地学生运动中成为骨干。当时在北京师范大学读书的霍山籍学生储承之、汪与之在五四运动后被派往上海进行宣传,在日租界被日本军警枪杀,消息传到皖西,激起民

① 陈忠贞.皖西革命史[M].合肥:安徽人民出版社,1987:11.
② 张允候,等.五四时期的社团(一)[M].上海:生活·读书·新知三联书店,1979:125.

众极大愤怒,发生了大规模的学生运动。舒城留日学生陶环中在"五四运动"爆发后毅然回国,发动全县中小学生声援北京学生。大别山地区在五四运动中再次接受了革命的洗礼,而这次洗礼不同于旧民主主义革命,它具有的彻底不妥协的斗争精神对大别山地区无疑是一次空前的冲击,也为马克思主义在大别山地区的传播创造了有利的思想基础。

"五四运动"后,马克思主义在大别山地区通过不同的渠道和形式传播开来。在鄂东,董必武、陈潭秋、林育南、恽代英等成为传播马克思主义的先驱。董必武在 1920 年创办了武汉中学,鄂东的黄安、麻城、黄冈、罗田等地求学青年日益增多,他们在武汉学习期间,受到董必武、陈潭秋、恽代英、陈荫林等人的教育培养,思想进步快,先后加入社会主义青年团和中国共产党。董必武还和陈潭秋组织了共产主义研究小组,传播社会主义革命思想,以武汉中学为据点进行宣传和组织工作,在学生中陆续组织起党和团的支部,领导学生接近工农群众。他们亲自带领学生、指导学生利用寒暑假到鄂东乡间以办夜校、办小学、发革命传单、演文明戏和话剧等形式传播马克思主义和革命思想,为鄂东培育了大批革命骨干。当时由董必武、陈潭秋、林育南、林育英等创办的学校成了鄂东乡间传播马克思主义的阵地,有黄安师范讲习所、黄冈浚新小学、黄冈聚星小学、黄冈青黎学校等,仅黄梅平民夜校就达 30 余所。鄂东进步知识分子还积极创办宣传马克思主义的进步刊物,并在鄂东各地秘密传递和发行进步书刊。鄂东黄冈的刘子通与恽代英等一起创办了《武汉星期评论》,该刊在宣传马克思主义,推动组织的发展,促进工运、学运、妇运的发展等方面,均发挥了重要的作用。这期间,《共产党宣言》《国家与革命》《中国革命问题论文集》《新青年》《共产党》《武汉星期评论》《社会主义从空想到科学的发展》等马列主义书刊都传递到了鄂东。在豫南,传播马克思主义的主体也是进步知识分子和广大青年。在北京大学读书的罗山青年尚钺暑假回罗山和信阳省立第三师范学生尚伯华筹建了进步青年团体——罗山青年学社,学社设图书馆,有《共产党宣言》《新青年》《新潮》《向导》等介绍马列主义的进步刊物,供学社成员学习和研究。学社还创办《三日报》和组织宣传队进行宣传活动。后来尚伯华考入武汉大学接受了更多革命思想教育,加入了中国共产党,学社大批青年骨干也在外求学加入中国共产党,使学社逐渐成为党指导下的战斗团体。进步知识分子还在信阳成立了实现生活社、信阳县立师范讲习所、豫南图书馆等,广泛传播科学知识和新思想,实现生活社还创办了社刊《实现生活》,并逐步转向研究马列主义理论和探讨中国革命的政治轨道上来。该社大部分成员在 1925 年后加入中国共产党,成为豫南革命运动中的中坚力量。还有在武昌读书的商城青年雷跻唐随恽代英到信阳柳林镇联办柳林中学,使豫鄂边界有了传播革命思想的阵地,他在信南积极传播革命思想,发展互助社成员,建立互助社信阳分社,指挥分社在信南开展反帝反封建的进步活动,影响波及信阳广大城乡,沟通了信阳县各进步团体与恽代英的联系,对于马列主义在豫南的传播和中共信阳地方组织的创建,产生了重要的影响。当时还有光山学界同人会、潢川省第七中学读书会等,都是豫南学习和研究马克思主义理论的重要进步团体。在皖西,进步知识分子也通过办报刊、办学校、开书店等方式传播马克思主义。六安的朱蕴山、桂月峰、翟其善等组建了"中国革命小组",学习、研究马克思主义。霍山的徐守西、刘长青成立了"马克思主义学习小组"。霍山第一高小和女子高小成立了"新文化学社"。在外读书的寿县青年、六安青年常邮寄进步书刊给家乡知识分子学习,并在寒暑假回乡宣传马克思主义。朱蕴山和宋竹荪主办了《平议报》,宣传革命思想。郑晋燕创办了"新衡书店",胡苏明、施亚春、朱瑾怀等开办"进化书局",均以经销各种进步书刊为宗旨。为学习俄国革命的成功经验,霍邱县蒋光慈和韦素园还赴俄国东方劳动者共产主义大学学习。

从旧民主主义革命到"五四运动"前后,大别山地区不断经历革命思想的冲击和洗礼,再加上马克思主义思想的传播,使得大别山地区在新民主主义革命开始之际,已初步建立了红色信仰,对社会主义革命有了内在的诉求,这是大别山红色文化形成的重要思想基础,也是大别山红色文化形成的起点。

◆ 第三节　大别山红色文化的文化类型

一、对大别山红色文化进行文化分类的意义

文化是社会常态的调控器,是凝聚社会的黏合剂,是经济发展的助推器。先进文化对个体和社会有正确的导向作用,对社会的发展有着积极的推动作用。现实生活中,人们常常从文化中汲取养分和力量,但是面对各种各样的文化,人们又该如何去甄别、选择先进的文化为我所用呢? 因此,有必要对文化进行整理分类,这不是给文化贴上标签的简单做法,而是为了让人们在面对各种文化时,既能感受到文化的丰富性,又能形成对文化的初步认识,并根据需要进一步去进行理性的判断和选择。对大别山红色文化进行文化分类的意义也正如此。

首先,对大别山红色文化进行文化分类,是大别山红色文化研究的应有内容。

既然把大别山红色文化的研究归为文化研究这一理论活动,这便是将其纳入科学认识的领域,因此对大别山红色文化的研究,无论是内容还是方法都应做到科学理性。

诚然,文化是人们创造的,但并不是说人们创造的一切都是文化,如果这样认为,就是把文化这一概念泛化了。所以,研究文化就是要我们认真去审视那些被称作是文化的东西,透彻分析其中所涉及的全部问题,把它们整理得清楚有序,以使人们在面对各种各样的文化时,能辨别良莠,正确对待。

在大别山红色文化研究的过程中,对大别山红色文化进行分类定位,这是所有的文化研究都不能缺少的内容。更多时候,研究一种文化,并不仅仅是让人们认识这种文化,更希望把这种文化传递下去,使人们能学习前人积累的经验、知识和价值观念等。因此,对所研究的文化进行分类定位是基础性工作,目的之一就是让社会在文化建设中或者人们在学习文化中,能根据目的选择到所需要的文化。通过研究,分辨清楚大别山红色文化是什么类别的文化,才能给大别山红色文化贴上准确的标签,把它放在文化"保存间"或文化"展览架"上合理的位置。

其次,对大别山红色文化进行文化分类,有利于深度挖掘大别山红色文化的内在价值。

文化作为价值客体时,其对社会发挥的作用是多方面的。那么对文化多维价值的分析,从主体的角度而言,是要取决于主体的状况,比如需要、视角、方法等,于客体而言自然是客体的属性、特点等。所以,对文化的价值分析是一个双向的过程,假如主体没有一定的需要、视角,纵使客体有多种属性,又或客体不具备某种属性,纵使主体有多种需要,最终价值关系是不能成立的。但是,在这种互动关系中,值得思考的是,价值客体的属性作为一种客观存在,是否会激发出主体内在的需求或扩大主体价值分析的视角?答案是肯定的,我们和客体建立价值关系的过程是动态的,客体本身会不断作用于主体。

对大别山红色文化进行文化分类,其实就是一个界定属性的行为,分类的结果使人们能对这一文化的多个属性有所认识,继而会根据这些属性去思考主体的目的、需要,去深入挖掘其内在的多维价值。因此,对大别山红色文化的分类越科学清楚,我们能挖掘的价值也越深入全面。

再次,对大别山红色文化进行文化分类,有利于厘清大别山红色文化在我国文化体系中的关系。

在漫长的历史中,人类社会创造的文化丰富多彩,不同民族、不同地域的人们由于生产方式、生活习俗、信仰追求等差异,形成了各具特色的文化类型。根据不同的依据,可以分为不同的文化类型。比如按人类文化的源头分为游牧文化、农耕文化和商业文化;还可以按民族分,如希腊、阿拉伯、印度、中国、埃及、巴比伦等文化类型。其中,中华文化类型又可根据文化区域分为邹鲁文化、荆楚文化、三晋文化、燕齐文化、吴越文化、巴蜀文化、秦陇文化等类型。由此可知,大别山红色文化自身并不是一种文化类型,而是中华文化体系长期存在发展过程中,在特定历史时期根生出的一种文化形态,从广义上说它属于中华文化类型,在生成的过程中,从其文化源头看,是荆楚文化、江淮文化、吴越文化、中原文化等文化类型交融整合而催生的历史文化产物。梳清这些脉络渊源,有助于我们了解大别山红色文化的文化类型隶属关系,为进一步定位其文化类别奠定基础。

最后,科学定位大别山红色文化的类别,有助于提高大别山红色文化在多样文化中的辨识度。

对文化内涵的要素进行分析,会发现丰富的文化可以变得有门有类。文化有存在形态、建构目的、思维方式、意识形态、历史时代、地理区域以及品质七个要素。以它们为标准展开要素分析的分类,就得到文化的七个要素类型:形态型文化、目的型文化、思维方式型文化、意识状态型文化、历史-时代型文化、区域型文化、品质型文化。[①]

中华文化博大精深,异彩纷呈,常使人有目不暇接的感觉,而随着我国经济社会的发展,各种大众文化也是层出不穷。如何在众多文化中提高大别山红色文化的辨识度,避免人们对大别山红色文化产生先入为主的认识偏差,促进人们对大别山红色文化的进一步了解认识,有必要对大别山红色文化进行贴标签式的分类。通过对大别山红色文化所包含的要素进行分析,科学定位大别山红色文化的文化类别,使大别山红色文化在众多文化中有自己醒目的标识,使大别山红色文化从其他文化的多彩性和不同性中显现出来。

二、大别山红色文化的文化类别

大别山红色文化内容丰富,含有重要的文化要素,根据这些要素,我们对大别山红色文化进行分类,可以把大别山红色文化定位为以下四种类别的文化:

第一,大别山红色文化是以马克思主义为指导的外发内生型先进文化。

新民主主义革命进程中,处于内忧外患历史境遇的中国共产党领导人,培养出宽广的世界视野,他们主动学习世界优秀文明成果,最终选择了马克思主义作为中国革命的指导思想。马克思主义科学揭示了人类社会发展的一般规律,虽是外来意识形态,其宗旨和纲领与中国共产党为人民求解放谋幸福的目标从根本上一致,对大别山红色文化的形成和发展起了积极重要的导向作用。在大别山的革命实践中,中国共产党把马克思主义同具体国情联系起来,对马克思主义进行中国化的实践转化,这种转

---

① 苏富忠.文化的分类体系[J].烟台大学学报.哲学社会科学版,2004(3).

化的成功离不开大别山地域文化的支撑。大别山地域文化根植于中华优秀传统文化，作为元文化的中华优秀传统文化自身具有强大的内生力，是推动大别山等地域红色文化形成的原动力。

从文化的品质及维度看，大别山红色文化具有先进的历史品质。先进文化是时空不同的各文化中比较而言发展水平最高或发展结果最优的文化。[1] 新民主主义革命前，大别山地区反帝反封建的斗争此起彼伏，由于没有先进的文化导向，没有先进的阶级和政党领导，这些分散而自发的斗争都流于失败。五四新文化运动带来的思想解放和马克思主义的传播，与大别山区域优秀文化、大别山地区人民群众的文化觉醒找到最佳融合点，形成的红色文化是当时大别山地区最具影响力、最有号召力、最有认同感、追求层次最高的文化。它内含着争取国家独立自由、人民平等解放的价值追求，指引着中国共产党进行的所有革命斗争活动，指向的都是中华民族和广大人民群众的现实利益。

第二，大别山红色文化是历史文化。

约恩·吕森认为历史文化指的是经年以来对历史回忆在公众社会中的作用进行总结的现象积淀，[2]也可以说是历史意识在一个社会的生活中对实践有效的表现，[3]它是诠释时间的一种特定方式，这种方式为我们提供了作为经验内容、诠释产物、导向值和目的规定的"历史"这样的东西。[4] 那么何谓"历史意识"呢？历史意识就是"对过去的诠释、对现在的理解和对未来的展望的相互联系"[5]。对历史的关注和思考，自古以来都是政治文化的重要部分，通过对一些重要历史时期的回顾并诠释，人们从中得到未来发展的各种启示，提炼这些历史时期于现实社会发展值得学习的精神、价值。而这些被回顾、被反思、被总结的内容不正是我们称作"文化"的东西吗？

广义上说，所有的过往都是历史，但并非所有的过往都可以称之为历史文化，从重要的历史及其衍生出的文化中，我们可以回顾一段或波澜壮阔，或气象恢弘，或悠久绵长的人类实践，体验种种别具特色的物质文明和精神文明。只有在那些深沉厚重、足以让人们不断反思学习的历史文化中才可以有如此的体验，也只有历史文化才可以给予人们这样的体验。大别山红色文化形成于中国历史发展的一个极其重要的时期，那就是中国的新民主主义革命时期。新民主主义革命的伟大胜利，开辟了中国历史的新纪元，从此，中国结束了一百多年来被侵略被奴役的屈辱历史，真正成为独立自主的国

---

[1] 赵峰.文化及其先进性[J].浙江社会科学,2001(6).
[2] 约恩·吕森.历史文化[J].綦甲福,译.山东社会科学,2005(4).
[3] 约恩·吕森.历史文化[J].綦甲福,译.山东社会科学,2005(4).
[4] 约恩·吕森.历史文化[J].綦甲福,译.山东社会科学,2005(4).
[5] 约恩·吕森.历史文化[J].綦甲福,译.山东社会科学,2005(4).

家。因此,这段历史必然成为中国社会长期并重点关注的认识对象。这也是意识形态领域内何以常常提起这段历史、研究这段历史、解释这段历史、总结这段历史的原因。那么在这段历史时期形成的以大别山红色文化为组成部分的系列红色文化便是不折不扣的历史文化。大别山红色文化的历史文化形态,使得人们关注这一文化背后所承载的大别山地区的革命斗争史实,走进大别山地区的史海风云,感受那段艰苦岁月中,大别山地区的人们在革命实践中创造的宝贵财富。

第三,大别山红色文化是革命传统文化。

以建构文化的历史时代为标准对大别山进行要素分析,可知大别山红色文化是革命传统文化。何谓传统文化? 通常的说法是,古人创造的可供今人继承的文化成果。这里古人的文化是指从远古经中世纪直至近现代史各个时期人们创造的文化。而革命传统文化是指中国共产党在新民主主义革命实践和社会主义革命实践中创造的先进文化,是中国共产党领导下的共产主义信仰者、追随者、建设者为了实现自己的政治诉求、政治立场和政治主张,树立坚定的理想信念,从而不断超越自我、超越现实形成的一种推动社会、民族向前发展的特有的精神反映。① 大别山红色文化正是大别山地区革命先辈在中国近现代史上创造的文化,是大别山人民在中国共产党领导下进行新民主主义革命实践中所形成的优秀精神。

党的十八大以来,习近平多次强调要从中国革命历史、优良传统和精神中汲取养分。他先后到一些革命老区考察,发表重要讲话。他说:"对我们来讲,每到井冈山、延安、西柏坡等革命圣地,都是一种精神上、思想上的洗礼。每来一次,都能受到一次党的性质和宗旨的生动教育,就更加坚定了我们的公仆意识和为民情怀。历史是最好的教科书。对我们共产党人来说,中国革命历史是最好的营养剂。多重温这些伟大历史,心中就会增加很多正能量。"大别山是著名的革命圣地,在新民主主义革命时期的历次革命斗争中做出了巨大贡献,是与井冈山、太行山齐名的三大革命历史名山。深厚的革命传统使大别山人民在 28 年的战斗中红旗不倒,以坚定的信念、顽强的意志、勇敢的品格、奉献的精神在中国共产党建党、建军和探路的革命实践中立下了不朽的丰碑,也谱就了大别山红色文化的革命文化主调。

第四,大别山红色文化是地域文化。

按建构文化的主体所处的地理区域为标准,可以将大别山红色文化归类为地域文化。所谓地域文化,是指在一定空间范围内特定人群的行为模式和思维模式。不同地域内人们的行为模式和思维模式的不同,便导致了地域文化的差异性,其中,体现群体

---

① 屈川.高等学校传承创新地方革命传统文化探讨:以宜宾学院为例[J].国家教育行政学院学报,2013(1).

人格的深层次文化是判断地域文化差异性的主要依据之一。[①] 大别山红色文化既是革命传统文化,它的形成产生离不开历史时代的推动,但同时它又具有非常鲜明的地域特色,是地域文化在特殊历史时期的表现和产物。

大别山红色文化的形成和发展虽然是多种因素综合作用的结果,但是大别山区域的地理环境、人们的生产方式和社会生活方式、历史文化传统等起到非常重要的作用。可以说,大别山区域的社会人文因素、地理环境因素与当时中国社会的革命现实相互作用是大别山红色文化形成的主要因素。我们从大别山红色文化中的历史事件和革命人物研究中,可以清晰地看到地域人文传统对大别山区域人们行为模式的深刻影响、对大别山区域群体人格的涵化塑造,从文化外观上也进一步感受到大别山红色文化与其他区域红色文化相比所表现出的独特性。

反观中国新民主主义革命史,红色文化的产生从区域看并不具有普遍性,也就是说如果没有形态稳定、不断传承的地域文化作为温床,也不可能凭空孕育出各具特色的区域红色文化。因此,大别山红色文化是地域文化的演变,本质上还是一种地域文化。

◆ 第四节　大别山红色文化的现实价值

从主体实践的视角看,大别山红色文化的存在具有促进社会进步及健康发展的价值,具体可以从主体在社会生活的政治、经济、教育等领域的实践进行探讨。

一、大别山红色文化的政治价值

政治价值就其主体而言,主要是从政治实践的意义和视角来考量和权衡一定的客体属性对相关主体所具有的意义大小或作用多少。这里所说的客体,可以指人、事件、活动、关系等,它们的属性和状况都可以构成对一定社会主体的需求是否具有满足关系的特征。政治价值通过政治主体对政治客体的认同或排拒、支持或反对等政治实践活动体现出来,凝聚在政治制度和政治理论(特别是政治意识形态)两个大层面上,前

[①] 张凤琦.“地域文化”概念及其研究路径探析[J].浙江社会科学,2008(4).

者属于政治生活中物质的、实体的方面,它规定着政治主体的地位和政治客体的性质,后者属于政治生活中精神、观念的方面,它以理性思维和价值导向的方式把握和论证政治主客体及其相互关系。①

大别山红色文化的政治价值则主要集中体现在以上所指的政治意识形态层面,即大别山红色文化作为政治客体,所包含的红色人物及革命实践、重要历史事件、革命活动等,于政治主体即中国共产党的政治实践而言,从精神、观念等方面给予的积极价值导向和实践意义。其政治价值具体表现在以下三个方面:

第一,大别山红色文化能促进我国政治文化核心价值体系的构建。

政治文化主要是指一定历史阶段的社会成员对现存政治体系和政治问题所持的政治心理、政治思想和政治价值判断的总和。② 政治文化对人们的政治行为和政治活动有着重要的影响,因此,中国共产党作为执政党,构建自己主导的政治文化来塑造公民的政治态度和政治信仰,形成政治认同,是促进社会政治稳定和发展,建设社会主义和谐社会的必然要求。

我国政治文化建设的根本内容是社会主义核心价值体系的构建。社会主义核心价值体系包括四个方面的基本内容,即马克思主义指导思想、中国特色社会主义共同理想、以爱国主义为核心的民族精神和以改革创新为核心的时代精神、社会主义荣辱观。而大别山红色文化与社会主义核心价值体系有着内在的一致性。

大别山红色文化形成于中国共产党领导的新民主主义革命实践中,其实践中的追求正是我国现代政治文化核心价值的主要内容。在这一历史时期,中国共产党坚持理论联系实际,实事求是,一切从实际出发,把马克思主义理论的普遍原理同鄂豫皖革命根据地的实际情况结合起来,领导大别山地区军民在军事、政治、经济、文教等方面积极探索,取得了积极的成果。而大别山地区人民以英勇顽强、不屈不挠的精神在鄂豫皖根据地进行了艰苦卓绝的革命斗争,为中国革命做出了巨大的贡献。因此,大别山红色文化包含了马克思主义中国化的早期实践,体现了中国共产党实事求是和为人民服务的思想,彰显了中华民族以爱国主义为核心的民族精神。不仅肯定了马克思主义理论的指导地位,而且深度印证了中国共产党对中国特色革命道路选择的必然性和正确性。

今天,我们弘扬大别山红色文化,就是要在历史与现实的对接中,向人们生动而具体地诠释社会主义核心价值体系,明示我国政治文化建设的精髓所在,进而用大别山红色文化这一根植于人民的先进文化教育人、激励人,用大别山地区历史上的人、物、事、魂来感染人、陶冶人,使社会主义核心价值体系深入人心,使我国政治文化建设更

---

① 丁志刚.政治价值研究论纲[J].政治学研究,2004(3).
② 马颖章.社会主义核心价值体系是政治文化建设的根本[J].求实,2009(1).

具感召力、亲和力和凝聚力。

第二,大别山红色文化能增强民众对中国共产党执政的政治认同感和归属感。

《中国大百科全书·政治学》中界定"政治认同"为:"人们在政治生活中产生一种感情和意识上的归属感。它与人们的心理活动有密切的关系。人们在一定社会中生活,总要在一定的社会联系中确定自己的身份——如把自己看作某一政党的党员,某一阶级的成员,某一政治过程的参与者或某一政治信念的追求者等等,并自觉地以组织及过程的规范来规范自己的政治行为。这种现象就是政治认同。"

一个国家,若要维护政治的稳定,必须培养社会公众的政治认同。社会公众的政治认同不仅仅是一种心理归属,更是一种承认、认可和同意的情感倾向,在公众的政治生活中,政治认同既是一种心理活动,也是一种政治态度,本质上是社会成员对国家政治权力的认同,其中,具体而言,最重要的就是对执政党、政治价值观等内容的信任。因此,作为执政党,便要使社会公众对其执政地位的合法性与合理性有心理和情感上的认同与支持,对其执政过程中的价值追求能赞同与拥护。

中国共产党作为我国执政党,同样需要借助主流意识形态的宣传和引导,让社会公众了解自己的建党历史、党的宗旨、执政追求等,力求全社会形成共同的理想追求和价值体系,使政治的稳定和社会的和谐有着牢固的群众基础。大别山红色文化伴随着中国共产党的建党和革命实践而生成发展,它是中国共产党诞生、发展和壮大的历史记载,是中国共产党历史的重要组成部分,是中国共产党主流意识的体现,是马克思主义中国化的成功典范。大别山红色文化的产生离不开大别山地区千千万万英雄儿女的奉献与付出,有着深厚而广泛的群众基础,因此,它是中国共产党执政合理性和合法性的源头之一,为中国共产党执政奠定了坚实的政治基础。

学习和宣传大别山红色文化,使公众了解和认识红色文化中的政治思想、先进理念、精神价值等,公众对现实的执政党及其执政文化才有理性的支持和积极的顺应,这是延续和充实中国共产党政治认同的重要载体。

第三,大别山红色文化是促进中国共产党执政能力提升的重要政治资源。

在新时代国内外形势的深刻变化下,中国共产党肩负着领导人民全面建成小康社会、建成富强民主文明和谐的社会主义现代化国家的重大历史使命,因此加强党的执政能力建设,是党巩固自身执政地位,进一步提高党的领导水平和执政水平、提高拒腐防变和抵御风险能力的关键。

大别山红色文化产生在革命战争年代,是党领导的新民主主义革命取得成功的有力支撑。在那个血与火铸就的时代,它为大别山地区坚持不断的革命斗争,为共产党员的品格塑造,为大别山地区无数革命志士树立革命理想、坚定革命信念、磨砺革命意志、高扬革命精神发挥了重要的导向作用。毛泽东对党在革命战争年代形成的这一文化传统曾做了这样的评价："没有这个传统，就不能说明为什么能够维持党，团结党，巩固党，克服党内错误，并同敌人作坚决战斗而得到革命的成绩，造成阶级及人民信任的大政党的地位。"①邓小平也曾说："为什么我们过去能在非常困难的情况下奋斗出来，战胜千难万险使革命胜利呢？就是因为我们有理想，有马克思主义信念，有共产主义信念。"②中国共产党这种革命文化传统的内核和特质就是红色基因，它是中国共产党的"传家宝"，是党保持和提升执政能力的源泉。党的十八大以来，习近平多次强调要从中国革命历史、优良传统和精神中汲取养分。他说历史是最好的教科书，多重温这些伟大历史，心中就会增加很多正能量。

大别山红色文化见证着大别山地区波澜壮阔的革命斗争史，大别山地区的革命史亦是中国革命史的重要组成部分，其所包含的红色基因、所具有的先进精神、所彰显的价值追求对党员干部的执政行为都具有积极的导向。党员干部是中国共产党执政行为的实施主体，他们的品格修养、行为归导、精神风貌关系到党的执政能力的水平和提升。大别山红色文化所具有的政治文化品格和政治价值追求与党员干部的党性修养内涵是一致的，值得每一个党员干部学习、反思和内化，这亦是中国共产党提升执政能力"不忘初心"的建设工程。

二、大别山红色文化的经济价值

经济价值，是经济主体通过经济活动所取得的经济性成果，其价值取向是效益、效率、利润、繁荣、富裕等经济因素，它通常以物质产品为载体，可以用金钱来衡量和表征。当然，经济价值的载体也并不全然是物质产品，比如精神文化产品，由于它们在社会经济生活中产生的经济效益具有间接性、潜在性等隐性特点，因此，它们的经济价值需要挖掘。

而看大别山红色文化有无经济价值，就需要从价值客体本身不是物质产品的特点出发，具体分析它在社会的经济活动中，能否促进经济的发展繁荣，能否带来社会的经济利益或利润，能否满足人们增长的物质和精神需要。

大别山红色文化在地方社会的经济生活中，具有以下三个重要作用：

第一，大别山红色文化是大别山地区经济发展的强大精神动力。

先进的社会意识对社会发展具有促进作用。在社会主义市场经济迅猛发展的

---

① 毛泽东.毛泽东文集：第1卷[M].北京：人民出版社，1993：507.
② 邓小平.邓小平文选：第3卷[M].北京：人民出版社，1993：110.

今天,精神动力在社会经济发展中重要作用日益增强。在发展经济的实践活动中,需要人们树立主体意识、竞争意识,培养拼搏精神、创新精神,养成诚信观念、共赢观念等,从而使人们以先进的意识支配其经济行为,进而推动经济的发展和社会全面进步。

在革命战争年代,大别山红色文化作为先进的社会意识,孕育出强大的精神动力和优秀的道德思想,使大别山人民做出了巨大的贡献。如董必武为武汉中学制定的校训是"朴诚勇毅",当时包括红安在内的鄂东地区最早的一批共产党员和第一个党组织均来自武汉中学,黄麻起义的主要领导人绝大部分也是从武汉中学走出的。"朴诚勇毅"的行为作风后来逐渐深化为大别山地区人民的主要性格特征。又如建军于大别山地区的红四方面军,从1927年黄麻起义开始,始终坚持战斗,攻克各种艰难险阻。他们在1934年11月制定的军训是智勇坚定、排难创新、团结奋斗、不胜不休,正是凭着训词里的这种精神,最终成为中国工农红军的三大主力之一,"不胜不休"也成了红四方面军乃至大别山地区人民的性格标志。再如,大别山地区虽然从地理位置上看比较偏僻闭塞,然而在中国革命的探路、创党和建军方面,都走在了全国的前列,这种敢为人先的创新精神超越了当时的社会经济物质条件。还如,大别山地区的红安人民"铜锣一响,四十八万,男将打仗,女将送饭"的全民动员,抗日战争时期大别山地区的鄂东农村在党的组织下开展大生产运动、发展经济以最大程度支援抗日军政所需衣食、军械和医疗等耗资,这些反映了中国共产党领导的人民战争的伟力,体现着大别山区人民团结一致、艰苦奋斗的精神。

以上种种,都是当下我国发展社会主义市场经济所必需的积极的精神动力。通过大别山红色文化蕴藏的精神动力,可推动大别山地区良好经济秩序和健康经济环境的建立,促进大别山地区生产力的发展。良好的经济秩序和健康的经济环境既要靠经济、行政、法律等手段,还要靠思想道德教育,在加强社会主义法治建设的同时,加强以大别山红色文化教育为内容的思想道德建设,使人们在大别山红色文化先进的观念体系和优秀的道德精神感召下,自觉内化和遵循社会主义市场经济的法律、法规和道德规范,形成爱岗敬业的职业道德,诚实守信的荣誉意识,热爱故土的家国情怀,等等,有力地推动社会主义市场经济秩序的建立和完善,改善经济环境,促进大别山地区社会生产力的发展。

第二,大别山红色文化是大别山地区经济社会发展的无价资本。

马克思主义认为劳动是人类的本质,劳动实践是历史发展的根本动因,而文化则是劳动实践的产物。当人们凭借着对文化资源的所有或使用,来满足需要、获取利益时,这种文化资源就成为文化资本。可见,文化资本就是以经济利益的形式具体表现出来的文化价值的积累和实现。而一旦我们用经济利益的尺度来研究和衡量文化时,这便构成了文化劳动的经济价值,因此,文化资本便与经济价值连接在了一起。

对大别山地区而言,尽管目前经济发展的水平还不够发达,但是拥有内涵优秀的价值取向、崇高道德精神风貌的文化资源,无疑就拥有一笔无价的、可贵的精神财富,这是大别山地区经济发展的无形而具有竞争力的资本,是任何物质财富不能替代的。

当下,文化和经济活动是分不开的,市场经济条件下,没有纯粹的经济活动,也没有纯粹的文化活动。而区域的经济发展也越来越依赖于文化竞争,文化的发展水平成为地方经济社会软实力强弱的衡量标准,是地方社会综合实力的重要标志和重要组成部分,也是增强综合实力的重要力量。现实表明,具有悠久的文化底蕴、浓郁的文化氛围、高层次文化品位、深刻的文化内涵的地区,在区域发展的竞争力上具有比较优势,社会财富也会自觉选择流向拥有文化优势的地区。因此,在加快大别山经济社会发展的过程中,一定要利用好大别山红色文化这一重要资源。大别山老区振兴,不仅需要强大的经济力量,更需要强大的文化力量。一个发达地区的实力,不仅表现为经济的繁荣,还表现为经济背后强大的文化支撑。发展大别山地区的经济,就要在大别山红色文化上做文章,用辩证的方法把精神变物质,以大别山红色文化为载体,充分转化其历史和现实效应,把它做成具有鲜明时代特征和别样地域特色的文化品牌,提高大别山地区经济发展的整体素质和竞争力。

第三,大别山红色文化能为大别山地区经济发展带来新的经济增长点。

经济增长点是指那些能够直接形成经济增长并能够推动经济增长的因素。这一定义对经济增长点提出了两个方面的要求,一是经济增长点要对总体经济增长产生直接贡献,二是在经济增长过程中,经济增长点应有着对经济结构中其他部分增长的带动作用,即通过经济增长点的首先发展,形成经济结构的不平衡,再拉动其他部分增长。[①]

大别山地区的地理位置和自然资源的特点决定了长期以来大别山地区的产业结构主要是农业为主,经济发展主要是粮、林、牧、特作为支柱性的产业,辅以食品工业、饲料工业、轻纺工业、建材业、采矿业、能源工业等带动性产业。2015年6月,国务院正式批复了国家发改委报送的《大别山革命老区振兴发展规划》,批复中提出大别山地区要弘扬老区精神,加快推动产业结构优化升级,努力把大别山革命老区建设成为欠发达地区科学发展示范区、全国重要的粮食和特色农产品生产加工基地、长江和淮河中下游地区重要的生态安全屏障、全国重要的旅游目的地,使老区人民早日过上富裕幸福的生活。

因此,在国务院和国家发改委的总体规划下,大别山地区应推动产业结构优化,努

---

① 张耀辉.经济增长点的含义与培育方式选择[J].汕头大学学报.人文科学版,2000(3).

力培育新的经济增长点。文化产业在带动新兴产业及其关联产业发展、推动区域经济发展方面有着重要作用。因此,要让大别山红色文化走向市场,把它当产业一样来经营。把大别山红色文化和这里的生态文化结合起来,把思想道德教育与休闲娱乐、观光旅游融为一体,是寓教于乐的极好方式,既弘扬了中国共产党的优良传统,也开发整合了自己的文化资源,既传播了主流价值观,推动了大别山红色文化可持续健康发展,又建设了大别山红色文化产业品牌,促进了大别山红色文化产业化发展。

三、大别山红色文化的教育价值

教育和文化的关系本来就是密不可分的,教育影响文化的形成和发展,文化也反作用于教育的发展。教育是文化形态的继承和传递的基本机制[①]。重视大别山红色文化的教育价值,也是传承和传递这一文化形态中的必然要求。本书探讨的大别山红色文化的教育价值,则是着眼于文化对教育的反作用。

一是大别山红色文化作为客体,对个体的思道德观念及世界观、人生观以深刻影响的属性或意义。主要表现在两个方面:

第一,丰富个体的人生体验。

"体验"在刘惊铎著的《道德体验论》中被定义为人类的基本生存方式之一,一种图景思维活动,也是一种震撼心灵、感动生命的魅力化育模式。体验因为直指个体的心灵,引起个体心灵的震撼,所以能激发对个体对生活意义的认知和深刻领悟,因此,体验是个体成长不可或缺的重要因素,积极健康的体验能促进个体的进步和成长。

通过对大别山红色文化的了解和学习,能让个体体验到高尚的情感和积极的人生态度,在心灵的震撼中反思人生的价值追求。通过一个个大别山红色遗址,一个个真实的红色故事,去领略大别山英雄儿女坚定的理想信念,不屈不挠的革命斗志,不图名利、勇于奉献的精神,积极有为的人生态度等,不仅能让人们认识到什么是高尚的情感,更让人们在这种高尚的情感体验中感受到常态生活中少有的激情,感悟生命的真谛,从而追问自己人生的意义何在。

通过对大别山红色文化的了解和学习,能让个体体验到社会的发展和自然的宏伟。对于生活在大别山地区的人来说,大别山区域的历史和人文、自然和地理,常常是程式化的符号或文字,人们缺少对其感性化的认识和体验。而大别山红色文化所包含的恢宏历史,曾发生在人们今天生活中熟悉的地方,对革命历史的学习体验,让人们在

---

① 　陈婷.论地域文化的教育价值[J].西北师大学报.社会科学版,2013(6).

抚今追昔中进一步认识社会的变革和变迁,感受大别山地区的自然风貌和人文魅力。

通过对大别山红色文化的了解和学习,还能让个体体验到区域文化的成就感和自豪感。人们在生活中可以通过个人的成功获得成就感,但是优秀的区域文化也能催生出个体的自豪感,进而转化为自我价值实现的动力。

以上这些体验,都会被个体纳入自己的内心世界,变为成长过程中可以利用的精神资源,从而对道德培养起到化育作用。

第二,促进个体人性的发展。

在马克思的著作中,人性的概念有两重含义,一是人对自由和需要的追求,二是人在追求自由和需要时,要表现出优秀的品格和高尚的特性。人的善良美好的品性构成了人性在精神方面的特性。[1] 教育在人性的形成中,有着引导、塑造和训练等作用。

大别山红色文化对人性的发展有着教育作用。

首先,大别山红色文化能陶冶情操。人的情操是理智感、道德感和审美感构成的综合体,真善美则是与之对应的人类追求的最高级的情感。好的情操教育便是让人们在思想上认同真善美,在情感上追求真善美,在行动中践行真善美。而大别山红色文化无不展现着创造者们对真善美的崇尚和追求。综观大别山红色文化,大别山地区人们对光明和自由的真理性探寻,革命英雄儿女所具有的朴诚勇毅、不胜不休的道德之善,红色歌谣所传递的浪漫自由的尚美追求等丰富的内容,净化和洗礼着人们的思想和心灵,导向人们脱离人性中的劣根,努力追求勤劳、勇敢、坚韧、朴实等优秀品质和情操,因此,大别山红色文化对当下人们的性格与情感有着积极的影响。

其次,大别山红色文化能让人们体验到真实的情感并培养积极的情感。情感是人对客观事物的态度体验,而情感体验则是个体对外界某种事物引起的特定情感的主观感受,情感体验与情感是对应的,也可以分为积极的情感体验和消极的情感体验,不同的情感体验显示出个体对唤起特定情感的事物的态度和行为的反应倾向。[2] 当下,学校的道德教育中个体情感体验等心理过程少,疏于对受教育对象内在的感受和情感体验关注。大别山红色文化不同于课本上的德育理论,它在形式和内容上的鲜活性,使受教育者可以在感同身受的移情效果中,体验到真实的情感。引领受教育者体会大别山红色文化,可以带领他们到大别山曾经的革命战场,如黄麻起义地、六霍起义地、商南起义地、中原突围战场、大别山红军长征出发地等,到根据地建立和军队创建的原址,如红安县七里坪、新县柴山保等地,进行现场参观学习,加强对家乡的认识,产生对家乡的归属感,萌发热爱大别山的真实情感。可以带领受教育者在大别山红色文化资

---

① 张奎良,张念丰.论人的本质和人性概念的区别[J].江汉论坛,1981(5).
② 宋振韶,金盛华.情感体验:教育价值及其促进途径[J].教育科学研究,2009(1).

源展馆、革命烈士故居参观,通过近距离接触书信等各种遗物,洗涤受教育者心灵,从而体验到一种真实的高尚的情感。受教育者还可以了解众多大别山英雄人物的生平故事,从这些感人的故事中体验到昂扬向上的情感。

再次,大别山红色文化能促进人们"三观"的完善。当前我国社会面临着多元文化的碰撞,市场经济的负面影响使部分人沉迷于拜金主义、享乐主义和利己主义,缺乏追求卓越的理想信念,缺乏勇于担当的社会责任感。因此,青少年在世界观、人生观和价值观形成的过程中,极其需要积极而富于感染力的文化加以熏陶和教育。大别山在中国革命史上的贡献,是大别山儿女勇担社会责任、实现自我价值的结果,是不计名利、甘于奉献的人生追求使然,是积极进取、百折不挠的生活态度所致。这些彰显着先进积极"三观"的教育资源在大别山红色文化中比比皆是,而这也正是现代社会中人们需要学习借鉴的内容,它在培养青少年积极向上的世界观、进取有为的人生态度和奉献利他的人生价值方面,能起到正面的导向作用。

二是当主体是社会时,大别山红色文化作为客体具有的教育价值,主要体现在三个方面:

首先,大别山红色文化有利于弘扬中华民族的爱国主义传统。

爱国主义是中华民族的优秀道德传统,几千年来,爱国主义的思想和情怀是增强国家凝聚力、推动中华民族历史前进的不竭动力,也是为何中华文明在经历各种战乱、天灾、外敌入侵还能保持生生不息,为何中华民族是全世界唯一一个文明没有间断的国家的深层原因。在当下,爱国主义更是鼓舞各族人民团结奋斗的高扬旗帜,是增强综合国力和民族凝聚力的力量源泉,更是实现民族复兴伟大中国梦的精神支柱。

大别山红色文化的核心就是以爱国主义为灵魂的大别山精神,在爱国情怀的鼓舞下,大别山人发扬坚守信念、团结一心、朴诚勇毅、不胜不休的精神,在中国共产党的领导下,坚持红旗不倒,武装斗争不断,在反抗阶级压迫、抵御日本侵略者、争取国家独立和人民解放的斗争中,勇敢顽强、不屈不挠,谱写了中国革命史上的壮丽篇章。这段以爱国主义为主题的历史是当下爱国主义教育的宝贵资源,这种熔铸着爱国主义的精神品质是当下社会发展的精神动力。运用大别山红色文化进行爱国主义教育,利用其丰富的内容和载体,开展学习活动、纪念活动等来增强人们的爱国主义情怀和意识,引导人们树立和坚持正确的历史观、民族观、国家观、文化观,增强做中国人的骨气和底气。把大别山红色文化与具有感染力的艺术形式结合起来,生动地传播爱国主义精神。让爱国主义精神在广大青少年心中牢牢扎根,把爱国主义传统不断传承下去,让爱国主义成为每一个中国人的坚定信念和精神依靠。

其次,大别山红色文化有利于加强理想信念教育。

理想信念教育,即通过对全体社会成员特别是共产党员和先进分子进行社会主义、共产主义理想信念教育,帮助他们树立中国特色社会主义的共同理想信念,并在此基础上明确我们的奋斗目标是实现共产主义,引导人们特别是共产党员和先进分子树立共产主义的远大理想和马克思主义的坚定信念。[1] 当下,国家的建设与发展依然面临着许多问题和矛盾,意识形态领域极其复杂,而理想信念的弱化或动摇是许多问题产生的重要原因。习近平说,理想信念是共产党人精神上的钙,没有理想信念,理想信念不坚定,精神上就会缺钙,就会得软骨病。

大别山地区人民在中国共产党的带领下,取得了革命的成功,靠的是什么? 靠的就是坚定的理想信念。凭借对理想和信念的坚守,一批又一批的中国共产党人不图名、不图利、舍生取义、前仆后继、坚韧顽强,夺得了大别山地区革命的成功。大别山红色文化充分体现了中国共产党人始终不渝的革命信念和坚定的共产主义理想,因此,以大别山红色文化为依托,进行理想信念教育,对于人们坚守政治理想,坚定政治信念具有积极作用。将大别山红色文化的内容融入我国主流文化建设之中,为我国主流文化建设多注入一些"红色"元素,用文化的力量感染人、教育人;积极开创理想信念教育的新手段、新方法,将大别山红色文化和丰富的社会实践相结合,提高理想信念教育的针对性和主动性,增强理想信念的亲和力和吸引力;充分利用互联网、微信等新媒体,把大别山红色文化的内容传播出去,构筑富有吸引力的理想信念教育阵地。

最后,大别山红色文化是优化我国道德教育的文化资源。

当下,在文化全球化和市场经济的复杂影响下,我国道德教育面临着很多困惑和危机。以美国文化为核心的西方文化对我国传统文化的强势冲击,使得我国道德教育陷入了以民族主体性弱化为特点的道德文化认同危机、以道德价值路向模糊为特点的道德相对主义、强调个人价值至上为特点的各种道德冲突等困境。

道德和道德教育始终存在于一定的文化谱系之中,道德和道德教育的价值理想体现了文化的内在精神和价值理想,其具体内容也反映了某种文化类型所要求的人伦规范。[2] 因此,在道德教育方面,我们的社会必须理性而自觉的选择优秀的文化对道德、道德教育进行引领,没有明确的文化路向,脱离了具有自身民族性的文化谱系,道德教育就成了无本之木。而目前我国的道德教育在现代化路程中,绝不能与原有的文化传统、文化谱系彻底断裂,它必须植根于自身原有的文化脉络,将优秀传统文化的因子融进自身,这既是合乎规律的生长,也是延续自身文化生命,在更高层次上达到重生的必然要求。

大别山红色文化所包含的革命文献文物、文学文艺作品、红色革命歌曲和革命战

---

① 朱喜坤.论理想信念教育的概念与地位[J].理论学刊,2006(12):80.
② 戚万学.当前中国道德教育的文化困惑与文化选择[J].教育研究,2009(10).

争遗址、革命根据地、革命人物等一系列遗产，都凝结着革命精神和优秀的文化传统，体现了中国共产党领导的大别山地区人民的信仰、价值、规范和精神等，对于今天我们弘扬中国革命道德传统，提升全民族的思想道德素质，激发全国人民昂扬向上的精神风貌，具有重要的意义。因此，当下道德教育要树立受教育者的道德文化本土意识，要把以大别山红色文化为代表的先进文化作为道德教育的自觉选择，把大别山红色文化的内容转化成道德教育的有效内容，促进受教育者基本道德规范的养成，培养他们艰苦奋斗等精神，使我国道德教育能提高应对多元文化的抗击力，把握住道德教育的正确路向。

第二章

红旗不倒廿八载　革命史诗写磅礴

——大别山红色文化之"事"

共存社的成立、黄麻起义、鄂豫皖革命根据地的创建、宣化店谈判、中原突围、刘邓大军挺进大别山……新民主主义革命时期,在大别山地区发生的一件件历史事件,记载着革命岁月的艰苦。大别山28年的革命斗争历史是大别山红色文化形成的基础和载体,大别山红色文化从形成到发展成熟,整个过程与新民主主义革命的历史过程融合为一。

◆ 第一节　大革命时期:大别山地区党组织的创建与大革命运动

一、大革命前大别山地区社会概况

大革命前,大别山地区社会矛盾日益尖锐。在帝国主义和封建主义的残酷统治下,人民生活极其悲惨,广大农民终年劳作却依然解决不了温饱,加之北洋军阀连年混战,社会人心惶惶,疮痍满目。当时,大别山地区流行着这样一首《穷人歌》:"冷天无衣裳,热天一身光,吃的野菜饭,喝的苦根汤。麦黄望接谷,谷黄望插秧。一年忙四季,都为财主忙。"这首民谣是大别山地区人民真实生活的写照。

而自1906年京汉铁路开通后,帝国主义的魔爪也迅速伸进大别山地区。京汉铁路横贯大别山,打破了大别山地区的闭塞状态。一些"洋商"及"洋行"操纵的买办商人

陆续来到大别山地区,开办各种公司,以其雄厚的资本和特权,勾结封建地主阶级,打击当地的民族资本主义,操纵市场,在大别山地区获取经济利益。帝国主义还在大别山地区传教、办教会学校、开医院,进一步对大别山地区进行奴化教育。这些精神和物质的双重侵略,使大别山地区的部分小农经济解体,农村无产阶级和半无产阶级队伍扩大,加深了人们对帝国主义侵略势力的仇恨情绪。大别山地区整个社会生态环境是紧张失调的,多种社会矛盾逐渐演变成不稳定的洪流,随时可能撼动冲击大别山地区业已恶化的社会。

在新民主主义革命开始之前,大别山地区已经开始了各种反抗斗争。黄冈县农民以宗教的形式,组织洪门反抗地主阶级的压迫,他们于1912年初准备暴动,后被贾庙等地地主阶级破坏而失败。1914年黄安县(今红安县)大旱,杨家冲农民在杨世达、杨世运率领下,冲进地主杨云山家开仓分粮。同年秋天,箭厂河农民一千余人在普济寺成立哥老会,提出"打富济贫"的口号,准备起义,因有人告密而失败。1922年十月,霍山县刘仁辅领导佃农开展反转庄、争"永佃"斗争,取得了胜利。到"五四运动"前后,大别山地区的反抗斗争已成常态。

二、"五四"前后马克思主义在大别山地区的传播

大别山地区曾是维新运动和辛亥革命的活跃地,经过旧民主主义革命的洗礼,具备良好的革命基础。余诚、田桐、居正、黄侃、詹大悲、王汉、董必武、李四光等大别山爱国青年正是在维新运动的冲击下走上求学和辛亥革命的道路的。在辛亥革命和其后的反军阀斗争中,新文化运动逐步兴起,它是中国新民主主义革命前的思想启蒙运动。

新文化运动中,在外求学的大别山地区进步学子回乡积极传播新思潮。鄂东在陈潭秋、恽代英、林育南的领导下,成立最早的进步团体"互助社",林育南还和魏以新创办《新声》半月刊,专门从事新思潮的研究,是全国响应北大新思潮的先驱者,鄂东进步青年宛希俨、吴致民、梅电龙等纷纷参加"互助社"活动,他们和陈潭秋、恽代英、林育南等一起致力于新文化工作,组织读书会向青年人传播新思想。皖西六安在朱蕴山的筹建下,成立了培养新青年的"安徽省立第三甲种农业学校",学校废除封建教规,教学上侧重新思想新文化的传授,社会活动上成立爱国剧社,通过演出宣传革命。皖西舒城第二高小校长王蔼如通过他在北京大学读书的弟弟王天羽获得《新青年》等进步刊物,提供给师生阅读。皖西霍邱高君曼,毕业于北京女子师范,与丈夫陈独秀回乡探亲带回进步书刊,并在霍邱讲学宣传新思想。豫南的信阳第三师范学校创设了"第三师范贩卖部",公开向青年学生推荐和出售《新青年》《每周评论》《新潮》等进步刊物和鲁迅

的杂文、小说等书籍,成为传输新思想新文化的重要窗口。

这些新思想的传播对大别山地区产生了积极的影响,因此在"五四运动"爆发时,大别山地区的反响强烈。在鄂东,陈潭秋、林育南与当时武汉学界的恽代英、李求实领导了武汉的"五四运动",他们与学生代表集会,带领学生举行了声势浩大的游行示威。黄安的赵子健、倪季丹、郑遵芳,黄梅的宛希俨、吴致民,蕲春的吕汉城、易少屏、龚盖凡、龚锐明等参加了这场划时代的伟大运动。而鄂东籍旅京、沪、汉的仁人志士和青年学生,也不断通过报刊和书信,或返回鄂东家乡,将"五四运动"的目的和意义传递开来。如在外参加革命工作的董必武密切联系黄安,宣传"五四运动",戴季伦、曹学楷、郑位三、江子英、陈定候等进步学生深受影响,先后去武汉、北平等地求学。在豫南,信阳第三师范学校全廉波、秦会醇等学生领袖成立学生会,组织学生演讲队到各处展开宣传,并与城内各校学生成立"信阳学生联合会",统一组织和领导信阳的学生运动。在学生运动的影响下,信阳各界成立了"豫南救国会",掀起了"挽回路权"和声援"闽案""鲁案"的反日运动。在皖西,安庆、霍邱、六安、寿县等地青年学生和工人、市民纷纷走上街头,游行示威,并致电北京学生,表示声援,舒传贤、许继慎、蒋光慈、薛卓汉在当地学生运动中成为骨干。当时在北京师范大学读书的霍山籍学生储承之、汪与之在"五四运动"后被派往上海进行宣传,在日租界被日本军警枪杀,消息传到皖西,激起民众极大愤怒,发生了大规模的学生运动。舒城留日学生陶环中在"五四运动"爆发后毅然回国,发动全县中小学生声援北京学生。大别山地区在"五四运动"中再次接受了革命的洗礼,而这次洗礼不同于旧民主主义革命,其彻底不妥协的斗争精神对大别山地区无疑是一次空前的冲击,也为马克思主义在大别山地区的传播创造了有利的思想基础。

"五四运动"后,马克思主义在大别山地区通过不同的渠道和形式传播开来。在鄂东,董必武、陈潭秋、林育南等成为传播马克思主义的先驱。董必武在1920年创办了武汉中学,大别山籍求学青年日益增多,他们在武汉学习期间,受到董必武、陈潭秋、恽代英、陈荫林等人的教育培养,思想进步快,先后加入社会主义青年团和中国共产党。董必武还和陈潭秋组织了共产主义研究小组,传播社会主义革命思想,以武汉中学为据点进行宣传和组织工作,在学生中陆续组织起党和团的支部,领导学生接近工农群众。他们亲自带领学生、指导学生利用寒暑假到鄂东乡间以办夜校、办小学、发革命传单、演文明戏和话剧等形式传播马克思主义和革命思想,为鄂东培育了大批革命骨干。当时由董必武、陈潭秋、林育南、林育英等创办的学校成了鄂东乡间传播马克思主义的阵地,有黄安师范讲习所、黄冈浚新小学、黄冈聚星小学、黄冈青黎学校等,仅黄梅平民夜校就达30余所。鄂东进步知识分子还积极创办宣传马克思主义的进步刊物,并在鄂东各地秘密传递和发行。如刘子通与他人创办《武汉星期评论》,该刊在宣传马克思主义,推动组织的发展,促进工运、学运、妇运的发展等方面,均发挥了重要的作用。这期间,《共产党宣言》《国家与革命》《中国革命问题论文集》《新青年》《共产党》《社会主义从空想到科学的发展》等马列主义书刊都传递到了鄂东。在豫南,传播马克思主义的主体也是进步知识分子和广大青年。在北京大学读书的罗山青年尚钺暑假回罗山,和信阳省立第三师范学生尚伯华筹建了进步青年团体——罗山青年学社,学社设图书馆,有《共产党宣言》《新青年》《新潮》《向导》等介绍马列主义的进步刊物,供学社成员学习和研究。学社还创办《三日报》和组织宣传队进行宣传活动。后来尚伯华考入武汉大学接受了更多革命思想教育,加入了中国共产党,学社大批青年骨干也在外求学加入中国共产党,使学社逐渐成为党指导下的战斗团体。进步知识分子还在信阳成立了实现生活社、信阳县立师范讲习所、豫南图书馆等,广泛传播科学知识和新思想,实现生活社还创办了社刊《实现生活》,并逐步转向研究马列主义理论和探讨中国革命的政治轨道上来。该社大部分成员在 1925 年后加入中国共产党,成为豫南革命运动中的中坚力量。还有在武昌读书的商城青年雷跻唐随恽代英到信阳柳林镇联办柳林中学,使豫鄂边界有了传播革命思想的阵地,他在信南积极传播革命思想,发展互助社成员,建立互助社信阳分社,指挥分社在信南开展反帝反封建的进步活动,影响波及信阳广大城乡,沟通了信阳县各进步团体与恽代英的联系,对于马列主义在豫南的传播和中共信阳地方组织的创建,产生了重要的影响。当时还有光山学界同人会、潢川省第七中学读书会等,都是豫南学习和研究马克思主义理论的重要进步团体。在皖西,进步知识分子也通过办报刊、办学校、开书店等方式传播马克思主义。六安的朱蕴山、桂月峰、翟其善等组建了“中国革命小组”,学习、研究马克思主义。霍山的徐守西、刘长青成立了“马克思主义学习小组”。霍山第一高小和女子高小成立了“新文化学社”。在外读书的寿县青年、六安青年常邮寄进步书刊给家乡知识分子学习,并在寒暑假回乡宣传马克思主义。朱蕴山和宋竹荪主办了《平议报》,宣传革命思想。郑晋燕创办了“新衡书店”,胡苏明、施亚春、朱瑾怀等开办“进化书局”,均以经销各种进步书刊为宗旨。为学习俄国革命的成功经验,霍邱县蒋光慈和韦素园还赴俄国东方劳动者共产主义大学学习。

三、大别山地区党组织的成立及党领导的工农运动和反帝反封建的大革命运动

中国共产党成立前夕,来自全国各地的 24 位革命青年在黄冈浚新学校成立共存社,公开宣布它是布尔什维克党性质的组织,标志着中国第一个具有无产阶级政党性

质的团体诞生。共存社成立的时间比党的一大召开的时间早几天。在这之前,党的组织武汉共产主义小组成立并开展活动已将近一年的时间,当时 10 名党员有 6 人是大别山人,他们是董必武、陈潭秋、张国恩、包惠僧、赵子健、刘子通。

中国共产党成立后,大别山地区很快就有了共产党的组织。代表武汉组出席中共"一大"的董必武、陈潭秋和陈独秀的个人代表包惠僧,回到武汉后,积极开展建党活动。1921 年 11 月,在大别山鄂东黄冈的八斗湾和陈策楼成立了两个共产党小组,1923 年,黄梅、黄陂两县成立了共产党组织,1924 年至 1925 年,在武汉读书的一些黄安、麻城、罗田的青年学生先后加入了中国共产党,他们利用寒暑假回乡发展共产党员,后来这些青年学生都成了大别山地区工农运动的领导力量。1925 年冬,黄安、麻城、罗田分别建立了共产党支部,1926 年,孝感、蕲春、广济(今武穴)、蕲水(今浠水)等县也先后成立了共产党组织。在鄂东党组织的帮助下,豫南的商城、光山两县于 1924 年建立了党小组,次年秋,中共商城特别支部成立。1925 年至 1926 年,罗山、信阳、潢川等县相继建立了共产党组织。1927 年春,固始县也建立了党组织。在皖西,1923 年冬,安庆成立中共安庆支部,寿县小甸集成立了共产党支部,1925 年至 1927 年,六安、霍山、霍邱等县分别建立了共产党组织。孝感的汉川于 1925 年成立特别支部,到 1927 年 4 月,孝感各县已建立党的特支、部委 3 个,支部 27 个,党小组 9 个。

大别山地区各地共产党组织建立后,通过协助成立各县国民党党部,加入和参与国民党的领导工作,在大别山地区建立了国共两党合作的革命统一战线,组织人民群众支援国民革命军出师大别山,取得了蕲水莲花山之捷、蕲春百里大战等节节胜利,北伐军成功占领大别山。

党组织还积极领导当地的工人运动和学生运动。五卅惨案传到大别山地区时,激起了人民群众的愤怒,黄冈、黄安、孝感、麻城、黄陂、黄梅、商城、六安等地,党组织指导群众先后成立了工会和革命青年的各种团体组织,出版了《血拼》《少年黄梅》《黄安青年》《新蕲春报》和《环铎》等革命刊物,还通过兴办乡村平民学校、夜校等活动传播革命思想。中共"四大"决议精神传达大别山地区后,各地党组织开展了发动农民群众、组织农民协会的革命工作。1925 年至 1926 年上半年,黄冈、黄陂、蕲水、黄安、麻城、罗田、孝感、广济、商城、信阳、罗山、霍邱、六安、寿县等县成立了秘密农民协会。党组织通过秘密农民协会等革命群众团体,领导农民进行各种经济和政治的斗争,随着北伐战争的胜利进军,这些农民协会的活动由秘密转为公开。党组织在农村大力发展农民协会组织,到 1926 年底,大别山鄂东正式成立县农民协会的有黄陂、孝感、黄冈、黄梅、蕲春、广济等县,到 1927 年 1、2 月间豫南的罗山、商城、信阳、潢川等县的一些区、乡农民协会也建立起来了。大别山地区党组织在 1926 年到 1927 年间,从这些农民协会中选送了 337 人到广州农民运动讲习所和武昌中央农民运动讲习所学习,其中,王秀松、戴克敏、王鉴、汪奠川、桂步蟾、龚正华、宋正东等回乡后成了农民运动的领导骨干,为大别山地区的革命运动起了重大作用。

当时大别山的鄂东靠近全国革命中心武汉,农民运动首先激烈开展,并且在全省影响力最大。党组织领导农民同土豪劣绅开展了面对面斗争,"打倒土豪劣绅""打倒贪官污吏""一切权力归农会"等斗争口号响遍城镇和乡村。1926年11月,黄梅县土桥一带万余农民集会处决劣绅陈烈三。12月,麻城县乘马区千余农民逮捕恶霸丁枕鱼。1927年2月,麻城县革命群众粉碎了反动县长刘芳等组织的反革命政变的阴谋,3月黄冈县三里畈成立蕲、黄、罗农民运动研究会,该会组织万余农民枪决了蕲水县最大土豪劣绅徐泽甫,攻打黄泥畈十几家土豪。继1927年3月鄂、豫两省第一次农民代表大会召开后,大别山地区以镇压土豪劣绅为中心的革命斗争迅猛开展,黄梅、黄安、黄冈、孝感、罗田、蕲水、麻城、霍山等县处决了一批罪大恶极的土豪劣绅。农民树立了政治优势,马克思主义革命理论得到广泛传播和认同,党的反帝反封建革命纲领日益深入人心,农民协会也得到迅猛发展,农协会员不断增加。到1927年5月,鄂东农协会员77万余人,豫南商城会员达1万余人,皖西商南的汤家汇、南溪、斑竹园一带农协会会员发展到1万多人,六安县苏家埠、独山、金家寨一带农协会员发展到3000多人。

为了巩固农民革命政权,保证农村革命的胜利,党组织还逐步建立农民武装。1926年冬,黄安县共产党员利用红枪会的旧形式先后组成了三支农民群众武装,这是大别山地区在共产党领导下最早的几支农民武装。鄂东许多县的农民协会还用土枪、土炮等武装成农民自卫军,其中尤以黄安、麻城两县农民自卫军的力量更为强大。在1927年春,光山县新集一带地主与黄、麻两县土豪劣绅勾结,武装进攻革命群众,黄、麻两县党组织发动了数万农民的武装起义。当时沿黄麻和光山百余里的边界上,敌我双方共十余万人参加武装大搏斗,这样大规模的武装斗争在大别山地区是仅有的,在全国都是少有的。中共麻城县党组织领导人民群众进行不屈不挠的抵抗,还派王树声到武汉求援。在董必武的安排下,中央农民运动讲习所武装起来的300名学员和湖北省政府警备营协同黄麻革命群众最终取得了反击作战的胜利。经历了此次武装斗争,黄、麻农民的革命热情持续高涨,在后来木城寨、杨泗寨、癞痢寨、破寨岗、北界河等地反动地主的进攻中均取得了胜利。特别是北界河战斗的胜利,极大鼓舞了黄麻两县群众。在豫南,农民武装斗争也取得了成绩。1927年4月上旬,中共驻马店特支领导了数万武装农民举行暴动,占领确山县。1927年3月,信阳北乡黄家院和洋河农民武装暴动反抗反动军阀取得胜利。同年4月,豫南10万农民围攻信阳县城反抗军阀魏益三部队,浩大的声势震撼了豫南大地。与此同时,潢川沙河店举行了大规模农民搞粮斗争,罗山枪会攻占罗山县城,逐走反动县长。

◆ 第二节 土地革命时期：大别山地区革命根据地的创建、巩固及坚持

一、大别山地区革命根据地的创建（1927.8—1930.2）

正当大别山地区取得农村革命初步胜利的关键时刻，以蒋介石为首的国民党背叛了革命，国共合作的第一次国内革命战争失败，大别山地区形势骤然发生变化，一些反动势力相互串联，纠合在一起，进攻各地农民协会，在大别山地区制造了一起起惨案，掀起一股股反革命逆流，如罗田"滕家堡惨案"、黄冈"孙家咀惨案"、商城"五·一九"惨案、皖西"清党"运动等。

大别山党组织领导大别山地区革命群众高举反帝反封建的革命大旗，进行了中国革命探路和建军的实践。尽管革命群众武装力量不敌国民党反动派，但是在传达党的"八七会议"精神的会议上，多数同志充满信心，他们说："俄国的武装革命，从 1905 年到 1917 年，经过十二年的时间，工人阶级掌握了政权，我们也决心干它十年、二十年……我们有马列主义的真理，有党的领导，有人民的支援，打起了红旗，是一定能够存在下去，最后取得胜利。"在豫南和皖西，"八七会议"的精神也得到了坚决的支持，决定："坚决贯彻党的八七会议精神，牢牢掌握已控制的枪支，尽可能地打击恶霸、劣绅，扩充自己的武装。在斗争中吸收坚决勇敢富有斗争性的分子入党，扩大党的组织，积极地开展工作。"

在中共"八七会议"精神指导下，大别山地区的革命运动又进入了高潮，党领导各地进行了秋收起义，黄安举行了"九月暴动"，黄冈爆发了回龙山起义、杨鹰岭和三里贩农民暴动，黄梅农民攻打黄梅县城，信阳发生了四望山起义，确县发生刘店起义，潢川、固始、罗山三县边界举行了大荒坡起义，皖西开展了规模壮阔的春荒斗争等，这些斗争有的取得了胜利，有的因为各种原因失败了，但是在这些斗争中，大别山人民越挫越勇，他们的革命意志也被磨砺得越来越坚定。

1927 年 11 月 13 日，大别山地区鄂东爆发了"黄麻起义"，起义取得了胜利，把革命的红旗插上了黄安县城头，并成立了黄安县农民政府，成立了中国工农革命军鄂东军。这是继八一南昌起义、湘赣边秋收起义之后一次著名的武装起义，是大别山地区

第一次大规模的武装起义,也是在长江以北地区首次举行的规模最大的农民武装起义,它揭开了大别山地区武装斗争、土地革命和苏维埃政权建设的序幕,革命烽火燃遍了大别山。黄麻起义的胜利遭到国民党当局的凶猛反扑,黄安县城失守,但是党组织和革命群众没有被挫折打倒,在召开木城寨会议后,工农革命军鄂东军转向游击战,在木兰山、柴山保等地战斗,后改编为中国工农红军第十一军三十一师,并开辟了以黄麻光边为中心的鄂东北革命根据地。鄂东的蕲春、黄梅、广济自1927年秋收起义失败后,经过两年多艰苦曲折的斗争,创建了蕲黄广革命根据地和中国工农红军第十五军。鄂东北工农武装割据的胜利和黄麻起义的经验,直接影响了豫南的革命斗争,在鄂东特委的协助下,1929年5月6日中共商(城)罗(田)麻(城)特别区委成功领导了商南起义,后成立了红三十二师,建立了豫东南革命根据地。在皖西,1929年11月,中共六安中心县委成功领导了六霍起义,成立了红三十三师,创建了皖西革命根据地。

在创建革命根据地期间,大别山军民不屈不挠,同敌人开展顽强的斗争。1929年6月开始至10月,国民党反动势力向鄂东北和豫东南革命根据地连续发动三次"会剿",在地方武装和人民群众的支持下,红三十一师成功粉碎"罗(霖)李(克邦)会剿""徐(源泉)夏(斗寅)会剿",红三十一师和红三十二师合力粉碎"鄂豫会剿"。

至1930年春,中国共产党在大别山区实行工农武装割据的战略任务已基本达成。

二、大别山地区革命根据地的形成、巩固和发展(1930.3—1932.10)

1930年春,在中共中央的部署下,鄂东北革命根据地、豫东南革命根据地、皖西革命根据地统一为鄂豫皖边革命根据地。3月20日,在黄安县箭厂河正式成立了中共鄂豫皖边特别区委员会,4月12日,中央将红三十一、三十二、三十三师整编为中国工农红军第一军。

1930年6月鄂豫皖边区苏维埃政府成立。10月18日,中央决定将蕲黄广革命根据地划归鄂豫皖苏区,12月初又决定将红一军和红十五军改编为中国工农红军第四军。至此,大别山地区分散独立的根据地全部组成一个整体,有利于彼此相互支援、共同发展,有利于发挥大别山地区控制平汉铁路、截据长江,进而与全国红色区域打成一片的重大战略作用。

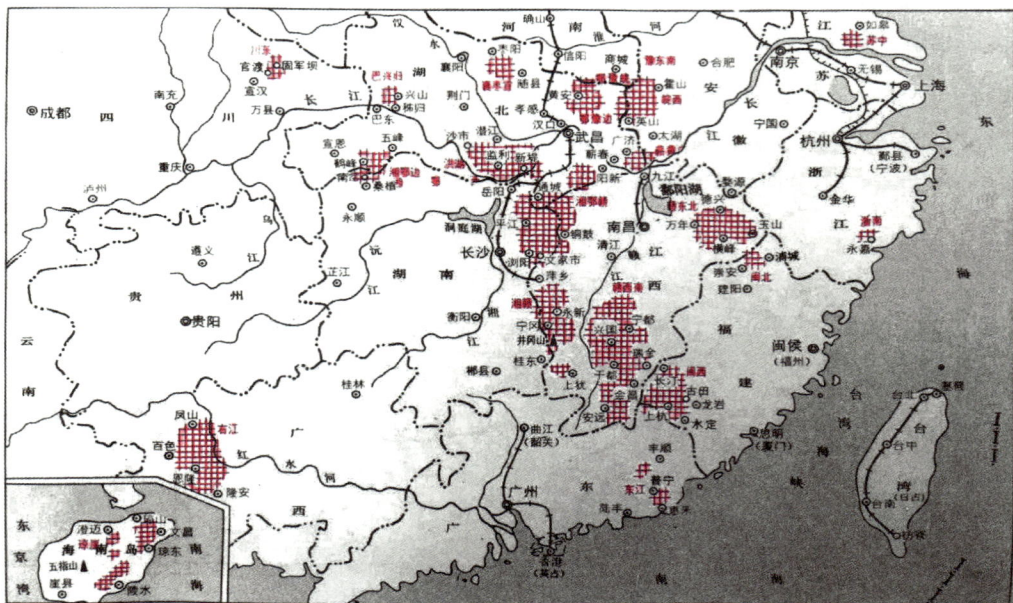

图 2-1　1930 年夏鄂豫皖革命根据地形成及全国革命根据地形势示意图

　　鄂豫皖根据地在党的正确领导下,一方面不断加强根据地政权、经济和文化教育卫生建设,全面开展土地革命,使广大贫苦农民获得土地,解放农村生产力。根据地到处呈现一派热火朝天的农业生产景象,并取得巨大成效。鄂豫皖边苏区党和政府通过筹款、战场缴获、税赋等方式解决了财政问题,通过创办苏维埃银行发展金融事业。苏区党和政府重视文化教育,把它当作一项政治任务来抓,努力提高人民群众的文化程度。苏区党和政府还努力提高大别山地区的医疗卫生水平,在苏维埃政府里设有卫生局,在各区、乡、村都配有卫生委员。

　　同时,鄂豫皖根据地不断坚持同国民党反动派斗争,壮大红军队伍。红一军改编后积极向外发展,取得了皖西和平汉线作战的胜利,革命根据地区域得到进一步扩大。1930 年 12 月至 1931 年 1 月,国民党反动派对根据地进行第一次"围剿",红一军、红十五军和鄂豫皖根据地的地方武装以及广大群众进行了英勇斗争,取得了胜利。1931年 4 月至 5 月,红四军第二次反"围剿"成功。1931 年 10 月在麻埠成立红二十五军,11 月 7 日,党组织又将红二十五军和红四军整编成中国工农红军第四方面军,部队总人数 3 万余人,徐向前任第四方面军总指挥,陈昌浩任政治委员。1931 年 11 月到1932 年 6 月,红四方面军连续进行了黄安、商潢、苏家埠和潢光四大战役,粉碎了敌人的第三次"围剿"。

　　随着苏家埠四大战役的胜利,鄂豫皖革命根据地出现了极盛局面。尽管鄂豫皖革

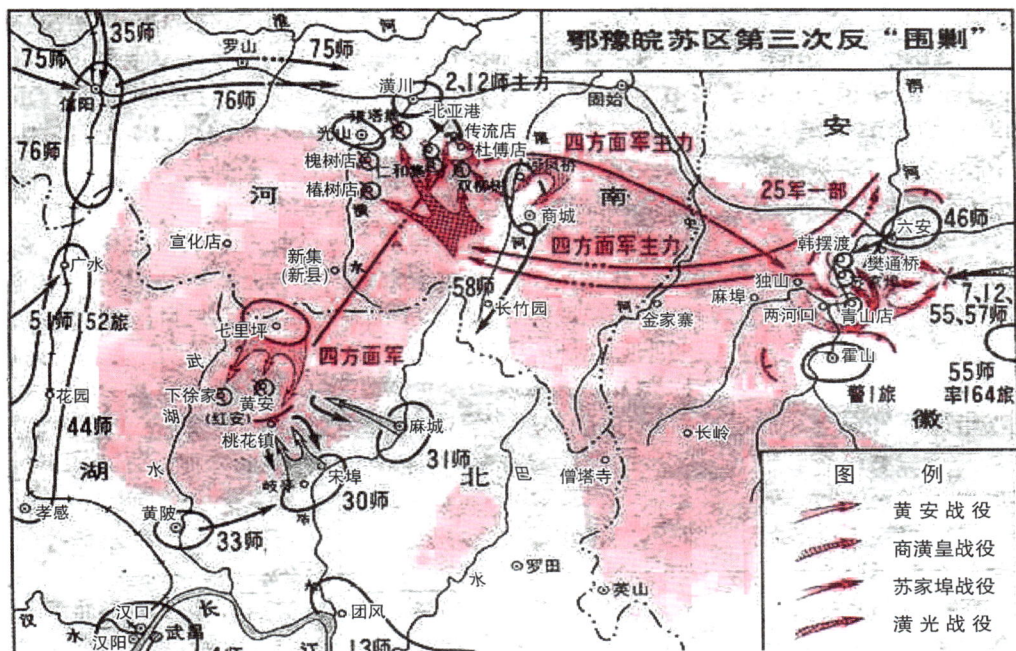

图 2-2　鄂豫皖苏区第三次反"围剿"示意图

命根据地形成不久后,李立三"左"倾冒险主义一度干扰了鄂豫皖边区的农民运动、土地革命斗争和根据地建设,但在根据地广大干部和群众的怀疑、抵制和反对下,到1930年9月底党的六届三中全会召开后,这一错误得到纠正。此后,红军和地方武装不断壮大,红军的战略战术日趋成熟,鄂豫皖革命根据地迅猛扩大,根据地的财政经济、文化教育和卫生事业等各方面,也出现了前所未有的繁荣。鄂豫皖苏区因此成了当时全国仅次于中央苏区的第二大革命根据地。

因与国民党反动派斗争形势的严峻及鄂豫皖苏区内部的复杂矛盾,自陈昌浩接任红四军政委起,在鄂豫皖中央分局书记张国焘的主持下,从1931年6月起,开始了一场从军队到地方以反对"改组派""AB团""第三党"等为主要内容的肃反运动,至1932年6月,苏区政治保卫局处决了超过2500名红军指战员和大量的地方党员干部,给鄂豫皖根据地革命事业带来了严重危害,也成为第四次反"围剿"失败的主要原因。由于鄂豫皖革命根据地处于国民党统治的中心区域,一直被国民党当局视为"心腹之患",1932年7月至10月,蒋介石集中兵力对根据地发动第四次"围剿",鄂豫皖中央分局书记张国焘对形势作了错误的分析和估量,推行王明"左"倾路线,制定了错误的战略方针,红四方面军虽奋勇作战,却损失惨重,主力部队两万余人在大敌压境的危急形势下被迫西撤,根据地中心区域沦入敌手。

三、大别山地区革命根据地的坚持(1932.11—1938.2)

1932 年 10 月 11 日,红四方面军主力越过平汉铁路西进后,鄂豫皖革命根据地的敌我力量对比发生了重大的变化,革命根据地斗争形势极为严峻,国民党约二十万主要兵力留在根据地继续进行"围剿",在敌人的疯狂进攻和凶残破坏下,鄂豫皖革命根据地丧失达六分之五以上,人口只剩下七十万,全区的革命武装总共约两万人。

在严峻的形势面前,鄂豫皖省委没有消极等待,于 1932 年 11 月 12 日,在黄安县长冲召开了中共鄂豫皖省委第一次扩大会议,决定扩大武装力量,广泛开展游击战。留在鄂豫皖革命根据地的红军主力部队、地方武装和游击队,在广大人民群众的支援和配合下,同"围剿"敌军展开了英勇顽强的斗争。由于部队分散在各地,各自为战,整个根据地缺乏统一领导和指挥。1932 年 11 月 29 日,鄂豫皖省委在黄安县檀树岗召开高级军事会议,正确分析了斗争形势,确定了坚持斗争的方针和政策,并于次日重新组建红二十五军,初步结束了红四方面军主力西撤后根据地斗争力量分散和局面混乱的现象,自此,鄂豫皖根据地在经受严重挫折后,开始了为保卫根据地而斗争的新时期。

1932 年 12 月 12 日,蒋介石下令对鄂豫皖根据地实行大规模的划区"清剿",红二十五军按照中共鄂豫皖省委召开的临时紧急会议的作战方针,取得节节胜利。同时,1933 年 1 月上旬,红二十八军在麻城县大畈(今属新县)组建,后开赴皖西北作战。红二十五军、二十八军在党的领导下,经过几个月的积极战斗,打破了敌人的划区"清剿"计划,部分地恢复了区乡政权,初步巩固了鄂东北中心区,打开了皖西北地区斗争的新局面。

1933 年 2 月,蒋介石决定延长对鄂豫皖根据地的"清剿"期限。3 月初,红二十五军首战郭家河,取得重建后的首次大捷。4 月初,红二十五军与红二十八军在大畈会合,取得了潘家河、杨泗寨战斗的胜利,敌人的划区"清剿"计划再次破产。同时,根据地得到部分恢复后,各级党组织抓紧时机进行根据地建设工作。

由于当时王明为代表的"左"倾在中共中央仍占主导地位,对鄂豫皖省委存在严重的影响,因而在一定条件下,"左"倾错误又有出现。从 1933 年 5 月至 10 月,在鄂豫皖省委"左"倾冒险军事方针下,红军力量遭到严重损失。红二十五军围攻七里坪失利,部队力量损失过半。敌人发动第五次"围剿",鄂东北地区红军只剩下八百多人,共产党员的人数只剩下二百多人。同时,鄂豫皖省委在肃反问题上继续了张国焘推行的错误政策,伤害了许多好党员、好干部。鄂豫皖根据地斗争形势空前艰难。

1933 年 10 月 16 日,鄂豫皖省委召开第三次扩大会议,分析并承认错误,转变"左"倾的斗争方针,制定新的策略。红二十五军在鄂东北地区继续进行第五次反"围剿",取得局部胜利。同时,在皖西北道委的正确领导下,红二十八军在皖西北地区的反"围剿"斗争取得了很大的胜利。鄂豫皖根据地的被动局面得到扭转,红二十五军和二十八军在商城豹迹岩会师,两军合编,加强建设,提高战斗力,粉碎了蒋介石、张学良从 1934 年 7 月开始连续三个月的"围剿"。尽管如此,由于敌人力量强大,短期内无法根本改变敌人到处建立的严密的反动统治,根据地的形势依然严峻。红二十五军开始了战略转移(出发点新县何家冲),于 1934 年 11 月 16 日,在鄂豫皖省委的率领下,高举"中国工农红军北上抗日第二先遣队"的旗帜,从罗山县何家冲出发向西挺进开始长征。

图 2-3　中国工农红军第二十五军长征路线示意图

红二十五军长征后,留在鄂豫皖边区坚持斗争的革命力量总共不过三千多人,"驻剿"国民党正规军多达十万余人,他们加紧对仅有的几小块根据地进行疯狂"清剿"。中共鄂豫皖省委常委、皖西北道委书记高敬亭,根据省委指示,于 1935 年 2 月重建红二十八军,在与中共中央和省委领导失去联系的情况下,担起了统一领导红二十八军、边区的共产党组织和地方革命武装的重任,在历尽艰险和挫折中,坚持了三年游击战争,使中国共产党从1927年黄麻起义以来在边区的革命武装斗争得以继续和发展,使革命红旗始终飘扬在大别山区。

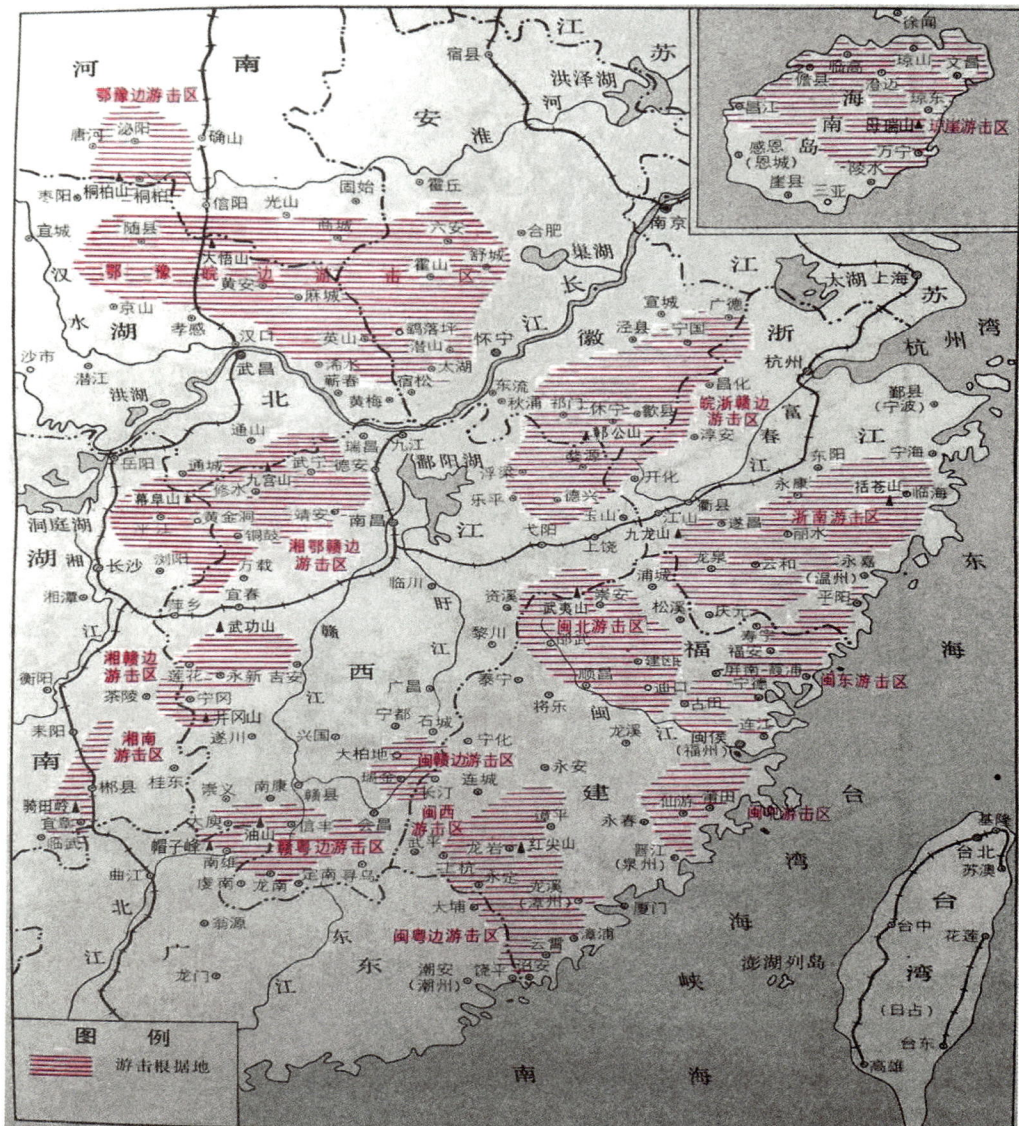

图2-4　大别山地区坚持三年游击战及南方八省红军游击队活动区域示意图

◆ 第三节　抗日战争时期：大别山地区开创抗日根据地、夺取民族战争的胜利

一、鄂豫皖边抗日民族统一战线的建立和党组织的恢复、重建

1937年"卢沟桥"事变后，抗日战争全面爆发，中国共产党顾全大局，高瞻远瞩，以民族利益为重，毅然捐弃内战的前嫌，倡导和推动第二次国共合作。

鄂豫皖边党组织与红军队伍积极倡议与国民党地方当局举行停止内战、一致抗日的谈判。1937年8月22日，红二十八军与国民党当局在岳西谈判，成功达成合作抗日、国民党撤出七里坪、释放被关押的政治犯等协议。10月，豫南人民抗日军独立团谈判初步成功。大别山地区内战逐步停止。

1937年9月，董必武以中共中央代表身份到达武汉，帮助对武汉外围地区的党组织进行恢复和重建。1937年12月，中共鄂豫皖特委成立，1938年3月，中共鄂豫皖特委改称鄂东特委。后黄冈、浠水、黄梅、英山、黄陂、罗田等地党组织陆续恢复。1937年12月，中共河南省委将原鄂豫边省委改为中共豫南特委。后确山、信阳、潢川、商城、息县、罗山等工作委员会陆续成立。1938年1月，中共安徽工作委员会成立，在工委领导下，霍邱、六安、寿县等皖西各县党组织得到恢复。党组织迅速开始进行抗战的准备工作，大别山地区形成了三个重要抗日战略支点，即鄂东的七里坪、豫南的竹沟、皖西的双河秦家湾。

党组织在这些战略支点开展了一系列建立抗日民族统一战线的工作，在七里坪、竹沟、白水河举办了游击队干部、青年、党员等训练班，学习政治形势、党的建设，提高大家对党的抗日民族统一战线政策的认识，培养大别山地区抗日领导骨干。为了争取群众，团结各界爱国人士，调动抗日力量，扩大抗日统一战线，党组织还发动和组建各种抗日群团组织，如抗日救亡工作团、抗日民族先锋队、抗日民主青年救国会、妇女救国会、农民救国会、泉华山汉留组织、抗日民主宪促会等。这些组织在宣传抗日、传播积极思想、拥军支前等方面做了大量工作，起到了重要的作用。

二、大别山地区敌后抗日武装的初建及其战斗

大别山地区作为武汉会战的重要战场，遭到了日军的野蛮践踏，日军所犯罪行，令人发指。日军占领大别山地区后，浠水、蕲春、广济、信阳、孝感、黄冈、黄陂、黄梅、金寨等县均被日机轰炸，无数房屋被烧毁，老百姓被屠杀。

党组织认识到开展武装斗争，建立和发展人民抗日武装的重要性，将红二十八军改编为新四军第四支队，领导他们奔赴抗日前线，同时还组织发动群众，筹集武器，组建了谭家河自卫队、尖山区中队、平汉铁路工人破坏大队、鄂东抗日游击挺进队、梅店自卫队、黄梅县少年抗日先锋队、应山县自卫队、独立游击第五大队、新四军游击第六大队、新四军江北游击第八大队、新四军五支队、新四军豫鄂独立大队、确山抗日游击大队、信阳挺进队等多支抗日人民武装。

共产党领导下的大别山人民军队在敌强我弱、装备低劣的艰难局势下，不畏困苦、勇敢杀敌。鄂东抗日人民武装以鄂东敌后根据地为依托，抗击、牵制了境内数十个据点的日伪军，从鄂东北方向对武汉实施战略包围，袭扰武汉日军至南京的长江航道，先后与日伪军战斗数百次，广泛开展游击战、破袭战、麻雀战等，先后拔除或迫使日伪军放弃10多处据点。豫南商城沦陷时，党员杨必声号召大家："我们要拿出不怕牺牲流血的精神，把日本鬼子赶出中国去。"商城抗日游击大队几战获捷，是豫南敌后游击战的先声。皖西新四军四支队在1938年10月武汉陷落前的五个月内，先后进行了28次战斗，共毙伤敌940多人，俘日寇8名。

大别山地区老百姓还积极组织和参加各种抗日群团组织。如当时陂安南的庙咀塆、李家塆等10来个村，不到一个月就有300多个农民加入农救会，150余名妇女加入妇救会。蕲水县各地先后建立了以便衣队为主要形式的28股人民抗日武装。光山县泼河黄老湾的开明士绅黄拥儒等成立了800余人的"抗日自卫团"。各地妇救会在抗日游击队所到之处，组织妇女打扫卫生、浆洗衣服、送茶送饭等。各地农救会领导生产，组织为新四军筹集军粮、劳捐等工作。更有人民群众自发抗日的各种壮举，形成了"人自为战，村自为战"的民间抗战局面。如蕲春农民顾细火自发组织农民300余人，手持刀矛棍棒等原始武器与日寇搏斗。潢川双柳的黄文清发展了100余人的抗日游击队，在1938年10月17日，击退日军由潢川开往商城的运输队。

三、大别山敌后抗日根据地的建立、巩固与发展和迎接抗战胜利的斗争

由于地方党和游击队分散的诸多不利,加之国民党顽固派在大别山地区又开始掀起反共高潮,1939 年 12 月中旬,新的豫鄂边区党委组建完成,统一领导地方党的工作。1940 年初,豫鄂边区党委完成了对各地抗日武装力量的整编,新四军豫鄂挺进纵队创建,司令员李先念带领纵队主力军从 1940 年 1 月至 4 月发起大小悟山战役,还击国民党顽军程汝怀部,成功控制大小悟山地区,并与(黄)陂(黄)安南连成一片,在大别山东部地区建立了根据地。随着大别山地区敌后抗日武装广泛开展游击战,到 1940 年底,大别山敌后抗日根据地基本形成,包括(黄)安礼(山)边游击根据地,礼(山)南游击根据地,罗(山)礼(山)边游击根据地,(黄)陂孝(感)北游击根据地,(黄)陂(黄)安南游击根据地,(黄)安麻(城)边游击根据地,浠(水)蕲(春)边游击根据地,蕲(春)太(湖)英(山)边游击根据地,蕲(春)广(济)边游击根据地,蕲(春)宿(松)太(湖)、黄(梅)宿(松)边游击根据地,桐东抗日根据地,大(湖)宿(松)望(江)湖区抗日游击根据地,信(阳)南根据地,信(阳)罗(山)边根据地,信(阳)应(山)根据地,寿(县)东南抗日根据地,寿(县)六(安)(六)合霍(山)抗日根据地等。

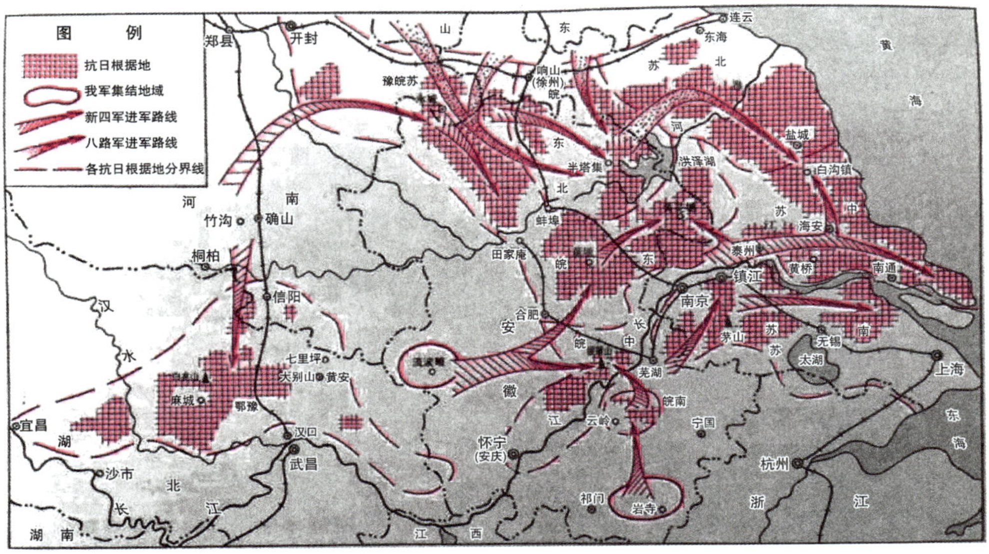

图 2-5　新四军创建华中抗日根据地形势图(示意图)

　　1941年1月4日,新四军部及直属部队9000余人奉中共中央命令北移,在皖南泾县遭国民党顽固派8万多军队包围袭击,经过7昼夜浴血奋战,终因寡不敌众,除千余人突围外,大部分壮烈牺牲。为了接援皖南突围的新四军,新四军豫鄂挺进纵队于1941年1月25日东进鄂皖边。李宗仁率30万大军向华中新四军发起进攻,妄图于2月底消灭新四军豫鄂挺进纵队,摧毁边区抗日民主根据地。中国共产党对蒋介石的倒行逆施进行了针锋相对的斗争,新四军豫鄂挺进纵队奉命整编为新四军第五师,李先念任第五师师长兼政治委员。

　　1941年夏,日本帝国主义对鄂豫边区进行扫荡。新四军五师在粉碎国民党顽固派发动的第二次反共高潮后,投入反"扫荡"为主的斗争以及国民党顽军对大别山地区的进攻。1942年4月,国民党第五战区部署对鄂豫边区全面进攻,鄂豫边区党委和新四军第五师,号召边区军民动员起来,反对内战,支援第五师的自卫斗争。在严峻的考验面前,第五师部队不仅粉碎了国民党顽军的频繁进攻和合围,还粉碎了日军万余人的14路大"扫荡"。大别山地区抗日根据地得到进一步巩固和发展,各地还陆续成立抗日民主政府。

　　1942年底开始,新四军第五师在淮河以南、信(阳)罗(山)公路以北地区进行了扩军工作,主力部队得到补充。1942年12月19日到1943年3月,日军大举"扫荡"大别山地区,新四军五师集中兵力打击日军,配合大别山地区的桂军作战,并成功破除国民党顽固派勾结日伪进行夹击的阴谋。

　　1943年冬起,新四军五师集中了5个主力团于大悟山进行整训,并保护大悟山抗日根据地发展生产。在敌顽夹击下,胜利结束了大悟山保卫战。1944年4月18日,日军集结兵力,从河南发起打通大陆交通线的作战,新四军五师派出部分兵力进军河南,沿途巩固和扩大大别山豫南抗日阵地。

　　1945年8月日本战败投降,8月中下旬,新四军五师各部根据中央指示精神,对日伪军发出通牒,积极开展受降工作。在十余天的受降中,第五师主力部队在大别山地区迅速收复失地。

◆　第四节　解放战争时期：大别山地区从战略防守到战略进攻，夺取解放战争的胜利

一、反击国民党军队对解放区的进攻与中原突围

抗日战争胜利后，经过八年浴血奋战的大别山区军民同全国人民一样，迫切要求和平与民主，拥护中国共产党提出的建立一个光明自由的新中国的建国主张。但是在美帝国主义的支持下，蒋介石无视国疲民困的实情和全国人民要求和平建国的愿望，穷兵黩武，于抗战即将胜利之际，调集大军进攻中国共产党领导的人民革命力量。

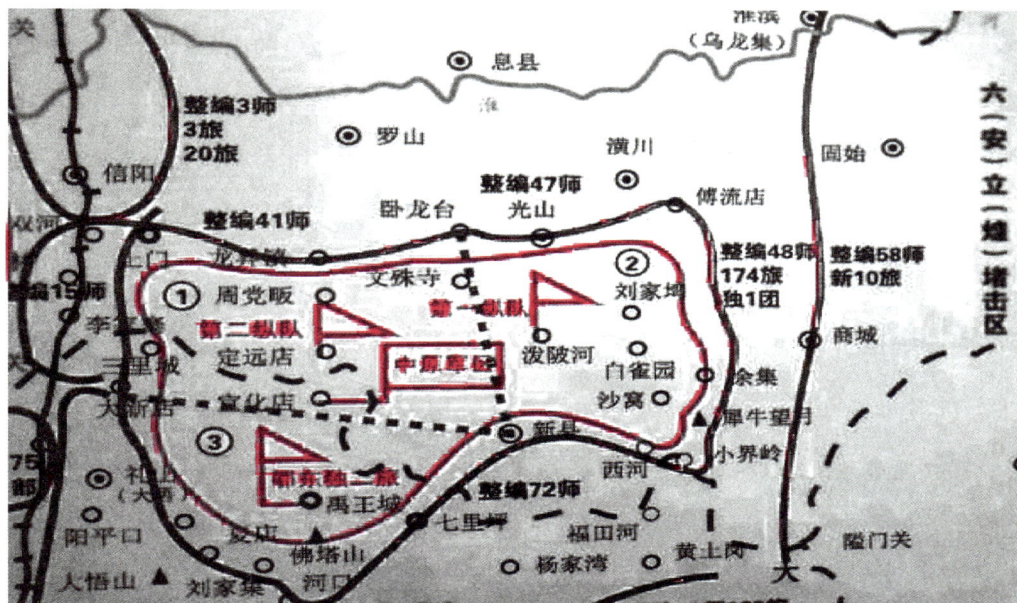

图 2-6　国民党军围困中原军区部队形势图（示意图）

为保卫抗战胜利成果，反击国民党对大别山解放区的进攻，在中国共产党的领导下，大别山地区开展了自卫战。由于中原处于反内战的前哨阵地，战略地位极为重要，中央军委命令王震、王首道率领第三五九旅南下支队，王树声、戴季英率河南军区部队

会师中原。两支部队与李先念、郑位三率领的新四军五师于 1945 年 10 月胜利会师，并在会师期间先后解放桐柏和枣阳。10 月 24 日，在大别山桐柏地区成立了以郑位三、李先念为首的中共中央中原局和中原军区，组成了 6 万多人的中原解放军，组建了江汉、桐柏、鄂东三个军区。蒋介石调集部队，对中原解放军进行了军事包围和经济封锁，并决定发起总攻。中原部队生存状况日益恶化，财政给养朝不保夕，数万部队已到无米为炊地步。全军将士坚持苦熬，一边抗击国民党军，一边生产自救，大别山群众节衣缩食支援军队，战略坚持长达 10 个月之久，牵制了国民党近 30 万人，为全党全军迎击蒋介石集团发动的全面内战赢得了宝贵时间。

1946 年 6 月 26 日，国民党军兵分 4 路大举进攻中原解放区，发动全面内战。中原局和中原军区部队在李先念、郑位三、王震、王树声等带领下，按照中央预先批准的战略计划，主力部队迅速撤离驻地宣化店等地，向平汉铁路鄂豫段东侧武胜关到柳林段开进，实施主力南北分路突围计划。皮定均带领中原军区第一纵队第一旅，张体学带领鄂东独立第二旅，在原地迷惑与阻击敌人，掩护主力部队突围。广大官兵发扬勇猛顽强的战斗精神，经过一个多月的艰苦行军和作战，北路部队从大别山到达秦岭，南路部队从大别山到达武当山，粉碎了蒋介石反动派 30 万大军的围追堵截，胜利突围。中原突围从军事上打响了解放战争的第一枪，揭开了解放战争的序幕。

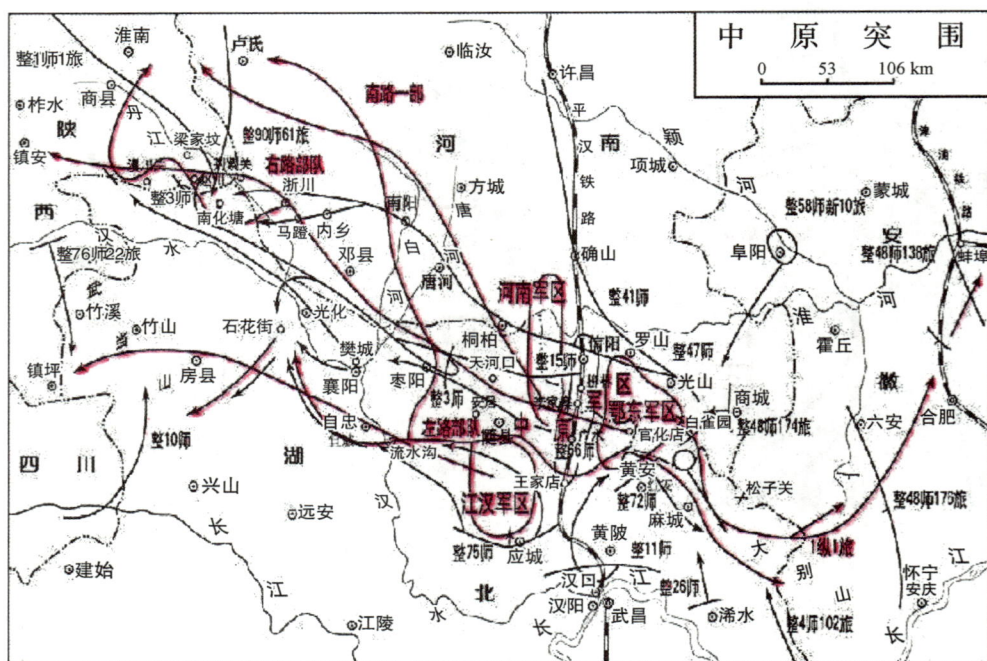

图 2-7　中原突围要图（示意图）

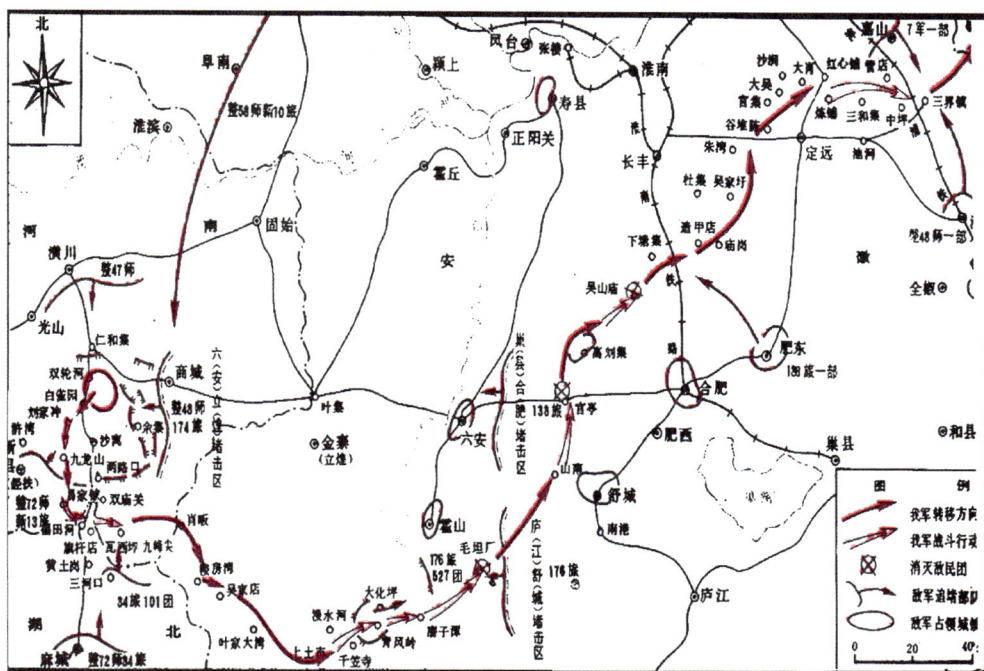

图2-8　皮定均旅掩护主力千里突围行程图(示意图)

中原突围后,国民党反动派对大别山根据地进行了野蛮的"清剿",数以万计的干部和革命群众死于他们的屠刀之下,但是,革命斗争之火没有扑灭,在失去主力部队支撑而孤悬敌后的极其困难条件下,党领导的游击战仍在大别山进行。漆少川、程鹤鸣领导的中共黄冈中心县委,何耀榜、刘名榜领导的中共罗礼经光中心县委,熊作芳、桂林栖领导的中共皖西工委,易鹏、黄宏伸领导的中共鄂皖边中心县委,领导地方革命武装以几百人、百余人、几十人,甚至十几人,几人为活动单位,高度分散机动,扎根于人民群众之中,不怕流血牺牲,顽强不屈地坚持斗争,保持着大别山区革命红旗始终不倒。这些斗争给敌人以沉重的打击,牵制了一批国民党正规部队,从侧面配合了解放军主力在其他战场的对敌作战。在分散活动中,游击队自始至终得到大别山人民群众的全力支持,他们冒着危险以各种方式帮助和掩护游击队,游击队每到一地,总有群众为他们做饭、放哨、报告敌情。

二、刘邓大军挺进大别山及主要活动

为了夺取解放战争的全面胜利,中共中央决定从战略防御转向战略进攻。大别山雄峙于国民党首都南京与长江中游重镇武汉之间,在敌强我弱的情况下,控制住大别山,意味着东可取南京,西可取武汉、西安,南可扼长江、瞰制中原。同时大别山从新民主主义革命以来,有经过长期革命斗争锻炼的广大群众和多年来一直坚持斗争的游击队,易于解放军立足生根。基于这一地理位置优势和革命基础,1947 年初,中共中央制定了刘邓大军挺进大别山的战略。1947 年 6 月 22 日起,刘邓大军强渡黄河天险,取得鲁西南战役 5 战 5 捷的胜利,一路艰苦跋涉,激烈战斗,终于在 8 月 26 日至 28 日渡过最后一道天险——淮河,连克豫东南固始、光山、潢川、经扶(今新县)、商城等县,粉碎了数十万敌军的围追堵截,胜利抵达大别山,完成了千里跃进的战略任务。

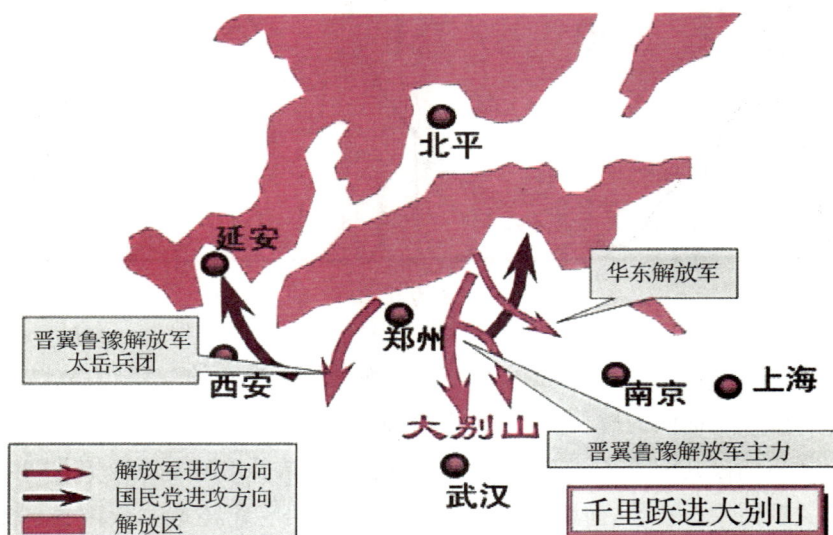

图 2-9　中共中央制定挺进大别山的战略形势图

刘邓大军进入大别山后,为了尽快重建大别山革命根据地,将大别山区分为鄂东、鄂皖、豫东南、皖西四个工作区,后来由于敌情变化,负责鄂皖区的二纵队有新的作战任务,就形成了鄂东、鄂豫、皖西三个工作区。三个区工委相继成立,迅速开展创立根据地、土地改革等各项工作。刘邓大军还大力开展政治思想工作,解除群众顾虑,解放军官兵纪律严明,关心群众疾苦,在群众中产生了良好影响。大别山人民放下包袱,像对待当年的红军一样,热烈欢迎解放军,从各方面支援解放军,为他们捐粮草、军鞋,替他们带路、放哨和侦察敌情,帮他们运送物资、安置护理伤员等。在大别山人民和游击队的支援和配合下,刘邓大军和根据地武装力量不断挫败国民党的追歼、扫荡和清剿,大量歼灭地方反动武装。到 1947 年 10 中旬,刘邓大军先后解放了 23 座县城,建立了 17 个县的民主政权,初步完成了在大别山地区的战略展开。

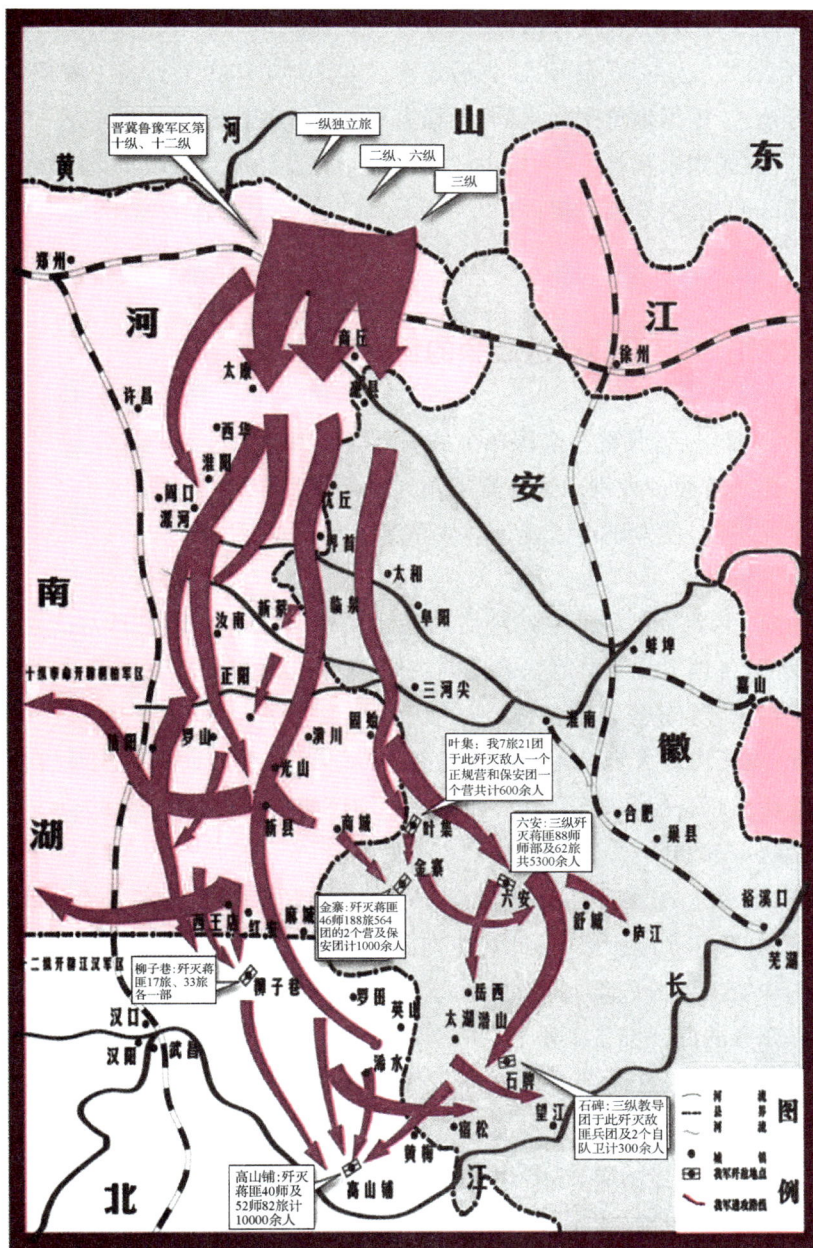

图2-10 刘邓大军千里跃进大别山形势图

　　1947年10月26日至27日，刘邓大军把分散在300里内的部队集中起来，在蕲春高山铺歼灭了敌四十师和八十二旅，沉重打击了国民党军的气焰，打破了蒋介石企图破坏解放军重建大别山根据地的阴谋，刘邓大军在大别山站稳了脚跟。11月27日，敌军集中14个整编师共33个旅的优势兵力，对刘邓大军发动全面围攻，刘邓大军采取"主动分遣,寻敌弱点"的作战方针,进行了三克梅川的战斗。1948 年春,鄂豫、皖西两解放区人口共达 1200 余万人,先后建立了 8 个地委,33 个县民主政权,地方武装发展到 3 万余人,根据地愈来愈巩固,刘邓大军已在大别山稳稳扎根。从 1948 年 5 月底开始,在中央的指示精神下,大别山解放区开始完善党的新区政策,从政治上和经济上保证解放区的建设、发展和巩固。

三、大别山地区迎接解放战争的全面胜利

1948 年 6 月以后,我军在全国各个战场上均取得巨大胜利。从 9 月开始,解放战争进入战略决战阶段。大别山区各党委领导全区军民配合鄂豫军区主力部队向境内残敌发起全面进攻,使大别山区成为解放军渡江前的屯兵之所和前进阵地,渡江后的巩固后方。

1949 年 1 月,淮海战役胜利结束后,人民解放军准备南下渡江作战。鄂豫区成立了支前司令部,各地成立了县、区、乡支前组织,大别山人民踊跃支援渡江前线,积极为解放军筹集粮草,鄂东全区供粮 12000 多万斤,豫南筹粮约 3657 万余斤,皖西供粮 5559 多万斤,安庆供应大米 22 万担等,还有柴草、食盐、食油、军鞋、担架、肉食等各类物资。各地还组织备船和筑路修桥,如黄梅县渔民两天内将国民党沉入水底的 370 多只船全部捞起,广济县一二十天赶制了 300 只木船,安庆抢修了 60 多公里长的 3 条干线公路,加固了沿途 20 余座桥梁,固始县一个乡 10 多个村的 1500 余农民 3 昼夜修复了 18 华里的公路和 3 座桥梁,霍邱县在支前期间修桥 25 座,架桥 4 座等。各地数以千计的民船和船工不慎危险,参加渡江,运送大军,仅安庆就有 44 人牺牲。

在做好充分的渡江准备工作后,1949 年 4 月 21 日,解放军渡江部队首先在贵池到芜湖间突破,将敌长江防线拦腰斩断,在马当至枞阳段实施强渡,渡江战役全面打响。解放军一路英勇作战,国民党苦心经营的长江防线被击溃,沿线地区全境解放。

随着大别山地区全境解放,各地党组织在完成支援大军渡江作战任务之后,开始集中力量,剿灭残余土匪,安定社会秩序,迎接新中国的成立。1949 年 5 月中旬,国民党第九十二师师长汪宪,带领人员和电台潜入大别山,建立"鄂豫皖人民自卫军司令部",统一指挥各路残匪,进行颠覆活动。面对严重的匪患,8 月上旬,鄂豫皖三省在武昌召开剿匪会议,成立了以王树声任司令员兼政委的鄂豫皖边区剿匪指挥部,下设东线(皖西)、北线(豫东南)、南线(鄂东)三个区段指挥部,负责指挥会剿战斗。整个剿匪,始终实行军事打击与政治攻势紧密结合,发动群众、擒贼先擒王等方针,到 1949 年底至 1950 年春,大别山境内残余土匪全部肃清。大别山地区从此进入历史发展的新时期。

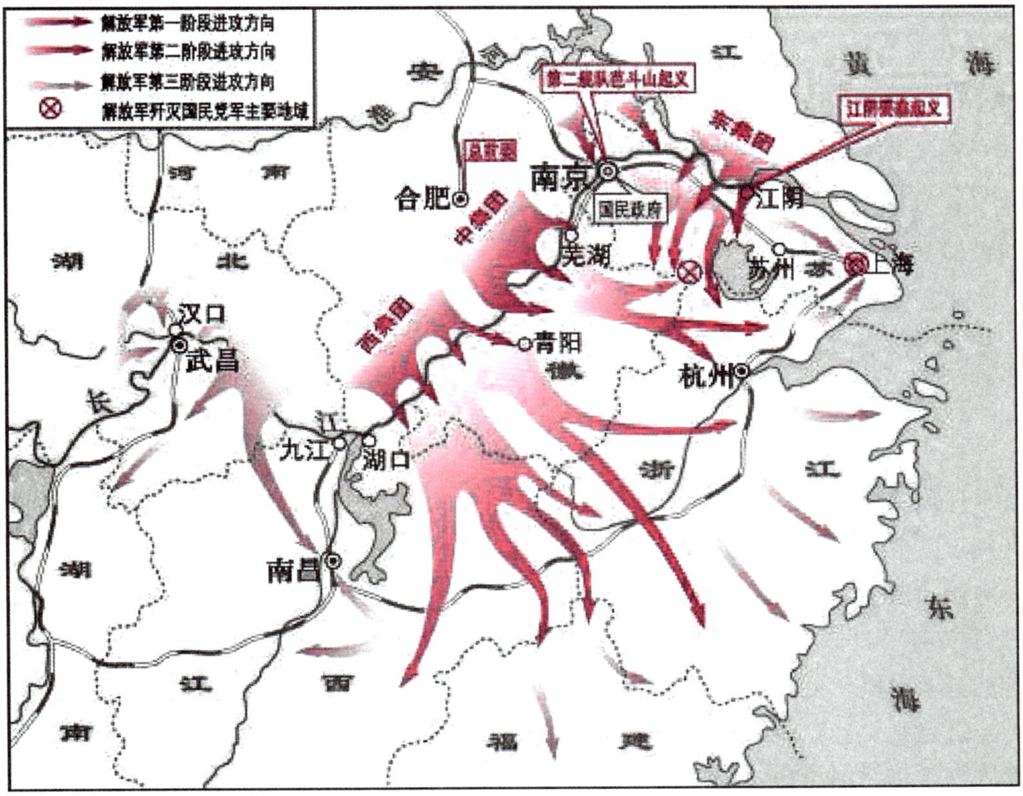

图 2-11　人民解放军渡江作战示意图

第三章

朴诚勇毅真气概　万古精神壮山河

——大别山红色文化之"魂"

任何一种文化形态都有其根本的、本质性的内容，是其独立成为一种文化形态而区别于其他文化形态的分水岭。大别山红色文化的"魂"是大别山红色文化中最核心、最本质的理想信念、精神内核、价值体系、道德风貌、品质特征等，可从大别山红色文化的"物""事"和"人"中凝练出的具有共性的最大公约数，是展现中国共产党人的伟大精神的基本内核。

著名党史专家、北京师范大学中共党史党建研究院院长王炳林在概括中国共产党人精神谱系时指出："中国共产党精神谱系，是在马克思主义、共产主义信仰这个同根同源的基础上生长起来的庞大系统和完整体系，集中体现着中国共产党人的理想信念、根本宗旨、道德品质、工作作风和精神风貌，是党的一系列优良传统和作风的集中概括。"①大别山红色文化孕育了大别山精神。大别山精神是指 1921 年中国共产党诞生至新中国成立这一特定历史时期内，在大别山这一特定区域，由大别山地区的共产党人和人民群众在长期的革命斗争过程中，用鲜血和生命凝结成的以为共产主义奋斗为价值取向的革命信念、革命意志、革命意识、革命品质和革命行动的总和，是在中国共产党的领导下中国人民争取民族独立和自由、创建自己的富强国家的历程中，在马克思主义理论的指导下与中国革命实践相结合的产物。

大别山精神形成有着深刻的时代背景、理论来源和实践基础。

---

① 王炳林.深刻领会中国共产党精神谱系的丰富内涵[N].澎湃新闻,2021－10－20.

◆ 第一节　大别山精神的源起

大别山精神的形成要从大别山在中国革命史上的地位谈起。

一、大别山地区是中国共产党的重要建党基地

"五四"时期，以董必武、陈潭秋、林育南等为代表的大别山先进知识分子积极学习和传播马克思主义思想，成长为第一批中国共产党人。他们通过办学校、创报刊、建组织等方式，培养革命人才，开展革命活动，为大别山播下革命的火种。中国共产党成立前夕，恽代英、林育南等人在黄冈林家大湾浚新学校成立了具有共产主义性质的革命团体——共存社，可以说这是我国第一个建立在农村的共产主义小组。中国共产党成立时，代表武汉组出席中共"一大"的董必武、陈潭秋和陈独秀的个人代表包惠僧都是大别山人，他们回到武汉后，在大别山地区积极开展建党工作。1921 年 11 月，陈潭秋回家乡黄冈，成立了八斗湾、陈策楼两个党小组，到 1923 年，这两个党小组发展成为两个党支部，这是全国最早的农村党支部。董必武将自己创办的武汉中学作为基层党组织建设的大本营，他将学生党员派往各自的家乡建立党组织。1921 年底，董必武将王建、董觉生、雷绍全派往家乡黄安，成立黄安工作小组，1925 年秋，又成立了中共黄安支部；1923 年冬，寿县小甸特支成立；1924 年，蔡济璜、刘文蔚成立麻城县工作组，1925年冬成立了麻城特别支部；大悟县的刘家栋、梁立标回到大悟成立了黄陂北乡党支部；李梯云回到罗田县滕家堡建立了罗田县党支部；1924 年秋，袁汉铭来到安徽金寨，创建了中共笔架山农校特别支部；1924 年底，袁汉铭、董汉儒在河南商城创建了商城支部。自此大别山最早的一批党组织应运而生，这些都是中国当时农村中最早的中共组织之一。据不完全统计，从 1921 年至 1927 年 5 月，董必武、陈潭秋培养的大别山学生在大别山创建的党组织遍及 36 个县市，党员总数达 1.4 万人。

1925 年，鄂东黄梅成立了中共黄梅县委会，这是全国第一个县级党组织。1927 年11 月，黄麻起义胜利后，黄麻特委主持创建了鄂东第一个工农革命政权——黄安县农民政府，这是中共党史上建立的第一个县级红色政权。党组织由鄂东迅速向豫南、皖西发展，中国共产党从此成为大别山地区新民主主义革命的领导核心。

二、大别山地区是中国武装革命的重要策源地

大革命失败后,中共中央在武汉召开"八七"会议,为革命指明新的方向。继党领导八一南昌起义和湘赣边秋收起义不久,大别山地区相继爆发了"黄麻起义""商南起义""六霍起义",其中尤以黄麻起义影响巨大。黄麻起义不仅是大别山地区第一次大规模的武装起义,还是长江以北第一次大规模武装起义,是将土地革命、武装斗争和政权建设三者紧密结合并取得成功的一次伟大尝试。黄麻起义以游击战争为作战方式,走上了由城市转向农村的道路,实行了工农武装割据,为随后创建以大别山为中心的鄂豫皖革命根据地奠定了基础。黄麻起义与毛泽东领导的秋收起义一样,都是中国革命的创举,走在了探索中国革命成功道路的前列,是同期中共党史上著名的四次武装起义之一,是中国共产党探索"农村包围城市,武装夺取政权"革命道路的伟大实践。后来,党在境内开辟了鄂东北、豫东南、皖西、蕲黄广等革命根据地,1930年春,经过中共中央的部署,几块根据地统一为鄂豫皖边革命根据地,成为全国第二大革命根据地。红军长征后还创建了三年游击战争时期南方八省十四个游击区中最大的游击区。

三、大别山地区是人民军队的重要发源地

据不完全统计,在革命战争年代,大别山区共有200余万人参军作战,是人民军队的重要兵源地和发源地。在创建根据地的过程中,大别山相继成立了中国工农红军第十一军三十一师、红三十二师、红三十三师、第十五军等,后改编为中国工农红军第四军。在与国民党的反"围剿"斗争中,又成立红二十五军,红四军与红二十五军整编为中国工农红军第四方面军。红四方面军西征后,鄂豫皖边革命根据地又重建红二十五军,组建红二十八军,继续坚持反"围剿"斗争,后来红二十五军也进行了长征。大别山红军是什么样的人民军队呢?我们来看看这三支主力部队。

在红军万里长征的四支队伍中,有两支是从大别山地区走出的。其中红四方面军长征时间最早最久,里程最长,走得最远,增员最快,人数最多,牺牲最多。在长征胜利后,红四方面军还有3万多人,仍是红军中保留长征骨干最多的部队,在后来的革命战争中又成为一支劲旅,是中国工农红军三大主力之一。在张国焘分裂党、分裂红军的危急关头,红四方面军广大将士与他进行坚决的斗争,坚持党对人民军队的绝对领导。奉命西征的一部分红四方面军失败后,李先念同志率领西路军余部翻越风雪弥漫的祁

连山,穿过戈壁滩,千辛万苦回到延安,为党和红军保存了一批骨干力量。毛泽东接见李先念等指出:西路军战斗到最后,由你们带领一部分同志,排除万难到达新疆。这种坚定的行为,除了共产党人领导的红军,是其他任何军队也做不到的。

红二十五军是四支红军长征队伍中年龄最小的一支,被称为"娃娃军",许多战士的个头还没有他们背的长枪高,但是在长征中孤军北上,经历数百次战斗,兵员不减反增,是红军长征唯一发展壮大的部队。红二十五军在行程近5000公里、转战四省的10个月里,沿途宣传中共抗日主张,发动人民群众,组建地方武装,播撒革命火种,并创建了鄂豫陕根据地,在四支队伍中最先到达陕北,为党中央和红一、红二、红四方面军落脚陕北奠定了基础。在胜利会师时,有这样一个感人的故事。中央红军到达陕北时,物资补给非常困难,缺吃少穿,连温饱都成问题。毛泽东写了一张借条让后方部部长杨至成送给红二十五军军长徐海东,希望借2500元给中央。虽然二十五军的部队也需要一大笔钱支付伤病员过冬,但徐海东依然在仅有的7000块大洋的军费中拿出5000块接济中央红军,并命令部队节衣缩食。徐海东是这样对供给部长查国桢说的:"这点钱我们自己就不够用,若拿出5000块大洋,就更不够用了。可是,你想过没有,毛主席动口向我们借钱,说明党中央、中央红军比咱们还要困难。我们就是不吃、不穿、挨冻受饿,也要支援党中央,也要保证他们度过陕北的第一个冬天啊!"第二天,供给部派人把5000块大洋送到中央红军后勤部。毛泽东、张闻天、周恩来、彭德怀等领导同志都把这5000块大洋看作是雪中送炭,多年之后,毛泽东还说:"那时候,多亏了那5000块大洋啊!徐海东是对中国革命有大功的人!"

红二十八军也是一支打不散、拖不垮的英雄部队,是红二十五军长征后留下的部队与鄂东北独立团重建的部队,坚持鄂豫皖苏区三年游击战争,转战于鄂豫皖三省45个县,积累了丰富的战略战术经验,保存了革命力量,使大别山红旗不倒,有效策应了红二十五军和主力中央红军的战略转移,虽未长征,却有力支持了主力红军长征。

四、大别山地区是中国抗日战争的重要战斗地

抗日战争的武汉会战时期,日军因在武汉的外围蕲(春)黄(梅)广(济)三地受制于中国守军,于是出兵两路欲突破大别山形成对武汉的大包围,大别山地区成为保卫武汉的重要军事战场。中国共产党在大别山地区采取一系列正确的战略方针,在军事、政治、经济等方面积极主动地配合与支持国民党爱国军队在长江北岸和大别山北的正面战场。在大别山境内的主要战斗有黄广战役、上巴河阻击战、罗田雷家大坳阻击战、七里坪保卫战、霍山及鹿吐石铺保卫战、富金山战役、小界岭战役等。其中,黄广战役

和小界岭战役在武汉会战中尤为重要，在中国抗日战争史上占有重要地位。黄广战役有效迟滞了日军对武汉的占领，中国军队在这一带拼死抵抗两个多月，彻底打破了日军"一个月内"夺取武汉的狂妄野心，并为挫败日方妄图通过攻占武汉以彻底击溃中国军队主力而于1938年底结束战局的阴谋做出了重要贡献。而小界岭战役是武汉会战仅有的未被日军突破的战略防线，不仅沉重打击了日寇的嚣张气焰，还彻底粉碎了日军横越大别山会师第六师团后从东北面包抄武汉的战略企图。其次，两次战役都成功地掩护了国民政府组织的著名大规模"西迁"运动，客观上对于保存和发展中国经济、文化教育实力发挥了重要作用，为中国军队的战略撤退赢得了宝贵时间。

同时，大别山地区组建多支人民抗日武装，开展游击战，在敌后战场与日军作战。新四军四支队、新四军五师两支新四军主力部队，开创了鄂豫边抗日根据地，完成了对武汉的战略包围，成为中原敌后抗战的中流砥柱。

五、大别山地区是中国走向革命胜利的重要转折地

抗战胜利后，中国共产党领导大别山人民开展争取和平民主、反对内战的斗争。1946年6月，国民政府30万大军从南北两面夹击中原解放区，中原局和中原军区部队6万多人在李先念、郑位三、王震、王树声等领导下，经过一个多月的艰苦行军和作战，胜利突围。中原军区部队在历史的关键时刻，不惧牺牲，突出重围，打乱了国民党蒋介石发动全面内战的军事部署，达到了吸引和牵制大量国民党正规军的战略任务。中原军区部队突出重围后，还创建了鄂豫陕、鄂西北两块新革命根据地，鄂东独立旅在完成突围掩护任务后，也奉中央之令坚持在大别山进行游击战争，这些都直接威胁着国民党后方，为协助和配合华东、华北解放区的内线作战，粉碎国民党军队的全面进攻，发挥了重大战略作用。中原突围拉开了人民解放战争的序幕，吹响了进军全中国的号角。

1947年6月，刘邓大军千里跃进大别山，实现了解放战争的伟大战略转折，创造了举世罕见的战争伟绩。这一战略的制定是基于大别山的地理位置优势，当时毛泽东研究渡江占领全中国策略时，发现大别山雄峙于国民党首都南京与长江中游重镇武汉之间，在敌强我弱的情况下，控制住大别山，意味着东可取南京，西可取武汉，南可扼长江、瞰制中原。刘邓大军跃进大别山，粉碎了敌人对解放区的"重点进攻"，迫使其由"重点进攻"改为"全面防御"，使解放战争由战略防御转入战略进攻，即把我军的外线进攻与内线反攻发展成为全国规模的战略进攻，把战争从黄河南北推到了长江北岸，使中原成了夺取全国胜利的前进基地，从此，人民解放战争走向全面胜利阶段。

六、大别山是我国治党治军治国人才的重要培育地

在整个新民主主义革命时期,大别山地区为中国革命事业输出了大批优秀的党政军干部,培育出大批治党治军治国人才。大别山地域文化、革命斗争实践以及党在大别山地区进行的干部培训,从客观上都为治党治军治国人才的培育创造了有利的条件。从大别山地区走出了3位党的创始人(董必武、陈潭秋、包惠僧),2位中共早期主要领导人(陈独秀、王明),2位国家主席(董必武、李先念),2位全国政协主席(邓颖超、李先念),2位中共中央军委副主席(林彪、刘华清),3位中共中央副主席(林彪、李德生、李先念),4位全国人大常委会副委员长(董必武、邓颖超、秦基伟、韩先楚),5位国务院副总理(董必武、李先念、陈锡联、林彪、谢富治),4位全国政协副主席(董必武、陈再道、洪学智、李四光),1位元帅(林彪),5位军事家(李先念、徐海东、王树声、许继慎、林彪)和4位在大别山成长的外籍军事家(徐向前、陈赓、曾中生、蔡申熙),337位开国将军,加上非大别山籍的达570人。中国十大元帅出生在或战斗在大别山的有徐向前、林彪、刘伯承三位,新中国成立初期组建的全国十大军区中有许世友、李德生、陈锡联、秦基伟、王必成五位将军出任司令员。按新中国成立后授衔的将军数量排出的十个将军县,有五个是在大别山:湖北红安、安徽金寨、河南新县、湖北大悟、安徽六安。还有湖北麻城的乘马岗镇有26名开国将军,被称为中国第一将军乡。

◆ 第二节　大别山精神的内涵

习近平总书记在党史学习教育动员大会上论述中国共产党革命精神时指出:"这些宝贵精神财富跨越时空、历久弥新,集中体现了党的坚定信念、根本宗旨、优良作风,凝聚着中国共产党人艰苦奋斗、牺牲奉献、开拓进取的伟大品格,深深融入我们党、国家、民族、人民的血脉之中,为我们立党兴党强党提供了丰厚滋养。"作为中国共产党精神,大别山精神源自伟大建党精神,蕴含着坚定信念、为民情怀、严实作风、艰苦奋斗、牺牲奉献、开拓进取等相融相通、一脉相承的红色基因。正确理解、科学概括大别山精神的内涵,我们要从以下四个方面来看大别山精神。

第一,从整体与局部的关系看大别山精神。

从方法论的角度看,整体和部分既相互区别又相互关联,他们之间的辩证关系要求我们树立全局观念,从整体着眼,选择最佳方案,寻求整体最优目标,实现整体功能大于部分功能之和,同时要求我们搞好局部,通过局部的发展使整体功能得到最大限度的发挥。运用这一方法论,我们在研究大别山精神时,既要树立整体观念和全局思想,从中国革命的整体着眼,又要重视大别山局部革命的作用。大别山精神是大别山区革命斗争的思想观念和精神状态的综合体现,是中国共产党人用生命凝成的革命精神。为此,研究大别山精神必须和大别山整体革命史结合起来,把这一局部斗争和中国革命的全局紧紧结合起来,置于中国革命大的历史背景之中去把握。只有从整体去认识局部,才能更好地凸显出大别山精神的内在价值。

第二,从历史与现实的关系看大别山精神。

大别山精神是在长期的革命斗争中形成的,是马克思主义基本原理与中国革命的具体实践相结合而培育的一种伟大精神。尽管历史前进了,时代发展了,但革命精神永远不会过时。要从历史与现实的关系与时俱进地、用发展的眼光看大别山精神,不能只强调历史而忽略其现实意义和时代价值,历史和现实应统一起来。这种精神在革命战争年代发挥了重要作用,团结凝聚了大别山地区广大军民,是克敌制胜的重要保障。新时代弘扬大别山精神,就是要把革命传统与时代精神结合起来,增强"四个意识"、坚定"四个自信"、做到"两个维护",勇于担当、敢于作为,不折不扣地把党中央的决策部署落实落细落小。

第三,从普遍与特殊的关系看大别山精神。

普遍与特殊既相互对立又相互依存,是共性和个性的辩证统一,普遍是特殊的抽象与总结,特殊又以不同形式在普遍中表现。普遍之中包含特殊,特殊之中也蕴含普遍,两者相互依赖并在一定条件下相互转化。大别山精神同其他革命精神一脉相承,在精神内涵上有着共同普遍性和内在统一性,但由于时间背景不同、地域环境不同,大别山精神具有自身特定的内涵,有其特殊性。我们研究和传承大别山精神,既要看到大别山精神和其他中国革命精神的普遍相关之处,也还要从大别山特殊的地理位置和革命史中发掘其个性特征,才能更好传承大别山红色文化,开展大别山革命历史研究。

第四,从"方言"与"普通话"的关系看大别山精神。

大别山精神在表述形式上要注重通俗性和精确性的辩证关系,通俗性主要表现为阐述大别山精神应具有大别山地方特点的话语,精确性表现为阐释大别山精神应与新时代话语体系高度一致。不能因为精确性要求而抛弃通俗表达的精髓,也不能因为通俗性表述而忽视大别山精神的总结和升华。两者关系主要表现为"方言"和"普通话"的对立统一,这是概括和表述大别山精神内涵需要把握好的一个重要方面。为了传承和弘扬大别山精神,概括内涵要体现大别山特色,语言表述必须大众化、通俗化,能够入心,便于践行;同时概括内涵应精准,要求对大别山革命历史、斗争内容、典型事例等了解得非常清楚,只有这样才能做到精准。

从历史服务现实、局部服从全局、特色服于普遍的维度,我们将大别山精神的内涵概括为"坚守初心、勇担使命、紧跟党走、不胜不休"16个字。

一、"坚守初心"是大别山精神的核心要义

初心是什么? 初心是革命事业开端的承诺,中国共产党人的初心首先表现为"革命初心",革命者对初心的坚守表现为面对各种艰难困苦都能恪守与坚持最初的信念。回顾大别山革命史,我们认为"坚守初心"是大别山精神的核心要义,带领人民走马克思主义指引的共产主义道路,实现民族解放、人民幸福,这就是大别山革命者的初心。

第一,坚守初心表现为矢志不渝的信仰。

大别山共产党人的初心要从大别山革命的播火者董必武说起。1919 年 1 月,董必武在上海认识了中国早期马克思主义者李汉俊后,开始从信仰三民主义转变为信仰马克思主义。他说:"社会上有无政府主义、社会主义、日本的合作运动等等,各种主义在头脑里打仗。李汉俊来了,把头绪理出来了,说要搞俄国的马克思主义。"5 月 18日,董必武和张国恩在《救国时报》上发表通电:"北代表犹祖庇卖国贼党,不肯容纳,是岂国民希望和平之初心所及料。"董必武是中国共产党历史上第一次提出"初心"这一说法的。此时,董必武和李汉俊等马克思主义者已认定,中国革命必须走俄国革命的道路,要进行阶级革命,必须先唤醒和组织群众。不久,董必武回到武汉,开始了全新的革命事业。他与陈潭秋等人着手筹建武汉共产主义组织,创办武汉中学,传播马克思主义,为大别山地区培养革命人才,帮助大别山地区创建党群组织,推动农民运动发展,将革命的初心种下。董必武是怎样创办武汉中学的呢? 当时私人办学很难,董必武多方求援仍筹不齐经费,他向表弟借了一笔钱,又在寒冷的冬天,把身上穿的一件皮袍送到当铺换了钱,才勉强凑够经费。学校办成后,董必武都是聘请进步教师,这些教师要么拿很低的薪酬,要么不拿。董必武自己则不拿薪水,学校有少量收入还为建党活动提供支持。董必武先后邀请李汉俊、钱介磐、恽代英、刘子通、黄负生等马克思主义者到校演讲社会主义问题,他和陈潭秋等人还经常和学生促膝谈心,为学生送去《共产党宣言》《新青年》等进步书刊,指导学生办《武汉中学周刊》,编写《政治问题》读本,让学生交流读书心得。在学校进步思想的熏陶和影响下,学生潘忠汝立志献身于革命,在自勉诗中写道:"不肯昏庸同草木,愿输血汗改山河。"学生张行静,得到一本《共

产党宣言》后,如获至宝,每读一句画下一个圆圈,写下万余字的读书笔记。后来黄麻起义总指挥部领导人、骨干分子大部分人都毕业于武汉中学,潘忠汝任总指挥,张行静是骨干,两人均在起义不久后的革命运动中牺牲。董老一生为革命奔走,九十高龄时还言:"遵从马列无不胜,深信前途会伐柯。"董必武的一生就是大别山精神中坚守初心的最好注解。

当革命的火种被点燃,革命斗争异常残酷,不论遇到多大的困难,大别山共产党人始终没有动摇。"只要我不死,就要闹革命!"黄麻起义时担任赤卫队队长的程儒香牺牲前口含鲜血大声疾呼。1927年11月13日,黄麻起义爆发,打响了鄂豫皖地区武装反抗国民党反动派的第一枪。此后,以大别山为中心的鄂豫皖革命根据地逐步形成。1928年初,程儒香被捕。在滴水成冰的雪天里,敌人将他裸身露体钉在树上,逼其交出共产党员和赤卫队员名单。程儒香非但没有屈服,还厉声痛斥敌人,最终在受尽酷刑后壮烈牺牲。在整个大别山革命历史中,像程儒香这样不怕牺牲的英烈并不是个例。一位名叫林清芝的女孩牺牲时年仅15岁。在极其艰苦的斗争形势之下,面对各种惨无人道的酷刑和威逼利诱,是什么令他们如此无畏?"砍头只当风吹帽,甘洒热血绘锦绣""共产党为穷人翻身,是劳苦大众的""共产党好,为革命流血值得"……革命先烈牺牲前写就的壮烈诗文、发出的声声呐喊道破答案,在大别山上空久久回荡。矢志不渝的马克思主义信仰,革命必胜的信心,激励着大别山区共产党人奋勇向前,成为他们进行艰苦卓绝斗争的最强大武器和力量,这是大别山精神的本质核心所在。正是因为有了这种信仰信念,大别山革命才能星火燎原、从胜利走向胜利。

理想信念之火一经点燃,永不熄灭。从1921年中国共产党诞生,1927年中国共产党独立领导武装斗争,到1949年解放战争胜利,大别山区人民在党的领导下,创造了28年红旗不倒和22年革命武装斗争不间断的传奇,近百万人为此献出宝贵生命。被毛泽东同志称赞为"坚持大别山斗争的一面旗帜"的刘名榜,自1928年开始长期坚持在大别山地区开展革命斗争,他曾这样鼓励战友:"哪怕只剩下一个人,也要坚持到底,决不让大别山革命的红旗在我们手中倒下!"这些英雄儿女为什么前仆后继,甘愿为共产主义事业冒着巨大风险甚至舍弃生命?因为他们深刻地感受到人民的苦难和民族的苦难,国民革命以前,政权、族权、神权的枷锁捆在大别山人民身上,广大农民无权、无地、无粮,要改变这一切,只有依靠中国共产党,只有走共产主义道路。正如大别山传唱的《土地革命歌》中所写:"若不共产国家不能保……努力革命牺牲奋斗好。"这是无数革命者抛头颅、洒热血、奋不顾身的根本缘由,中国共产党人的这一初心深刻融入大别山精神中。

第二,坚守初心反映了群众路线的真谛。

密切联系群众既是中国共产党在长期的革命斗争中形成的优良作风,也是始终保持党与人民群众血肉联系的经验总结。大别山的革命历程，是党和人民军队依靠群众、解放群众、造福群众的历程，也是广大群众与我们党鱼水交融、生死相依、携手共进的历程。正因为始终把人民放在心中最高位置，时时处处关心群众、为群众谋利益，才赢得了广大群众金子般的信赖。党领导大别山革命的每一阶段，离不开大别山人民的支持奉献，党始终以人民群众为坚强后盾。

土地革命战争时期，大别山党组织紧紧依靠群众、充分发动群众，在发动武装起义和创建根据地之初，即着手建立革命政权，开展土地革命。在根据地逐渐形成了省、特区（道）、县、区、乡、村六级苏维埃政权，大别山广大穷苦人民第一次成为社会的主人。开展了轰轰烈烈的土地革命，1927年11月黄安县政府成立后，就制定了《土地问题决议案》，主要实行"五抗"或减租减息，没收土豪劣绅的粮食分给贫苦农民。革命根据地建立后，为全面开展土地革命创造了有利条件。1929年6月，制定了鄂豫皖边区第一部土地法令《临时土地政纲》，12月颁布了《土地政纲实施细则》，采取划分阶级、确定分配标准和实施分配三个步骤。在土地革命前期，鄂豫皖边区颁布的这两部土地法是全国革命根据地中比较早的地方土地法令。苏区的政治、经济、教育、卫生各项事业在党的领导下蓬勃发展，老百姓在政治上、经济上翻了身，文化教育上得到解放。从党动员青年参军参战到老百姓救护伤员、传递情报，从党组织民众为军队缝制军装，保证军粮供应，到老百姓倾力支持红军，党民、军民鱼水情深的感人事例大量涌现。"小小黄安，人人好汉；铜锣一响，四十八万；男将打仗，女将送饭。"正是这一情景的真实写照。徐向前在回忆大别山革命斗争时说："红军的力量在民众之中。有了群众的支持，红军如鱼得水，任我驰骋，这是弱小红军能够生存发展、克敌制胜的根本原因。"

抗日战争时期，以李先念为代表的新四军第五师，始终坚持依靠群众、宣传群众、组织群众，与群众保持着血肉联系和鱼水深情，部队从无到有，从小到大，从弱到强，从几支小游击队发展壮大为5万人的正规军，创造了部队长期孤悬于敌后不断壮大发展的奇迹。部队经常参与到驻地的生产建设中，与群众一起开河挖渠、修堤筑坝、大兴农田水利建设。至今老百姓中仍流传着这样一首民谣："李师长，种南瓜，种的南瓜人人夸。陈大姐，种白菜，种的白菜人人爱。"[①]战斗中，群众为部队送饭送水，传递情报，组织战地担架队。每逢节假日，边区群众来到部队驻地慰问战士，共同联欢。鄂豫边区人民参军参战、防奸防特、发展生产支援前线的无私奉献，使新四军第五师在抗日战争中，如虎添翼，成为华中抗战的中流砥柱。数十年过去，当年新四军第五师师长李先念在谈起抗日战争时期与鄂豫边区广大人民群众的关系时，仍满怀深情地说："当敌人向我根据地'扫荡'的时候，常常有人向我报告，说是某某县委书记不见了，某某区委书记

---

① 李少瑜、徐蓬、雷河青.创业中原功垂华厦[M].乌鲁木齐:新疆青少年出版社,1993:258.

'失踪了'，某某部队被敌人包围了。我就讲'不要紧，敌人退了，他们就会钻出来的'。果然敌人一退就都钻出来了。在群众的掩护下，我们在同日、伪、顽只隔一条路或一条河的'三角斗争'的地区设立医院，安置伤病员，住上几个月或者一年，敌人也发现不了。"

解放战争时期，刘邓大军在挺进大别山的斗争中紧密地与人民站在一起，全心全意为人民服务，十分注意军民之间的团结，时刻注意关心人民的利益，密切联系群众。刘邓规定：任何时候都不能忽视团结90%以上的人。这就是要求关心群众的利益，严格执行纪律，绝不能侵犯群众的利益。刚进入大别山时，部队出现了一些破坏纪律，侵犯群众利益的情况。对此，刘邓高度重视，立即召开了几次会议，制定了三条纪律：枪打老百姓者枪毙，抢拿民财者枪毙，强奸妇女者枪毙。公审枪毙了违反规矩的警卫连副连长赵桂良。同时，向全野战军颁发了整顿纪律的命令，迅速克服了松懈情绪和违纪现象。刘邓还带头执行群众纪律，时时处处关心群众的利益，为部队做出了表率。帮助金寨沙河地区老漆找牛等等传为佳话。在金寨转战期间，刘邓大军严格执行纪律，赢得了广大人民群众的有力支持和拥护。群众积极支援部队作战、送情报、当向导、运物资、捐粮捐物、救护伤员。由于金寨境内形势比较稳定，2纵的很多后勤机关都设在这里。时近严冬，进入大别山解放军都是单衣破衫，急需添置棉衣。金寨人民群众一面捐助，一面积极帮助到麻埠、金家寨、流波、叶家集等地购买土布、棉花，制作棉衣，很快解决了部队冬装的困难。驻在双河的2纵教导团，生活十分困难，人民群众踊跃献粮捐款，帮助做棉衣、做鞋。仅铁冲乡高畈村群众，就献大米7007斤，稻谷1512斤，烧柴2490斤，棉衣16件，鞋子49双。南溪区丁埠村的贫农团，发动群众150多人，为驻军送去大米2000斤，蔬菜3000斤，烧柴4000多斤（解放军当时打有收条或借条，新中国成立后金寨县人民政府全部付还）。在南溪、泗道河、汤家汇一带有2纵的野战医院，住有南下战斗负伤的600多伤员，全部安置在泗道河、汤家汇、竹畈、双石一带的群众家里。加上担架队、运输队、警卫连、看护排和医生共1300多人；在关王庙、七里冲建有枪械修理所；在吴家店太平山的华家湾、汪家湾、铁棚岗、周家湾、潘家湾等处设有被服厂，为部队生产棉衣棉被。为了使伤病员早日恢复健康，人民群众自己忍饥挨饿，把粮食省给伤病员吃。2纵教导团的班长王友芳，因战斗颈部受重伤，被安置在双石乡董家湾傅家荣老大娘家里养伤，傅老大娘和儿子以及董家湾20多户70多名男女老幼，天天为他转移躲藏地点，一日三餐喂水喂饭，像亲人一样调养，帮助转移掩护。全国解放后，王友芳为了报答老根据地人民恩情，多次写信感谢董家湾的人民群众和傅家荣老大娘一家，称傅家荣老大娘为母亲。这些感人事例，在大别山地区不胜枚举。

江山就是人民、人民就是江山，打江山、守江山，守的是人民的心。得民心者得天下。习近平总书记强调，鄂豫皖苏区能够28年红旗不倒，新四军能够在江淮大地同敌人奋战到底,刘邓大军千里跃进大别山能够站住脚、扎下根,淮海战役能够势如破竹,百万雄师过大江能够气吞万里如虎,根本原因是我们党同人民一条心、军民团结如一人。坚持走群众路线,同人民群众同甘苦、共命运,凝聚起人民群众的磅礴伟力,筑起了打不破、摧不垮的铜墙铁壁,这也是大别山精神内涵的关键所在。

第三,坚守初心是历史服务现实的需要。

习近平总书记指出,要坚持围绕中心、服务大局,通过对党的历史发展规律的揭示,为人们正确认识现实和改造现实提供历史的依据和启示,更好地为党的政治路线和政治任务服务。这一重要的论述深刻揭示了学习和认识党的历史的目的是服务现实,也为我们提炼大别山精神的内涵指明了方向。新世界需要新史学,史学研究既要对历史负责,又要为现实服务。要从历史与现实的关系与时俱进地、用发展的眼光看大别山精神,从历史服务现实的角度来提炼大别山精神的内涵,历史和现实应统一起来。

坚守初心的表述源于历史。习近平总书记指出:"中国共产党一经诞生,就把为中国人民谋幸福、为中华民族谋复兴确立为自己的初心使命。"他在阐述"不忘初心、牢记使命"主题教育"守初心、担使命,找差距、抓落实"的总要求时指出,"守初心"就是"要牢记全心全意为人民服务的根本宗旨,以坚定的理想信念坚守初心,牢记人民对美好生活的向往就是我们的奋斗目标,时刻不忘我们党来自人民、根植人民,永远不能脱离群众、轻视群众、漠视群众疾苦"。回顾中国共产党的百年光辉历程,共产党人的初心彰显在中华民族灾难深重的历史时刻孕育出的"建党精神"之中,表现在革命根据地的创建发展和建立红色政权、探索革命道路过程中形成的"井冈山精神""苏区精神""长征精神""延安精神""大别山精神"中,体现在新时代"人民对美好生活的向往就是我们的奋斗目标""我将无我,不负人民""人民至上、生命至上"的情怀中。初心成为贯穿党的百年历史的一条主线,是中国共产党人精神谱系的"源头活水",百年来形成的所有精神,都是在这个根本动力的影响下形成的,大别山精神同样也是如此。回顾大别山革命史,无数的革命先烈在这片土地上前赴后继、浴血奋战,用鲜血和生命谱写了一部可歌可泣、恢宏壮丽的革命史诗,初心是贯穿大别山精神的一条红线。这种坚定革命必胜、共产主义必胜的信念,这种对理想信念的坚守,我们把其概括为"坚守初心"。

坚守初心的表述也融入了现实。当前,初心是政治生活中的一个热词。2016 年 7 月 1 日,在庆祝中国共产党成立 95 周年大会上,习近平对"初心"的内涵作深刻阐述。此后,习近平在许多场合进一步提及和阐释"初心"。2019 年,党中央决定在全党自上而下分两批开展"不忘初心、牢记使命"主题教育。2021 年 7 月 1 日,习近平总书记在庆祝中国共产党成立 100 周年大会上的讲话指出:"一百年前,中国共产党的先驱们创建了中国共产党,形成了坚持真理、坚守理想,践行初心、担当使命,不怕牺牲、英勇斗争,对党忠诚、不负人民的伟大建党精神,这是中国共产党的精神之源。"①习近平总书记在论述伟大建党精神时,把"践行初心"的表述作为其重要内涵。作为中国共产党人精神谱系,大别山精神源于伟大建党精神,大别山精神是我们党的宝贵精神财富,是中国共产党人精神谱系的重要组成部分,把"坚守初心"作为大别山精神的表述是基于现实政治的需要,具有重大的现实意义。

二、"勇担使命"是大别山精神的鲜明特征

勇担使命是革命初心到具体落实的逻辑过程和实践过程。革命不是儿戏,走共产主义道路,推翻几千年来不平等的社会不是一朝一夕的事,需要有责任、有担当、有胸怀、有勇气的大别山儿女奋不顾身挺身而出,担当使命敢于牺牲。大别山军民在革命斗争中,不计个人及小团体的利益得失,以高度的政治自觉,宽广的视野胸襟,要革命、不要钱、不要家、不要命,图贡献、不图名、不图利,展现了强烈的使命担当。勇担使命,成为大别山地区军民广泛认同的情怀,构成大别山精神最重要的品格,成为大别山精神最鲜明的标志。

第一,勇担使命展现了顾全大局的高尚情怀。

在大别山革命斗争中,大别山区军民团结一致,顾全大局,携手共进。在革命的紧要关头,在党和人民最需要的时候,大别山军民挺身而出、服务大局,宁愿牺牲自己也要为全局的胜利创造条件,展现了无私奉献的情怀。大别山区重大历史事件也见证了这种顾全大局的使命精神。

土地革命时期,鄂豫皖革命根据地与其他主要革命根据地互为犄角,与中央革命根据地遥相呼应,基于战略地位的重要性,党中央赋予了鄂豫皖根据地更多的使命和责任。中央发来指示信,要求充分利用大别山的重要战略地位和有利条件,进一步发挥"一面可以控制平汉铁路,一面可以截住长江交通,有直接威逼武汉,进而与全国红色区域达成一片"的重大作用。面对国民党军队对苏区的疯狂"围剿",在自身面临"围剿"的情况下,大别山军民胸怀大局,多次南下策应中央苏区反围剿斗争。长征时期十万红军走出大别山,几经艰难曲折,付出惨重的牺牲。1934 年 11 月,红二十五军全体将士作为"北上先锋",高举"中国工农红军北上抗日第二遗队"的旗帜,冲破国民党军队的围追堵截,有力配合了中央红军和红四方面军的长征,毛泽东称赞红二十五军为"中央红军之向导"。习近平同志在纪念红军长征胜利 80 周年的讲话中指出:"西北

---

① 习近平.在庆祝中国共产党成立 100 周年大会上的讲话[J].求是,2021(14).

地区红军创建陕甘革命根据地,同先期到达陕北的红二十五军一起打破了敌人的重兵'围剿',为党中央把中国革命的大本营安置在西北创造了条件。"

抗日战争时期,大别山区军民积极汇入全国抗战的洪流,成为华中抗战的中流砥柱。战斗在大别山的新四军五师主力多次东进抗日,一面收复失地,建立根据地,一面吸引和牵制大别山的国民党反动军队,大大减轻了在皖南、苏南向新四军军部的压力,赢得了黄桥决战的重大胜利,狠狠地打击了国民党顽固派的嚣张气焰,实现了新四军与八路军的胜利会师,奠定了苏北抗日民主根据地的基础,打开了华中抗战的新局面。

解放战争时期,中原突围、千里跃进大别山、渡江战役三大事件,都是顾大局、挑重担的光荣而艰巨的任务,为全国革命胜利,做出巨大贡献。其中"千里跃进大别山"的大局担当最为典型。千里跃进大别山,是解放战争时期发生在大别山区的另一个重大的历史事件。1947年,敌人在陕北战场投入31个旅、20万兵力,在山东战场投入56个旅、40万兵力。在敌我力量还很悬殊的情况下,党中央就决定实行战略转变,把战争引向解放区之外去,实行外线作战,打破国民党蒋介石把战场放在解放区,消耗根据地人力物力的企图,实施战略反攻。战略反攻的首攻方向是地处南京、武汉之间的中原大别山区。1948年8月27日进入大别山当天,以中共中央中原局名义向各部队指示,"勇挑重担,顾全大局,全心全意,义无反顾创建巩固大别山根据地"。刘邓大军千里跃进的伟大品格,就是为了全局的利益,不惜牺牲局部的利益,关键的时候站出来勇挑重担。在敌强我弱等情况下,困难是可以想象的。但为了全局的利益,刘邓大军义无反顾地千里跃进。在抢渡黄河前夕,刘邓指示部队:"我们就好像是一根扁担,一头挑着山东,一头挑着陕北。不管这个担子有多重,我们只有打过黄河去,才能把山东和陕北的敌人拖出来。我们打出去挑的担子愈重,对全局愈有利。"①邓小平曾在给二旅连以上干部讲话时指出:"我们在大别山困难多,是在啃骨头。但在其他战场上,我们的兄弟部队开始'吃肉'了。我们背上的敌人越多。我们啃的'骨头'越硬,兄弟部队在各大战场上消灭的敌人就越多,胜利就越大。"为了支援大别山的斗争,减轻刘邓大军的压力,党中央命令陈粟大军尽快南下,吸引敌人出大别山。邓小平知道后,立即致电党中央,建议中央不要催他们,让他们好好休整,积蓄力量,并说:"只要他们休整好了,出来打几个胜仗,大别山的形势就缓和了。即使二野再减员一些也不要紧,我们可以承受这个困难。"邓小平在金寨指出,"我们艰苦一些,在大别山多背敌人几个旅,二陈和刘司令员在外线就能多歼灭一些敌人"。刘邓在大别山分手之后,邓小平主动承担留在大别山地区,率千余人队伍在大别山的深山野岭之间与10万敌人周旋,其艰难和危险是可

---

①　邓小平.邓小平论中共党史[M].北京:中共党史出版社,1997:30.

想而知的。刘邓大军顾全大局另一个表现，就是时刻心系党中央的安危，即使在艰难危险时刻也是这样。有一次，邓小平破例和部下喝酒，高兴地说，今天收到了党中央发来的电报，"毛主席和中央机关安然无恙，我们喝一杯庆祝酒"。刘邓大军这种顾全大局、勇挑重担的伟大精神，受到了党中央的表扬，也得到了兄弟部队的一致好评。

第二，勇担使命体现了迎难而上的进取精神。

斗争条件异常艰苦是大别山革命斗争的突出特点。在敌强我弱的情况下，大别山区军民在困难面前不屈服，以能吃苦、迎难而上的进取精神，展现了可贵的精神气质。由于敌人残酷的军事"围剿"和严密的经济封锁，鄂豫皖苏区的物资严重匮乏，广大军民的生活极其困难。所有干部，从鄂豫皖苏区中央局到乡苏维埃工作人员一律没有薪饷，每人每天只发不到1角钱菜金和大半斤粮食，干部工作，都是自带干粮。各级干部与人民群众艰苦与共、患难相依。在极端困难的条件下，苏区军民迎难而上、自力更生、艰苦创业，开创出苏区经济、财政、文化、教育、卫生等各项事业，人民群众的生活获得了初步保障。

红四方面军在战役战斗的准备和进展过程中，连续行军、连续作战，顶酷暑，冒严寒，喝不上水，吃不上饭，几天几夜睡不上觉，是家常便饭。每次战役战斗的胜利，都有少则几十人、多则几百人甚至上千人的伤亡。然而，他们一不怕苦，二不怕死，广大指战员喊出了"怕死不革命，革命不怕死！"的战斗口号。国民党反动派发动第五次"围剿"时，红军在极其恶劣的条件下坚持斗争，大家豪迈地唱道："山沟野坳是我房，野菜山果是我粮，三天不吃饭，照样打胜仗。"1932年，红四方面军离开大别山向西进行战略转移，开辟川陕革命根据地。继续留守的中共鄂豫皖省委和红二十五军面对20万国民党军队的进犯，在弹药缺乏、靠野菜充饥的艰苦环境下组织便衣队坚持战斗。红二十五军长征后，大别山的革命斗争环境更加险恶，以高敬亭为代表的中国共产党人，在大别山与国民党军反复周旋，钻山洞、住草棚、吃糠咽菜，风餐露宿，不屈不挠，与群众同甘共苦，坚持开展游击战。1937年7月，在国民党的反复"清剿"下，"便衣队住岩洞、嚼草根、'树叶当被待天明'"[①]，依然不屈不挠地战斗着。

1946年蒋介石撕毁国共达成的《停战协定》，国民党郑州绥靖公署主任刘峙指挥10个整编师，30余万人的兵力，对中原军区部队发起大规模进攻，因此爆发全面内战。被包围的6万中国共产党的军队，遵照党中央指示，于1946年4月26日举行中原突围，分两路向西挺进，创建了豫鄂川陕根据地和鄂西北两个根据地。牵制大批敌人，直接配合了华北、华东解放区的作战，为取得解放战争的胜利发挥了重大作用。作为中原部队的一支劲旅，一纵一旅（皮定均旅，简称"皮旅"）是展现中原部队迎难而上的进

---

① 刘峰，孙科佳.中国革命战争纪实·土地革命战争·南方游击战争卷[M].北京：人民出版社，2007：777.

取精神的典型。当主力部队越过平汉路西进后，"皮旅"被敌人当成了主力。为了保存力量，突出重围，旅长皮定均、政委徐子荣重申了"能苦必胜"的口号，号召全旅发扬吃大苦、耐大劳的精神，积极寻找战机，向东突围，把敌人主力向东引，减轻中原解放军主力西进的压力。他们在国民党军的围追堵截下，冒着极大的风险，绕了很大的圈子，露宿丛林，顶风冒雨，忍饥挨饿，越高山、攀峭壁、涉险滩、跨平原，一路斩关夺隘，克服了无数艰难险阻，历时 24 天，行程 750 余千米，保存了约 5000 人的主要力量，成功抵达苏皖解放区，出色地完成了掩护主力向西突围的任务。1955 年中国人民解放军授衔时，毛泽东在皮定均的名下标注："皮有功，少晋中。"41 岁的皮定均被破格授予中将军衔。

同样的困难，同样迎难而上与敌斗争的还有解放战争中挺进大别山的刘邓大军。1947 年 9 月，刘邓大军跃进到大别山后，面临的困难很大很多：部队远离大后方，缺少重武器；士兵大多是北方人，水土不服；大别山粮食匮乏，缺少棉衣；反动势力疯狂报复，群众不敢与部队接触。1947 年 10 月，"已经是露寒霜重的深秋时节"，可是刘邓大军还穿着单衣。他们毅然推却中央的支援，提出"由我们自己设法解决"。他们依靠人民群众的支持筹到大量的布匹棉花，之后，"用竹鞭、树条和自制的弹弓来弹棉花，用稻草灰染出灰布，全军上下自己动手做起棉衣来"[1]，十几万指战员穿上自己做的棉衣投入新的斗争。面对困难，邓小平坚定地说，"大家都要想办法克服困难。困难确实是有，没有困难还要我们这些共产党员干什么？"[2]但是"不管情况如何严重，敌人是撵不走我们的"。大别山革命斗争的历史，是党领导大别山军民迎难而上、浴血奋战的历史。

第三，勇担使命展现了中国共产党一以贯之的政治本色。

历史是最好的营养剂。"中国共产党一走上中国的政治舞台就担当了领导中国人民革命的责任。"[3]101 年风雨征程，在革命、建设与改革的伟大历史篇章中，勇担使命是中国共产党人一贯的优秀品格，是中国共产党保持先进性和纯洁性、巩固执政地位的重要基石。大别山区共产党人所体现的在危机与困难面前义无反顾、挺身而出的革命精神凸显了共产党人的宝贵品格，正是这种勇担使命的精神让革命红旗始终在大别山飘扬。

历史的贡献是最好的诠释。在中国革命历史上流传着这样一句说法："井冈山的帅，大别山的将。"为什么说大别山能与井冈山齐名？在整个新民主主义革命时期，大

---

①　马京波.重读邓小平：上卷[M].北京：人民出版社，2004：231.

②　邓小平.邓小平军事文集：第 2 卷[M].北京：军事科学出版社，中央文献出版社，2004：58.

③　邓小平.邓小平文集(1949～1974 年)：上卷[M].北京：人民出版社，2014：149.

别山地区为中国革命事业输出了大批优秀的党政军干部,培育出大批治党治军治国人才。山山埋忠骨,岭岭铸忠魂,整个革命战争年代,大别山区先后有200多万人参军参战,近百万人英勇牺牲,仅登记在册的烈士就有13万名。数字背后充分反映了大别山在全国革命斗争中所具有的重要历史地位和做出的突出贡献,体现的是大别山人用鲜血和生命谱写了风云激荡的红色篇章,以悲壮牺牲造就苦难辉煌,是对勇担使命鲜明特征的最好诠释。

除了客观基础与主观因素之外,与"坚守初心"的表述一样,把勇担使命作为大别山精神的主要内涵还基于现实政治的需要。当前,担当是政治生活中的一个热词。2015年12月,习近平在全国党校工作会议上又明确提出,在新时期新阶段需要造就一支铁一般担当的干部队伍,进一步凸显了弘扬担当精神的时代紧迫性。习近平总书记在党的十九大报告中指出,要把好干部标准落到实处。勇担使命,是好干部标准的重要方面。2018年5月20日,中共中央办公厅发布的文件《关于进一步激励广大干部新时代新担当新作为的意见》,要求地方和各部门出台实施细则,为激励广大干部担当作为营造良好的工作氛围。在新的历史条件下,"敢于担当是党的干部必须具备的基本素质"①,反映了党中央对干部队伍敢于担当的政治要求,同时也折射出干部队伍中还存在不敢、不愿、不想担当的问题。2021年7月1日,习近平总书记在庆祝中国共产党成立100周年大会上的讲话指出:"一百年前,中国共产党的先驱们创建了中国共产党,形成了坚持真理、坚守理想,践行初心、担当使命,不怕牺牲、英勇斗争,对党忠诚、不负人民的伟大建党精神,这是中国共产党的精神之源。"②把"担当使命"的表述作为伟大建党精神的重要内涵。把"勇担使命"作为大别山精神的表述有历史依据和现实需要,弘扬和传承大别山勇担使命的革命精神具有重大的历史和现实意义。

三、"紧跟党走"是大别山精神的可贵品质

紧跟党走就是对党忠诚,坚决服从党的领导,一切行动听党指挥,坚决贯彻执行党的路线方针政策。大别山革命烽火始终不息,与大别山军民对中国共产党的无限热爱、无限忠诚有关。"最后一碗米送去做干粮,最后一尺布送去做军装,最后一件老棉袄盖在担架上,最后的好儿郎送他上战场",是大别山人民对党忠诚、紧跟党走的朴实表达。

---

① 习近平.习近平谈治国理政[M].北京:外文出版社,2014:415.
② 习近平.在庆祝中国共产党成立100周年大会上的讲话[J].求是,2021(14).

第一,紧跟党走是大别山军民坚持的方向。

"对党忠诚、积极工作,为共产主义奋斗终身,随时准备为党和人民牺牲一切",这是入党誓词的重要内容,也是中国共产党人革命精神的重要内涵。与其他中国共产党人的精神一样,大别山精神有着对党忠诚之魂。自从有了共产党,大别山人民就自觉地听党指挥、听党召唤、紧跟党走,这既是大别山精神的最难能可贵之处,也是必须长期坚持、永远不变的主题主旨。

习近平总书记指出:"在马克思列宁主义同中国工人运动的结合过程中,一九二一年中国共产党应运而生。从此,中国人民谋求民族独立、人民解放和国家富强、人民幸福的斗争就有了主心骨,中国人民就从精神上由被动转为主动。"[①]"五四运动"以后,大别山地区的进步知识分子和青年学生积极组织社团,创办进步刊物,努力学习、研究和传播马克思主义,组织群众运动,探索中国的革命道路。在党组织创建时期,大别山地区是全国党团组织最活跃的地区。早在 1920 年,大别山区就建立了马克思主义学习小组。1921 年 7 月 16 日,恽代英等 24 名代表在黄冈八斗湾召开会议成立"共存社",早于党的"一大"(7 月 23 日)召开时间。1921 年 7 月,董必武和陈潭秋作为武汉共产主义小组的代表、包惠僧受陈独秀委派作为广州区代表抵达上海参加中国共产党第一次全国代表大会,为中国共产党的创立作出了巨大贡献。1922 年春,陈潭秋在黄冈陈策楼成立了鄂豫皖边区第一个党小组——中共陈策楼小组,这是全国最早的地方党组织之一。1926 年 5 月,中共黄梅地方执行委员会成立,这是湖北第一个县委级的党组织,也是全国最早的地方县级政权之一。据不完全统计,从 1921 年中国共产党成立至 1927 年 5 月,大别山创建的党组织遍及 36 个县市,党员总数达 1.4 万人,大别山地区党团组织创建与发展进入第一次高峰时期。正是有党组织的坚强领导和党员的先锋模范作用,大别山民众积极投身革命事业,使得大别山的革命斗争有了主心骨,大别山人民有了精神上的主动。

中国共产党领导的革命宛如一面红旗,在 28 年的斗争中始终飘扬在大别山上,指引着大别山人民前进的方向。对于大别山人民来说,从党的最初成立开始,他们就开始接受党的领导,听从党的指挥,完成党的任务,实现党的目标。党的领导是大别山革命斗争的核心组织力量。大别山人民自觉地将党看作是自己的"主心骨"和"领路人"。

第二,紧跟党走表现出大别山军民坚强的革命定力。

在大别山地区党组织从小到大、由弱到强、从挫折走向胜利这一历史进程中,大别山军民不管形势多么险恶、斗争多么残酷,始终坚信党的领导、始终坚信革命事业必

---

①　习近平.决胜全面建成小康社会　夺取新时代中国特色社会主义伟大胜利——在中国共产党第十九次全国代表大会上的报告[N].光明日报,2017－10－18.

胜,紧跟党走的优良品质得到了充分展示、表现得淋漓尽致。特别是在革命的关键时期和困难时期,大别山军民始终坚持中国共产党的绝对领导,表现出坚强的革命定力,极大地维护了党的团结、壮大了革命力量、加快了中国革命的历史进程。

大别山人民对党的忠诚,源于对党的宗旨的深刻认识和对党的组织的无限信任。历史证明,张国焘在长征路上另立"中央"、分裂党,妄图把红四方面军变成自己个人武装的图谋没有得逞,原因就在于从大别山走出来的广大红军指战员听从的是党的指挥,服从的是党的领导,这一心向着共产党、永远跟党干革命的思想和情感决定了张国焘个人主义野心的最终破产,直至1938年叛党时他也带不走大别山一人一枪,体现了人民军队对党的无限忠诚。1933年11月,沈泽民抱病撰写《中共鄂豫皖省委给中央的报告》,深刻认识到脱离群众错误路线的危害性,提出要真正面向群众、团结群众,摆脱教条主义束缚,坚持正确的政治方向,推动便衣队快速发展,采取游击的方式牵制消灭敌人,以恢复和巩固苏区。沈泽民强调要"洗心革面,重新做起""今后唯有万死决心来转变",从而实现了由教条主义向实事求是路线的根本转变。这种对党忠诚的精神所展现的革命定力终于挽救了局势,使红旗继续在大别山区飘扬。1947年,刘邓大军明知困难重重、障碍多多,在前无接济、后无依托的情势下挺进大别山区,正是因为心中有党、对党忠诚,所以坚决服从大局、坚决执行中央的战略决策部署,下定"打光了也值得"的决心。刘伯承、邓小平根据大别山区的实际开展土改工作,及时纠正"打到哪里,分到哪里"的冒进行为,把巩固区和游击区区别开来,实行减租减息等合理政策,创造了"大别山经验",创建并巩固了大别山革命根据地,实现了中国革命由战略防御到战略进攻的转变。刘邓大军的忠诚、坚毅、担当精神及其所彰显的革命定力,换取了中国革命形势的大转折。

大别山人民始终将革命看作是党所赋予的崇高使命和神圣事业。对于大别山人民来说,革命不仅是动力,而且也是奋斗目标。从动力上讲,只有通过革命,才能真正解决大别山人民的政治和经济地位,才能真正把个人对地主恶霸无比痛恨的朴素感情和推翻地主阶级的革命意识统一起来;从目标来看,革命所涵盖的土地革命、苏维埃政权建设这些内容正是近代以来大别山人民所热切盼望的革命目标,因为这一目标是致力于将个人的解放包括在内的民族的解放和国家的独立。革命是大别山精神形成的根本动力,也是这一精神发展的主旋律。革命构成了大别山精神形成和发展的主题曲,它吹响了大别山人民团结奋斗、不怕牺牲、奋勇前进的号角,也奏响了大别山人民心向共产党的心声。在红四方面军撤离鄂豫皖的艰难时期,一些被分散安置的红军战士,对党、对军队依依不舍,一直从大别山跟到川陕。三年游击战争期间,在与党中央失去联系、被敌人分割包围的情况下,红二十八军紧紧依靠大别山人民的鼎力支持、主动配合,在极端困难的环境中,拼搏奋战、辗转迂回,坚持了艰苦卓绝的革命斗争,留住了革命火种、保存了革命实力,大别山上的革命红旗永远不倒!在张国焘分裂党、分裂红军的危急关头,红四方面军广大将士与其进行了坚决的斗争,保证了党对人民军队的绝对领导,体现了人民军队对党的无限忠诚。西路军广大将士不畏强暴、舍身成仁,与"马家军"进行了殊死搏斗,谱写了悲壮的凯歌,一些被打伤打散的红军将士,怀着一定要"找到部队、回归组织"的坚定信念,历经千辛万苦、沿途乞讨回到陕北。西路军失败后,李先念等同志率领西路军余部翻越祁连山,穿越戈壁滩,千辛万苦回到延安,为党和红军保存了一批骨干力量;"娃娃军"红二十五军,许多战士的个头还没有他们背的长枪高,从长征一开始就失去了与党中央的联系,途中多次面对生死存亡的考验,但始终在寻找党中央,成为最先到达陕北的红军部队。这些都是大别山军民对党无限忠诚的典范,是紧跟党走的朴实表达。

从 1921 年到 1949 年,大别山地区党组织和广大军民虽然历经磨难,但始终紧跟党走,并坚定中国革命必胜的信念,以 28 年的艰辛探索,谱写了可歌可泣的忠诚华章。正是因为大别山军民对党绝对忠诚,才凝聚起强大精神力量,推动中国革命从胜利走向胜利。大别山革命史,也是一部谱写忠诚、充满忠诚的历史。

第三,紧跟党走表现出大别山军民忘我的牺牲精神。

在革命战争年代,紧跟党走意味着甘为党的事业抛头颅、洒热血,无怨无悔。时刻把党的利益放在第一位,为共同的革命目标随时准备牺牲一切乃至自己的生命。在长期革命斗争中,大别山军民精诚团结、浴血奋战,无论革命形势处于高潮还是低谷,都坚定不移地听党话、跟党走,在这片神圣的土地上洒下热血,为中国革命的胜利和新中国的诞生建立了彪炳史册的功勋。

面对第四次反"围剿"失利、红军主力撤离的严峻形势,大别山人民依然积极响应党的号召,纷纷送郎、送子当红军,坚持敌后游击战,确保了革命红旗不倒、革命薪火相传。"山林岩洞是我的房,青枝绿叶是我的床;野菜葛根是我的粮,共产党是我的亲爹娘。"这首诗是在大别山三年游击战争期间,坚持在大别山地区的共产党人、游击部队、游击战士面对艰难困苦环境发出的誓言,这种忠于党的信念、决心、志向和行动,在整个大别山革命历史中,并不是个别现象,是带有普遍意义的革命文化现象。在大别山区,有很多整村整庄、整个家族都参加革命、血洒疆场的红色典型,有很多家庭一家几代都参加了红军,为了革命的胜利,他们前仆后继、英勇献身。徐海东大将,大革命失败后的 1928 年,徐海东遭到追捕,受到牵连的徐家共有 66 人被杀害(其中近亲 27 人、远亲 39 人),徐海东英勇善战,享有"徐老虎"盛名,打仗 10 年,8 次负伤,全身有 17 个枪弹窟窿,8 次穿膛而过。大将王树声,麻城起义领导人之一,他二哥曾参加过攻克安县和木兰山游击战,被张国焘诬蔑为"反革命"遭到杀害,其妹、嫂和侄子三人先后被扣上"反革命"的帽子遭杀害,王树声悲痛万分,含着眼泪,以不怕牺牲、前仆后继的革命精神,领兵东征西战、开创苏区、保卫苏区。漫长的斗争历程、无数的革命史实,见证了大别山人民紧跟党走的坚定信心和顽强意志。

1927年12月,黄麻起义遭受挫折后,箭厂河地区的地主"清乡团"勾结国民党军镇压革命群众,程怀天等共产党员和群众共300多人在一块不足30平方米的稻田里被相继砍头,烈士的鲜血染红了稻田,每一把泥土都能攥出血来,当地群众把这块稻田尊称为"红田"。在白色恐怖的环境里,大别山区军民宁死不屈,无一人出卖组织、无一人出卖同志,他们用生命谱写了一曲对党忠诚、信念坚定、为共产主义而献身的无悔赞歌。在土地革命战争时期,国民党军先后对鄂豫皖根据地进行了五次"围剿",特别是在红四方面军被迫战略转移、大别山区被占领之后,喊出"血洗大别山"的口号,对根据地实行灭绝人性的烧光、杀光、抢光的"三光"政策。加上抗日战争时期日军的洗劫和解放战争时期国民党军以及地主武装的"清剿""扫荡",大量村庄被夷为平地,山林被焚毁,田园荒芜。整个革命战争年代,大别山区先后有200多万人参军参战,近百万人英勇牺牲,仅登记在册的烈士就有130351名。大别山区人民为中国革命做出了巨大牺牲,这种集体性的舍生取义行为,展现了大别山区军民对党无限忠诚的政治品质。

习近平总书记指出:"坚持对党绝对忠诚,必须对党高度信赖,做到热爱党、拥护党、永远跟党走。"①作为党员,任何时候、任何情况下都必须与党同心同德,荣辱与共。一个党员的能力有大有小,贡献有多有少,但忠诚可靠是必须坚守的政治底线。夺取革命胜利,需要一大批赤胆忠心的拥护者和实践者;建设社会主义现代化国家、实现中华民族伟大复兴中国梦,同样需要一大批对党忠心耿耿的建设者。

四、"不胜不休"是大别山精神的重要特质

大别山军民在革命斗争中,始终高扬艰苦奋斗的精神,表现出为革命奋斗到底的坚定决心。大别山地区以火种不灭、红旗不倒、前仆后继的革命风貌,创造了党史军史上极其罕见的斗争时间久、活动范围广、斗争最坚决的范例。这种革命彻底性,我们把其概括为"不胜不休",这也是大别山精神的一个突出特点。

第一,不胜不休表现出大别山军民彻底革命的坚定意志。

在中国共产党领导大别山人民进行革命斗争的过程中,坚信革命终会取得胜利,坚持不达目的不罢休,形成了不胜不休的革命精神气质。不胜不休就是"不实现苏维埃新中国,不打倒帝国主义,就誓不罢休",这是革命意志与斗争品质的结合,是大别山

---

① 习近平.办公厅工作要做到"五个坚持"[J].秘书工作,2014(6).

精神的行为表现。自 1921 年中国共产党诞生后，大别山地区的革命军民在党的领导下，历经 28 年的艰难险阻、浴血奋斗，最终实现了中国革命的伟大胜利，实现了中华民族的伟大解放。其中孕育的是大别山人民为了革命胜利敢于迎难而上、不达目的誓不罢休的彻底斗争精神。大别山军民面对不同时期的艰难险阻、内外威胁、挫折失误，始终保持愈挫愈勇的斗志和慎终如初的韧劲，真正做到了将革命进行到底。

徐向前元帅曾把红四方面军的战斗作风概括为"狠、硬、快、猛、活"，认为"红四方面军的战斗作风，是在党的领导下从长期战争实践中锻炼出来的。战斗作风好，打仗过得硬，是这支军队的特点和优点之一，也是它能压倒一切敌人和困难而不被敌人和困难所屈服的重要原因之一。"事实上，不单单是红四方面军，红二十五军、红二十八军、新四军第五师，凡是从大别山走出的人民军队都具备这个特点和优点，都具有这个优良作风。这个优良作风，铸造了大别山人的敢打硬仗、勇猛顽强；这个优良作风，体现了大别山军民革命的彻底的斗争精神。正是有了这种彻底的斗争精神，大别山军民在中国共产党人的带领下，为推翻压迫在身上的"三座大山"，进行了一系列艰苦卓绝的斗争，奠定了大别山 28 年红旗不倒、22 年武装斗争不断的革命辉煌。电视连续剧《亮剑》中的主人公李云龙，其原型是大别山走出来的王近山。他是湖北红安人，15 岁参加红军，19 岁任团长，20 岁任师长，1955 年被授予中将军衔。王近山是红军中有名的战将，人称"王疯子"，打仗不怕死，勇猛顽强，屡建奇功，在延安时，毛泽东说，129 师有个"王疯子"，敢打没有命令的仗，很好！

"一定要在中国共产党的领导下坚决奋斗，打出我们的一条大路，直到打出我们的江山。"这是黄麻起义总指挥潘忠汝在大别山革命初期发出的庄严号召。1927 年 12 月 5 日，国民党军一个师围攻黄安县城时，他六次进出城门掩护其他同志撤离，第七次时先是腿部中弹，他就坐着指挥射击，后是背部腹部中弹，他捧着自己流出来的肠子继续战斗，直至牺牲。红二十五军北上长征后，高敬亭领导的红二十八军和便衣队与大别山区人民患难与共，艰苦转战。面对凶残的敌人，他义无反顾地说："保卫苏区，保卫人民，高举红旗，继续战斗。"[①]大别山区广为流传着这样一首歌谣："红军都是英雄汉，白军再多干瞪眼；总有一日天要红，人民定要坐江山。"

大别山人民还通过奋斗去争取自己的幸福生活。无论是最早的董必武等以师带徒的方式宣传马克思主义，还是发动当地具有思想觉悟的群众通过办学校、办报办刊、组织宣传队、张贴标语等方式积极传播马克思主义；无论是从 1929 年 6 月开始颁布鄂豫皖地区第一部土地法令，通过土地获得物质保障，还是 1947 年刘邓大军进入大别山再次掀起土地改革运动；无论是大别山地区的党和军队主动与国民党地方当局在安徽

① 革命回忆录(7)[M].北京：人民出版社，1982：57.

岳西县谈判，促成大别山地区抗日民族统一战线的形成，还是为建立代表广大人民意志的民主政权，大别山军民始终奋斗在探索社会主义政治模式的道路上。正是这种彻底的奋斗精神才实现了大别山人民美好的愿景，深刻道出了"伟大梦想不是等得来、喊得来的，而是拼出来、干出来的"实践真谛。

第二，不胜不休表现出大别山军民排难创新的进取精神。

排难创新展现的是革命者在困难面前敢于探索，善于开创新局面。面对艰难曲折的斗争形势，大别山地区之所以28年红旗不倒，一个重要原因就是大别山地区的共产党人能够保持自立自强、求实创新的宝贵精神，把马克思主义与大别山斗争的具体实践结合起来，善于把握时代和形势的变化，始终从本地实际出发，创造性地贯彻党的路线方针政策，适时调整战略，转换策略，创新战术。

大别山军民开展广泛的游击战，走工农武装割据的革命道路。黄麻起义后，由于国民党军疯狂反扑，中共黄安县委没有机械执行省委"立即攻下麻城"的指示，为保存和发展革命力量，将起义队伍的一部分带上木兰山，开展游击战争。后来在革命实践中，中共黄安县委和第七军(鄂东军)党委会又从实际出发，认为湖北黄安、麻城和河南光山交界的柴山堡具备建立理想根据地的各种主客观条件，从而开创了以柴山保为中心的鄂豫边革命根据地，在长江北岸率先竖起了武装割据的旗帜。这一革命道路的正确选择，是大别山共产党人在革命斗争中摸索的结果，是以毛泽东为代表的中国共产党人探索农村包围城市、武装夺取政权革命道路的重要实践。大别山和井冈山在中国革命战争年代，在不同的地域走出了相同的革命道路，这充分说明：只有将马克思主义基本原理和中国革命实际结合起来，中国无产阶级革命才能够取得胜利！革命根据地的建立仅仅是新的革命征途的开端，在国民党反动当局的不断围剿中，大别山地区的共产党人和人民群众施行"昼伏夜动，远袭近止，声东击西，绕南进北的方法，灵活机动地打击敌人"的战略战术。1929年11月20日，中共鄂豫边区第一次代表大会对红军游击战争进行了科学总结，关于红军游击战术的基本原则，决议案总结为七条：一、集中作战，分散游击；二、红军作战尽量号召群众参加；三、敌情不明，不与作战；四、敌进我退，敌退我进；五、对敌采取跑圈子的方式；六、对远距离的敌人，先发动群众扰敌人，其后采取突击方式；七、敌人如有坚固的防御工事，不忙作战。"从木兰山区的朴素游击战术到比较系统的七条原则，在认识论上无疑是一个飞跃，是鄂豫皖红军游击战术发展史上的一个里程碑。"这七条原则与毛泽东在井冈山提出的"敌进我退，敌驻我扰，敌疲我打，敌退我追"的"十六字诀"游击战术异曲同工。

大别山地区开展广泛的土地改革。土地革命是实现工农武装割据道路的中心内容，是革命根据地创立和存在的必要条件。大别山地区的土地革命是随着武装斗争的发展，在革命根据地的建立过程中，自主探索的实践过程。在发动武装起义初期，中国共产党就明确提出"实施土地革命"口号,开始组织实施土地革命。1927年11月黄安县政府成立后,就制定了《土地问题决议案》,主要实行"五抗"或减租减息,没收土豪劣绅的粮食分给贫苦农民。革命根据地建立后,为全面开展土地革命创造了有利条件。1929年6月,制定了鄂豫边区第一部土地法令《临时土地政纲》,12月颁布了《土地政纲实施细则》,采取划分阶级、确定分配标准和实施分配三个步骤。在土地革命前期,鄂豫边区颁布的这两部土地法是全国革命根据地中比较早的地方土地法令。解放战争时期,刘邓大军千里跃进大别山后,在大别山实行土地改革。在调查研究的基础上,提出了区分巩固区和游击区采取不同的土地政策以及保护工商业等政策的建议。毛泽东指出:"小平所述大别山经验极为宝贵,望各地各军采纳应用。""大别山经验"为党中央制定新解放区的土改政策提供了宝贵经验。

　　大别山地区广泛组建红军便衣队。1932年,红四方面军西撤、红二十五军进入陕西,国民党军趁机对鄂豫皖根据地进行疯狂"围剿",苏维埃政权机构大部分被摧毁,革命形势转入低潮。在残酷的斗争中,大别山地区产生了党政军合一、灵活机动、使敌人难以对付的武装工作便衣队。便衣队是鄂豫皖苏区的一大创举,一般由5—10人组成,他们熟悉民情、敌情、地形,扎根于群众之中,担负着为红军筹粮筹款、搜集情报、掩护红军伤病员等任务,被群众称为"流动的苏维埃政府"。便衣队处处为群众着想,因而也得到了群众的真心拥护。在人民群众的支持下,便衣队得到了保存和发展。到1937年春,鄂豫皖边区的便衣队发展到82个,共600余人,遍布鄂、豫、皖三省22个县,成为党和红军联系群众的桥梁。在长期斗争中,红军与人民群众结成鱼水般的军民关系,群众为了掩护红军伤病员,创造性地发明了多种以夹墙为掩护养伤的办法。此外,在鄂豫皖边区游击战争中,便衣队配合主力红军作战的事例也不胜枚举。由于有便衣队的支援,使红二十八军如鱼得水,如虎添翼。而便衣队与便衣队之间,各自以自己的根据地为内线,以其他各区为外线,又形成很多夹攻敌人的战线。使整个鄂像皖边区,布成了人民的天罗地网。这一新的对敌斗争形式,为党在恶劣环境中领导群众坚持长期斗争闯出了一条新路。

　　总之,大别山地区的共产党人始终能做到坚持从实际出发的唯物主义原则,做到实事求是、善于创新,构成了大别山精神发展的内驱力量。

　　第三,"不胜不休"是大别山精神原生态的权威表述。

　　不胜不休是革命奋斗的目标,居引领地位,同时又是革命的誓言,彰显了革命终将胜利的豪情。就是为夺取革命的胜利,为实现共产主义的远大目标,矢志不渝,一往无前,不达目的,誓不罢休。中国共产党领导的无产阶级民主革命,取胜的目标是推翻三座大山对人民的压迫、建立新中国,实现中华民族伟大复兴,实现共产主义。在朝着这个目标的奋斗过程中,无数的革命志士明知自己这一代人实现不了,却前赴后继奔向革命,抛头颅洒热血,这正是对革命誓言的忠诚,这种精神成为大别山共产党人夺取胜利的强大精神力量。纵观中国共产党人精神的表述,均是后人总结提炼出来的,而不胜不休来源于红四方面军"十六字训词",这是在血与火的严酷革命斗争中,红四方面军将士自己总结凝练而成的,具有唯一的原创性。其制定过程也是紧密结合革命斗争实际,有的放矢、反复斟酌、承前启后、继往开来的。训词言简意赅,集中反映了红四方面军将士坚定不移的革命信念,敢闯敢干的创新精神,英勇顽强的斗争意志和团结一致的集体主义精神。红四方面军是创建鄂豫皖革命根据地的主力部队,把不胜不休作为大别山精神标示的原生态表述,是维护历史严肃性之需,其权威性毋庸置疑。同时,不胜不休具有唯一性,这也是告慰大别山百万革命先烈的最庄严方式。用这种具有地域文化特色的原生态话语作为大别山精神内涵的表述,更能彰显这种精神的文化特质。

1928年5月,工农革命军第七军几位领导人率部上柴山保后,为表达开辟柴山保根据地、实行武装割据的决心,即以金兰结拜的方式对天盟誓:"同甘共苦,不胜不休。"1930年夏鄂豫皖边区各自为战的三支红军部队统一编制为红一军后,相继取得三次反"围剿"胜利。1931年11月红四方面军成立后,连续进行黄安、商(城)潢(川)、苏家埠、潢(川)光(山)战役并取得胜利。1934年11月1日至9日,红四方面军在通江县毛浴镇召开的800余名连以上干部参加的党政工作会议,在总结经验、分析形势、研究问题、统一思想、制定对策的基础上,集中广大红军指战员的集体智慧形成了"智勇坚定,排难创新,团结奋斗,不胜不休"的十六字,不胜不休的表述源于此训词。同时,对这一军训作出说明:"智"就是"学习","有阶级自觉有深刻的政治认识,深湛的军事知识和战斗经验,学习无产阶级的一切聪明";"勇"就是"勇敢","敢于牺牲,勇于吃苦耐劳,有百折不回的精神";"坚定"就是"有克服一切困难艰苦环境的决心,在任何困苦之下,绝不动摇","为革命斗争到底";"排难"就是"有克服任何困难的决心,决不在困难面前投降";"创新"就是"有创造性","创造新局面、新苏区,挽回战局,创造新的战术战略";"团结"就是"在共产党正确的领导之下,千万人团结如一人的奋斗,协同一致的努力";"奋斗"就是"坚决向前冲,努力猛进百折不回";"不胜不休"就是"不实现苏维埃新中国,不打倒帝国主义,就誓不罢休"。显然,这十六字军训是对黄麻起义以来建军实践的经验总结,是对工农革命军第七军领导人誓言的直接传承,是这支部队建设的精神指向。红四方面军是创建鄂豫皖革命根据地的主力部队,工农革命军第七军是红四方面军的源头,这一表述可视为对大别山精神诸种要素的整体概括,因而成为大别山精神形成的标志。

◆ 第三节　大别山精神的弘扬

同中国共产党人其他革命精神一样,大别山精神在革命战争年代发挥了重要作用,占有重要历史地位,做出了重要贡献;在新的历史时期,大别山精神依然具有重要的时代价值。

一、大别山精神的历史贡献

从 1921 年中国共产党成立到现在,党领导全国各族人民走过百年征程。这一百年是用鲜血、汗水、泪水写就的百年,是筚路蓝缕、披荆斩棘、艰苦创业、砥砺前行的百年,是苦难中寻找出路、挫折中毅然奋起、探索中收获成功、转折中开创新局、奋斗中赢得未来的百年。习近平总书记在党史学习教育动员大会上指出:"在一百年的非凡奋斗历程中,一代又一代中国共产党人顽强拼搏、不懈奋斗,涌现了一大批视死如归的革命烈士、一大批顽强奋斗的英雄人物、一大批忘我奉献的先进模范,形成了一系列伟大精神,构筑起了中国共产党人的精神谱系,为我们立党兴党强党提供了丰厚滋养。"[①]中国共产党人精神构成了百年党史的主旋律,体现在百年历史大潮的各个时期,焕发出不断延展的具有鲜明时代特征的精神气象。

2019 年 9 月,习近平总书记在河南考察时对大别山精神的历史地位和时代价值进行了准确定位。习近平指出:"鄂豫皖苏区根据地是我们党的重要建党基地,焦裕禄精神、红旗渠精神、大别山精神等都是我们党的宝贵精神财富"[②],勉励广大党员、干部"在接受红色教育中守初心、担使命,把革命先烈为之奋斗、为之牺牲的伟大事业奋力推向前进。"2021 年 9 月,在中华人民共和国成立 72 周年之际,党中央批准了中央宣传部梳理的第一批纳入中国共产党人精神谱系的 46 种伟大精神,大别山精神为其中之一。2021 年 7 月 1 日,习近平总书记在庆祝中国共产党成立 100 周年大会上指出:"一百年来,中国共产党弘扬伟大建党精神,在长期奋斗中构建起中国共产党人的精神

---

①　习近平.在党史学习教育动员大会上的讲话[J].求是,2021(7).
②　习近平.论中国共产党历史[M].北京:中央文献出版社,2021:261.

谱系,锤炼出鲜明的政治品格。"①习近平总书记关于中国共产党人的精神谱系和大别山精神的科学论断,为我们继承和发扬大别山精神提供了指南和动力。

在纳入第一批中国共产党人精神谱系的46种精神中,最能全方位深刻诠释和展现作为中国共产党精神之源——建党精神的,就是大别山精神。从时间上对建党精神以外的45种精神进行分类,有29种精神都萌生发展于新民主主义革命成功以后,可以形象地把它们称为"元精神"的第二代、第三代和第四代。而在新民主主义革命时期形成的16种精神,我们可以称之为"元精神"的第一代衍生,其中有9种精神以地域命名,其他7种精神或与某一时期,或与人物,或与重大事件等有关。在9种以地域命名的精神中,如前所述,只有大别山精神既贯穿了大别山地区新民主主义革命的全过程,又兼具重大事件、重要人物等各要素,是党的历史使命、根本宗旨、政治本色、工作作风的集中反映。

中国共产党人精神谱系是党的思想主张和强大生命力、战斗力的重要表现形式。大别山精神是中国共产党人精神谱系的重要组成部分,既有与其他革命精神一脉相承的共性特征,也有自身鲜明的特色。

一是贯穿着崇高的革命理想与坚定的革命信念。

这一特点为"坚守初心"内涵提供了坚实的历史支撑。大别山人民在长期的革命斗争中,自觉地形成了立场坚定、斗争坚决、行动果敢、坚韧不拔等可贵的革命品质,而这些革命品质与他们对共产主义的价值追求是分不开的。从历史的进程看,大别山地区的共产党人和人民群众之所以坚定不移地投身新民主主义革命斗争的伟大实践,就是因为支配他们行动的价值形态是共产主义必胜,劳动人民一定能翻身做主人的革命真理。这种崇高的革命理想与坚定的革命信念来源于马克思主义的科学指导和革命斗争的实践需要。凭着对理想信念的执着追求,他们在任何地方都能以饱满的热情、高昂的斗志和顽强的毅力,坚持革命、坚持斗争。

二是担当精神特别突出。

在革命的紧要关头甘为全局胜利创造条件,这是大别山精神的鲜明体现,这一特点为"勇担使命"内涵提供了坚实的历史支撑。面对困难敢于迎难而上,面对责任敢于挺身而出,特别能体现这种担当精神。大别山地区的共产党人和人民群众为了党和人民的利益,常常是不顾一切为革命,舍生取义求解放。这种甘愿舍弃一切乃至牺牲自己宝贵生命的担当精神的例子,在大别山革命历史中比比皆是,充分地表现了大别山地区的共产党人和人民群众大义凛然、视死如归的惊天地、泣鬼神的浩然正气。

---

① 习近平.在庆祝中国共产党成立100周年大会上的讲话[J].求是,2021(14).

三是以英勇顽强、百折不挠为鲜明特征。

这一特点为"不胜不休"内涵提供了坚实的历史支撑。无论是在革命的高潮还是在革命的低潮之中，大别山地区的共产党人和人民群众正是以这种英勇顽强、百折不挠的革命精神，始终做到了矢志不渝，坚韧不拔。即使在严重的白色恐怖之中，在敌人反复"会剿""围剿""清剿""扫荡"的严峻形势之下，大别山地区的共产党人和人民群众也能做到不灰心、不气馁，顽强地坚持革命斗争。正是这种精神，使大别山共产党人和人民群众不怕困难和挫折，愈挫愈勇。从大别山走出来的共和国将军们，无不是以作战勇猛、作风顽强、意志坚定、敢于斗争而闻名于中外。这些共和国将军的勇猛精神正是整个大别山精神熠熠生辉的外部绽露。

四是蕴含着浓厚的乐观主义色彩。

大别山革命时期物资匮乏、苦难深重，革命是对人们身体、心理、精神等方面的多重考验。面临着部队减员、敌军围堵、险峻地势以及医药的缺乏等诸多困难，即使在饥寒交迫甚至面对死亡的威胁时，大别山军民仍然能够积极乐观、保持斗志，这是大别山精神中乐观主义色彩的体现。

此外，大别山精神具有形成时间早、锻造时间长的特点。首先，大别山精神在形成时间上紧随建党精神，以董必武、陈潭秋等为代表的党的创始人是直接铸就建党精神的主体和核心人物，也是大别山精神的直接缔造者，他们不仅在大别山区播下了革命的火种，还以大量的身体力行影响和感染着他们培养的大别山革命人才，他们将建党精神注入大别山地区，使大别山精神自形成之初便承接着建党精神，可以说大别山精神是对建党精神的直接延续。其次，大别山精神贯穿了大别山地区新民主主义革命的全过程，它不是在革命的某一个时期铸就的，而是从形成到发展的整个过程都与新民主主义革命的历史过程融合为一，这一点与在其他革命老区形成的精神有鲜明的区别。

二、大别山精神的当代价值

首先，大别山精神是新时代引领大别山革命老区振兴发展的精神动力。

2021 年 1 月，国务院《关于新时代支持革命老区振兴发展的意见》提出："鼓励大别山、川陕、湘鄂渝黔等革命老区对接长江经济带发展、成渝地区双城经济圈建设""支持大别山、川陕等革命老区实施生物多样性保护重大工程""及时协调推动陕甘宁、大别山、左右江、川陕等革命老区振兴发展重要事项"；2021 年 7 月，中共中央、国务院《关于新时代推动中部地区高质量发展的意见》明确提出："加快落实支持赣南等原中央苏区、大别山等革命老区振兴发展的政策措施""深化大别山、武陵山等区域旅游与经济协作。"2021年12月,国家发展改革委、农业农村部和财政部等部门联合印发《"十四五"支持革命老区巩固拓展脱贫攻坚成果衔接推进乡村振兴实施方案》提出:"支持大别山革命老区完善基础设施,融入长江经济带发展。"党和国家对大别山地区高度重视,为大别山革命老区全面振兴发展提供了难得的机遇,同时也表明大别山地区的经济社会发展与其他地区相比还有较大差距,实现全面振兴的任务还非常重。

伟大的斗争孕育了伟大的精神,伟大的事业需要伟大的精神支撑。习近平总书记强调:实现中国梦必须弘扬中国精神。我们党历来重视运用精神的力量来动员人民、鼓舞人民、教育人民、团结人民、凝聚人民进而打击敌人、消灭敌人。大别山人民长期坚持大别山革命斗争所表现出来"坚守初心、勇担使命、紧跟党走、不胜不休"的精神,不仅是革命年代的精神支柱,更是新时代引领大别山老区振兴发展的重要精神动力。克服发展中的困难和挑战,需要我们有效利用大别山精神,充分理解精神性质与精神内涵,发挥大别山精神在鼓舞精神、凝聚人心方面的积极作用,让大别山精神成为取之不尽、用之不竭的动力源泉。大别山人民创造了28年革命红旗不倒的奇迹,演绎了波澜壮阔的光荣历史,在全面建设社会主义现代化国家、促进大别山革命老区振兴发展的伟大征程中,必将创造出更加辉煌的业绩。

其次,传承大别山精神是新时代全面加强党的政治建设的应有之义。

党的十九届六中全会通过的《中共中央关于党的百年奋斗重大成就和历史经验的决议》(以下简称《决议》)指出:"必须以加强党的长期执政能力建设、先进性和纯洁性建设为主线,以党的政治建设为统领,以坚定理想信念宗旨为根基,以调动全党积极性、主动性、创造性为着力点,不断提高党的建设质量,把党建设成为始终走在时代前列、人民衷心拥护、勇于自我革命、经得起各种风浪考验、朝气蓬勃的马克思主义执政党。"大别山革命史充分证明了这一点,一部大别山革命历史就是一部大别山军民在党的坚强领导下的不懈奋斗史。在中国革命的每个紧要关头,大别山军民都坚决听从党的指挥,向党中央看齐,一切从全国战略大局出发,为全局的胜利创造条件。这种鲜明而坚定的政治意识和政治立场是革命成功的重要保证,是党和军队的力量所在、优势所在。党的百年奋斗史和大别山革命史启示我们,只有全面加强党的政治建设,才能在新时代新征程上赢得更加伟大的胜利和荣光。

新时代的党的政治建设要求马克思主义者守正创新、开拓创新、革故鼎新,不断总结中国革命文化中的优秀精神,不断凝练社会主义先进文化,铸就具有先进性和纯洁性的新时代马克思主义政党。当前我们党正在团结带领全国各族人民进行具有许多新的历史特点的伟大斗争,但也面临着"四大考验",存在着"四大危险"。只有全面加强党的政治建设,才能将坚定的理想信念转化为贯彻中央决策部署的实际行动,才能不断增强党的凝聚力、战斗力,才能拥有抵御和战胜各种风险和挑战的能力。重温大别山人民革命斗争史,高扬大别山精神旗帜,有助于加强党的全面领导,增强执政能力;有利于丰富中国共产党人的精神内核,时刻提醒作为一名共产党人的初心和使命,永葆共产党员的先进性,为党的建设提供坚实的理论基础。在新时代的长征路上,我们传承大别山精神,就是要把全面加强党的政治建设作为新时代党的建设首要任务,深刻领悟"两个确立"的决定性意义,把增强"四个意识"、坚定"四个自信"、做到"两个维护"的思想自觉和政治自觉转化为推动工作的强大动力,把对党忠诚融入党性修养全过程,永葆忠诚干净担当的底色。

再次,大别山精神是新时代高校思想政治教育的生动教材。

高校作为孕育思想、传播理论、传承文明、价值塑造的地方,具有鲜明的政治属性、政治立场和政治功能。作为社会主义大学,必须落实立德树人根本任务,把思想政治工作贯穿教育教学全过程,把红色基因作为大学的底色,为党的千秋伟业源源不断培养担当民族复兴大任的时代新人。历史是最好的教科书,把党史教育融入高校思想政治工作,把以伟大建党精神为代表的中国共产党人精神谱系有机融入思政教育体系,是新时代高校思想政治工作的重要任务。只有坚定做到"把红色资源利用好、把红色传统发扬好、把红色基因传承好",才能在大学生思想政治教育中巩固民族精神之"根",熔铸理想信念之"魂",涵养核心价值之"源"。

大别山精神是伟大建党精神在大别山革命根据地的生动实践和丰富发展,蕴含着丰富的历史经纬、文化基因、现实关照、价值意蕴,是党的宝贵精神财富,是高校开展思想政治教育、爱国主义教育的宝贵资源和生动教材,能对当代大学生启智润心。深度挖掘大别山精神的价值内涵和时代意义,将其融入新时期高校思想政治教育,不仅拓展了高校思政工作的渠道,也丰富了红色思政的教育素材。将大别山精神融入高校思想政治教育中,让学生了解党如何正确领导的故事、人民如何奋勇抗争的故事以及红色政权如何建立的故事,掌握革命历史的真实轨迹,引起情感上的共鸣,推进学生心中对红色文化强烈的认同感;教育引导青年学生自觉弘扬和践行爱国主义传统和社会主义核心价值观,坚定理想信念,坚持"四个自信",树立正确的世界观、人生观、价值观。这体现了对社会主义办学方向、育人方向的遵循,同时也贯彻了党的教育方针。

最后,传承大别山精神是新时代推进马克思主义大众化的内在要求。

2020年1月19日,习近平总书记在云南考察时指出:"新时代坚持和发展中国特色社会主义,需要大批能把马克思主义中国化讲好的人才,讲人民群众听得懂、听得进的话语,让党的创新理论'飞入寻常百姓家'"。这是推进当代中国马克思主义大众化一项重要而紧迫的任务,需要广大理论工作者勇担历史使命、承继优良传统、高扬思想旗帜、努力走在前列。

要使马克思主义能够真正发挥出指导实践的重要作用,这一理论就绝不能使自己的受众群体局限化、阶级化，必须要用人民群众喜闻乐见的语言和形式，为广大群众所接受掌握。大别山革命红旗不倒的历史事实告诉我们：只有以马克思主义为指导，我们的事业才会走向胜利；只有用共产主义理想信念武装头脑，我们才能自强自立。弘扬大别山精神，用通俗形象的大别山革命史来感染人，让人民群众了解大别山精神中所体现的马克思主义的忠诚信仰，心中燃起追求真理的热情，影响带动更多的人来学习和发展马克思主义，进而推动马克思主义的大众化，有利于进一步增强马克思主义的指导地位，用马克思主义意识形态武装头脑，增强社会主义共同理想信念，传承和弘扬民族精神和时代精神，提高广大公民思想道德境界。

三、大别山精神的时代传承

精神的力量是无穷的。习近平总书记指出："人无精神则不立，国无精神则不强。"中国共产党始终成为时代先锋、民族脊梁，就在于其拥有伟大的精神力量。学习大别山革命史，研究大别山精神，是为了寻根求本，增强基因认同和历史认同，弄清"我是谁、我姓啥，从哪来、到哪去"，从优良传统、红色基因中汲取思想道德营养，在传承弘扬中国共产党伟大精神中赓续精神血脉，坚定崇高价值追求，全面提升道德素养，鼓起我们踏上新征程、奋进新时代的精气神。面对第二个百年进程中的不确定、不稳定性因素，我们需要在坚实硬实力的基础上构筑强大软实力，努力构建中国共产党人精神谱系话语体系。

第一，弘扬大别山精神，要实现"中国话"与"世界语"的辩证统一。

马克思和恩格斯早在1845年的《德意志意识形态》中就明确阐明了"不是意识决定生活，而是生活决定意识"的观点，指明了"语言也和意识一样，只是由于需要，由于和他人交往的迫切需要才产生的"。任何语言都诞生于人类探索的需求实践，语言是意识形态的载体，话语展示了上层建筑的权力态势。随着中国实践的伟大进程，必然要求我们讲好中国故事，弘扬中国价值，展现中国力量，不断在"平视世界"的调整中适应世界发展趋势。努力构建中国特色社会主义话语体系，要讲好中国共产党人的故事，构建以精神谱系为基础的话语体系。从讲好大别山故事到讲好中国共产党人的故事，从讲好中国共产党人的故事到讲好中国故事，从讲好中国故事到讲好世界故事。我们要实现"中国话"与"世界语"的辩证统一，既要展现中国价值，也要让世界读懂中国、认同中国、赞同中国，进而成为志同道合。

第二，弘扬大别山精神，要实现"大别山"与"全中国"的辩证统一。

唯物辩证法是马克思主义本质性的存在，列宁曾在《马克思主义的三个来源和三个组成部分》中明确指出："这些成果中主要的就是辩证法,即最完备最深刻最无片面性的关于发展的学说","马克思学说具有无限力量,就是因为它正确"。努力构建中国特色社会主义话语体系要遵从马克思主义基本原理的立场、观点和方法,处理好局部"大别山"与整体"全中国"的关系问题。第一批公布的中国共产党人的伟大精神共有46种,时间横跨四个伟大成就的每个阶段,呈现出一脉相承、薪火相传的赓续进程。伟大的建党精神是精神之源,中国共产党人的伟大精神序列与之共同组成了中国共产党人精神谱系,这些伟大精神都体现了共同的理想信念、根本宗旨、道德品质、工作作风、精神风貌。弘扬大别山精神首先要处理好鄂豫皖三省协同研究的辩证关系,大别山精神是鄂豫皖共同的伟大精神,要以宏大的胸襟、开拓的眼界、合作的紧密共同推进。大别山隶属于中国革命历史上著名的"山"之一,但不是唯一,井冈山、韶山、宝塔山、沂蒙山等等都是蕴含红色基因的革命老区。"大别山"属于"全中国",大别山精神具有中国共产党人精神谱系的共同特质,又凸显自身鲜明特征。党的十九届六中全会明确指出:正是中国共产党人精神谱系保持了党的先进性和纯洁性,党的执政能力和领导水平不断提高。

第三,弘扬大别山精神,要实现"理论性"与"实践性"的辩证统一。

马克思在《关于费尔巴哈的提纲》中阐明:"哲学家们只是用不同的方式解释世界,问题在于改变世界。"恩格斯明确指出:我们的学说不是教条,而是行动的指南。马克思主义中国化的历史进程正是马克思主义理论与中国实践相结合的探索之路。大别山精神是在建党、建军、革命的进程中凝铸的,创造了大别山"28年红旗不倒,22年武装斗争不断"的奇迹,是马克思主义理论与中国实际相结合的典范,体现了中国共产党自身发展规律、社会主义发展规律、人类社会发展规律。大别山地区的革命斗争形势复杂,遭受敌人多次来回反复围攻,因此无论是哪个阶段,大别山地区人民付出的牺牲都是巨大的,"山山埋忠骨、岭岭树丰碑"正是其真实写照,但正是在此种艰难状态下,大别山的红色革命火种始终未曾熄灭,红色血脉流淌在大别山人民的血管中,对自由、正义、民主、幸福的生活的探求永无止步。弘扬大别山精神,努力构建中国共产党人精神谱系话语体系,就要处理好"理论性"与"实践性"的辩证关系,讲好大别山高质量发展故事,讲好新时代大别山创新故事。2021年,在习近平总书记宣告全面建设小康社会实现的历史节点上,《国务院关于新时代支持革命老区振兴发展的意见》的实施纲要在各省也纷纷出台,这正是理论与实践的高度融合。

马克思深刻指出:理论一经群众掌握,也会变成物质力量。马克思主义一经与中国实际相结合,就开创了马克思主义中国化的新局面、新境界。中国共产党人在一百年的历程中浴血奋战、百折不挠、自力更生、发愤图强、解放思想、锐意进取、自信自强、守正创新,创立了伟大的事业,不断把中国特色社会主义推向前进。党的十九届六中全会深刻指出：从党的百年奋斗中看清楚过去我们为什么能够成功、弄明白未来我们怎样才能继续成功。党的百年奋斗历程积累的"十个坚持"宝贵历史经验，我们都可以在中国共产党人精神谱系中感知到、体会到。大别山革命老区，28年红旗不倒、22年武装斗争不断的历程彰显了党的领导、人民至上、理论创新、胸怀天下、开拓创新、敢于斗争和自我革命的深刻内涵。21世纪国际疫情震荡、经济下行压力增大，"四大风险"和"四种考验"是中国共产党人面临的新答卷与新课题，努力构建中国共产党人精神谱系话语体系，建设与国力相匹配的社会主义意识形态是绕不开的航程。弘扬包涵大别山精神在内的中国共产党人的伟大精神，构筑马克思主义指导的中国特色哲学社会科学，彰显社会主义制度优越性和鲜亮底色，是新时代接续奋斗者们的历史使命。

第四章

青山处处埋忠骨　多少英魂铸光辉

——大别山红色文化之"人"

马克思主义认为,文化是在人改造自然的劳动对象化中产生的,人民群众是社会实践的主体,也是文化创造的主体。大别山红色文化正是由大别山区人民在反对压迫和奴役、谋求自由与发展的主体性实践中创造而来的。没有具有红色精神的大别山人民这个主体,就没有大别山红色文化这个客体。大别山红色文化之"人"与大别山红色文化是主客体的关系,是创造者与被创造物的关系。

大别山红色文化的创造主体是人,是新民主主义革命时期在大别山地区领导和参与建党、大革命、土地革命、抗日战争、解放战争的人民群众。这既包括传播马克思主义的建党先驱,也包括进行武装斗争的将军战士,还包括支援革命事业的广大群众。一言以蔽之,即"党领导下的大别山军民";分而述之,主要包括新文化运动以后陈独秀、董必武、陈潭秋等党的创始人和他们创建的早期党组织,土地革命时期党领导的鄂豫皖苏区政权和红军队伍,抗日战争时期党领导的新四军和游击队,解放战争时期中原解放区党政军和跃进大别山的刘邓大军以及各时期支援革命的群众等。

大别山红色文化之人在大别山红色文化创造中发挥着主体作用。历史唯物主义认为,人民群众是实践的主体,是历史的创造者。习近平总书记在庆祝中国共产党成立 100 周年大会上强调:"江山就是人民,人民就是江山。"没有大别山军民作出的巨大牺牲,就没有大别山屡屡创造的辉煌成就和最终夺取的胜利果实。革命战争年代,大别山区"家家有烈士,户户有红军,山山埋忠骨,岭岭铸忠魂"。据统计,大别山区 200 多万人民投身革命,近 100 万人为国捐躯。仅红安一个县就有 14 万英烈,是共和国第二大烈士县。

大别山培育出了大批优秀的治党治军治国人才(见下表),走出了数百位开国将军。全国十大将军县,大别山就占有 5 个(湖北红安有 72 位将军,排名第一;安徽金寨

59 位将军，排名第二；湖北大悟 37 位将军，排名第七；河南新县 35 位将军，排名第八；安徽六安 34 位将军，排名第九）。他们都是大别山红色文化之人的杰出代表。此外，大别山地区还涌现出许多如"革命母亲"周家姆、徐正修等群众英雄。

表 4-1　从大别山走出的治党治军治国人才

类　别	人数	姓名
党的创始人	3	董必武、陈潭秋、包惠僧
中共早期主要领导人	2	陈独秀、王明
国家主席	2	董必武、李先念
全国政协主席	2	邓颖超、李先念
中共中央军委副主席	2	林彪、刘华清
中共中央副主席	3	林彪、李德生、李先念
全国人大常委会副委员长	4	董必武、邓颖超、秦基伟、韩先楚
国务院副总理	5	董必武、李先念、陈锡联、林彪、谢富治
全国政协副主席	4	董必武、陈再道、洪学智、李四光
共和国元帅	1	林彪
军事家	9	李先念、徐海东、王树声、许继慎、林彪、徐向前、陈赓、曾中生、蔡申熙

习近平总书记指出："把红色资源利用好、把红色传统发扬好、把红色基因传承好。"本章记述大别山红色文化之人，旨在缅怀革命先烈，传承红色基因。大别山红色文化人物众多，囿于篇幅，仅分别选取不同时期、不同类别的典型人物，以点带面，管窥大别山红色文化之人的事迹与精神，激发读者探知大别山红色文化之人的兴趣，加强对大别山红色文化的理解。

◆ 第一节　大别山地区的红色先驱和领袖

大别山地区的红色先驱和领袖是指新民主主义革命初期，为大别山地区革命思想的传播，革命道路的探索，建党、建军工作的开展等做出了重大贡献的先行者和杰出领导。

一、大别山革命的播火者

董必武(1886—1975),字洁畬,号壁伍,湖北红安人,中共创始人之一,延安"五老"之一,无产阶级革命家,中国共产党第一代领导集体的核心和重要领导成员,曾任中华人民共和国副主席、代主席。董老自辛亥革命始,一直致力于救亡中国、振兴中华,五四运动后成为大别山革命的播火者。

董必武在探索民族独立与解放的过程中,曾提出"教育确为救亡之第一策",为了更好地宣传马克思主义,培养革命人才,1919年8月他从上海回到武汉,着手创办私立武汉中学。开办经费从创办人中募集,作为主要创办人的董必武却因经济拮据拿不出20元钱。为凑齐办学经费,董老在数九寒天,义无反顾地典当了最值钱的皮袍。

他曾回忆,学校"有教室三间,办公室一大间,风雨操场一个,还有大小几个院子,有可供学生食宿用的两排房间"。就在这简陋的学校,他邀请了陈潭秋、陈荫林、刘子通等一批具有初步共产主义思想的知识分子担任教员,团结所有进步教师大胆创新,用革命的方法组织教学。由于学生的报考费低,便于贫苦子弟入学。这所新型的学校吸引了湖北的黄安、麻城、黄冈、罗田、咸宁,河南新县、商城,湖南华容等地的工农子弟和进步学生前来求学,培养出一大批革命人才。

武汉共产党小组成立后,董必武注重在武汉中学发展党员,李梯云、潘忠汝、汪奠川、蔡济黄、梁立标、徐其虚、刘文蔚、王秀松、王志仁、吝积堂、邓天文等一大批来自大别山的学生加入党组织。依托武汉中学发展学生党员,董必武委派他们回到家乡,发展党的组织,自此大别山最早的一批党组织应运而生。也就是这批人,后来成为黄麻起义、商城起义的领导人,一大批共产党员为革命流尽了最后一滴血。

董必武不仅领导创建了大别山地区的党组织,还亲自参加和指导了大别山地区的革命斗争。大革命时期,毛泽东和董必武分别是湖南和湖北大革命运动的核心领导人,人称"南陈北李,两湖毛董"。

1926年12月,为适应农民运动迅速发展迫切需要大批农运干部的形势,担任中央农委书记的毛泽东由上海来到武汉,向国民党湖北省党部提出在武昌主办农民运动讲习所的建议。而董必武则主持国民党湖北省第三届执行委员会第一次会议,研究开办农民运动讲习所的问题,协助解决经费和校址,并亲自选送学员、选聘教师。由于董必武的全力支持,中央农民运动讲习所才冲破了蒋介石的阻挠,在武昌按期开学。

1927年3月15日,国民党二届三中全会决定进一步加强国共合作,支持正在兴起的农民运动。董必武代表国民党湖北省党部,将《湖北省惩治土豪劣绅暂行条例》和

《湖北省审判土豪劣绅委员会暂行条例》提交会议批准施行。毛泽东当即坚决支持董必武提出的议案，他们互相支持，推动了湖南、湖北农民运动的蓬勃发展。

1927 年夏，董必武领导的湖北农民运动农协会员达 300 余万人，其强大革命声势，同毛泽东领导的湖南农民运动交相辉映，对促进大革命迅速向长江流域发展起了重要的作用。1927 年 11 月，黄麻起义爆发，建立了鄂豫皖边区第一个工农民主政权——黄安县农民政府，组建了鄂豫边第一支革命军队——中国工农革命军鄂东军。大别山人民从此走上了工农武装割据的道路。

"九十光阴瞬息过，吾生多难感蹉跎。五朝敝政皆亲历，一代新规要渐磨。彻底革心兼革面，随人治岭与治河。遵从马列无不胜，深信前途会伐柯。"90 高龄的董老写的七律《九十初度》，正是他革命生涯的真实写照。他是同毛主席一样从"一大"走到革命最后胜利的伟大革命先驱和导师，他的革命精神将在后人的传承中永垂不朽。

二、大别山革命的引路人

陈潭秋（1896—1943），名澄，字云先，号潭秋，湖北黄冈县（今湖北省黄冈市黄州区）陈策楼人，无产阶级革命家，中国共产党第一次全国代表大会的代表，中国共产党创始人之一。陈潭秋曾立下誓言"定要澄清这浑浊世间"，他先后出席了党的第一、第三、第五、第六次代表大会，并在湖北、江西、辽宁、福建以及新疆等地积极参与党的革命事业，1943 年 9 月 27 日被新疆军阀盛世才于天山脚下残忍杀害，英勇就义。2009年 9 月 14 日，陈潭秋被评为"100 位为新中国成立作出突出贡献的英雄模范"。

湖北是共产党进行武装革命的起点，也是陈潭秋革命的起点。在湖北的大别山地区，陈潭秋在引领中国革命的正确道路以及革命人才培育上为党做出了突出贡献。

为了进一步宣传马克思主义、扩大革命阵地，1920 年春，陈潭秋回到了家乡陈策楼对聚星学校进行接管改造。陈潭秋动员家族人员出钱出地，并聘用进步知识分子肖人鹄、陈防武等为教员，以新的教学内容和方法，向学生灌输革命思想，传播马列主义。陈潭秋故居纪念馆中现在还存有一张 94 年前的陈氏家族地契，上面记载着当时陈潭秋与其族人为建立学校所捐出的土地、钱款、粮油数额等。在这个学校建立之前，贫苦人家的孩子，读书认字的机会非常渺茫。有了这份契约，聚星学校才顺利开办起来，当地一大批适龄的男女青少年才有了上学读书的机会。

陈潭秋的家族是地方望族，本可过上富足的生活。但是他为了广大老百姓能过上富足生活，义无反顾地动员整个家族投身革命，甚至毁家纾难。

改造后的聚星学校焕然一新，不仅采用白话教学，还将所教内容与革命和生活结合起来,力图启发学生政治觉悟、激发学生爱国热情。此外,校内还办有妇女识字班和农民夜校,并在附近的施家祠堂开办了多期党员骨干训练班,由陈潭秋亲自授课,这吸引了大批在外地工作的共产党人前来学习。聚星学校在陈潭秋等共产党人的领导下,为党在大别山地区早期革命输送了大量骨干人才,聚星学校也逐渐成为大别山革命的策源地,乃至鄂东革命的重要策源地[①]。为此,大革命失败后,陈潭秋的家与陈策楼被丧心病狂的反动派付之一炬,一家老幼因此流离失所,陈潭秋后来甚至写家书送孩子离开,送到亲戚家中抚养。

不仅是聚星学校,陈潭秋在其他学校也为革命事业培养了诸多人才。在董必武与陈潭秋联合筹办的武汉中学中,陈潭秋任乙班班主任及英语导员。在校期间,他与学生们生活在一起,谆谆教导,循循善诱。此外,他还以青年团员为骨干,在武汉的一些大、中学校先后建立了"青年读书会"和"妇女读书会",组织学生以及青年学习《新青年》《共产党宣言》《每周评论》等进步书刊,传播马列主义。陈潭秋充分利用在各个学校的任教机会,培养出了一大批有志青年,这群人后来纷纷投身革命,为中国的革命事业做出巨大贡献,有的人还为革命事业献出了宝贵的生命。

启蒙学生,解放思想,陈潭秋在离开湖北到中央工作之前用实际行动为早期大别山革命事业培养了中坚力量,为革命进一步发展奠定了坚实的思想及群众基础,是当之无愧的大别山革命引路人。

三、黄麻起义的总指挥

潘忠汝(1906—1927),原名中雨,又名汝庭,湖北黄陂人。1924年考入由董必武、陈潭秋等在武昌创办的武汉中学。1926年,进入武汉中央军事政治学校,同年加入中国共产党。1927年,潘忠汝被派到黄安担任县公安局军事教练。同年,根据党的指示,潘忠汝担任黄麻起义行动总指挥。11月14日凌晨,黄麻起义在潘忠汝的领导下取得了巨大胜利,12月5日因敌方反攻,潘忠汝在掩护战友突围中不幸壮烈牺牲。

潘忠汝出身于农民家庭,自幼喜习武术。1924年潘忠汝考入武汉中学,在董必武、陈潭秋等人的影响下,潘忠汝开始接触马克思主义,就立志要走革命道路。"尧天舜日事经过,世态崎岖要整磨。不肯昏庸同草木,愿输血汗改山河。"这是潘忠汝当时写下的一首自勉诗,以此来表达自己立志革命、改造社会的坚定志向。

[①]　颜宏启,张嫣然.简论陈潭秋的历史贡献及精神品质[J].黄冈师范学院学报,2022(1).

在校期间,他积极参加革命,宣传革命思想。当时一些马列著作和进步刊物如《共产党宣言》《新青年》《向导》等在武汉中学流传,潘忠汝对此产生了极大兴趣,每得到一本,常常手不释卷,甚至废寝忘食。从黄埔军校毕业后,他更是义无反顾地投身于革命事业。大革命失败后,潘忠汝根据党的指派,前往黄安县担任自卫军大队长,途径家乡时由于劳累过度病倒在家中,卧床数日,难以痊愈。一想到自己身负重任,潘忠汝不顾新婚妻子与家中二老的百般劝阻,毅然决定带病上路,留给她们的,仅"一枚银圆"。

任谁也没想到,这一别,就是永别。1927 年 11 月,根据省委指示,潘忠汝担任黄麻起义行动总指挥,要求伺机而动,夺取黄安城。14 日凌晨,"同志们,攻城开始了!冲啊!"在惊天动地的铜锣声中,潘忠汝拿着盒子枪大喊着冲在了最前面。在潘忠汝精密的策划与组织下,黄麻起义取得了完全胜利,土地革命的红旗第一次插上了古老的黄安城头。起义军还活捉了黄安县长贺守忠、司法委员王治平等反动军政人员和盘踞在城内的 15 名土豪劣绅,救出了在押的所有革命同胞。

起义成功后,县城南门外校场岗上举行了隆重的阅兵仪式,潘忠汝站在主席台上发表了振奋人心的精彩演说,他说:"别看我们穿的是农装,拿的是'土货',我们这些'土人''土货'却能把那些'广人''广货'收拾掉。""我们不仅要打下一个黄安县,我们还要打遍大别山,打遍全中国,打出我们的大路,打出我们的江山,任何势力也抵挡不住我们工人、农民武装起来的革命队伍。"

1927 年 12 月 5 日的晚上,枪声大作,原以为是土匪来袭,潘忠汝从枪声中及时判断出是国民党反扑,他当机立断,决定带领这支新生部队冲出突围,转至七里坪。为了掩护主力部队撤离,他带领鄂东军一部,冒着敌人猛烈的炮火,往返冲杀。面对不肯离去的战友,潘忠汝严厉地说:"这是命令,不许再争,赶快撤!"从半夜 12 时到次日 2 时,潘忠汝多次率领战士打退强敌进攻,他一手紧握盒子枪,一手挥舞大刀,先后六次杀入城门,七次掩护战士们冲出重围。在第七次掩护战士出城时,腿部不幸中弹,他就坐着指挥,后来又有子弹打中了他的背部和腹部,内脏流出体外,他忍着剧痛,一手托着流出的肠子,一手挥砍大刀,还在一边大声呼喊,鼓励战友继续战斗,"同志们!保卫我们的政权,保卫我们的军队,为革命的胜利,冲啊!"最后因伤势过重,为革命事业献出了自己年仅 21 岁的生命。

潘忠汝成功领导的黄麻起义不仅造就了一支英勇善战的队伍,更是培养了一批早期大别山革命骨干,奠定了鄂豫皖革命根据地红军的初始基础。他的"一定要把这支队伍保住"的临终遗言,激励着大别山革命者前仆后继,将革命进行到底。

四、大别山红军的主要创建人

戴克敏(1906—1932)是鄂豫皖红军和革命根据地的主要创建人之一,有"山沟里的土马克思主义者"之称。1906 年,戴克敏出生于湖北省黄安(今红安)县紫云区上戴家的一个书香世家。戴克敏年幼时便跟随父亲在箭厂河、七里坪等地读书,于 1924 年考入武昌省立第一师范附属高级小学。在董必武的影响下,戴克敏很快走上了革命道路。1925 年,戴克敏成为中国共产党党员。1927 年 3 月进入武昌中央农民运动讲习所学习,同年 10 月参与领导黄麻起义。黄麻起义胜利后,戴克敏任工农革命鄂东军党代表。1928 年 5 月同吴光浩等第七军领导人参与创建柴山堡根据地。1932 年被张国焘以莫须有的罪名秘密杀害,牺牲时年仅二十六岁。

作为一名军事指挥员,戴克敏骁勇善战,机智果敢。1928 年 4 月初,敌蒋十二军与桂系十八军产生冲突,十二军撤回河南,戴克敏率领十人小队,乔装成算命的、做买卖的,回到紫云区,隐蔽在岳父家。黄安的豪绅地主在敌十二军的指使下,组织"清乡团"等反动地方武装,大肆烧杀抢掠。敌人到处设卡布哨,企图将黄安党组织成员一网打尽,戴克敏的叔父和舅舅等九位同志在这个时期被敌人捕杀。亲属遇害让戴克敏悲痛万分,他当即决定消灭上戴家反动民团,为革命烈士和亲属报仇。4 月 7 日晚,戴克敏率领全队战士趁夜色摸到民团驻扎地并迅速将其包围,戴克敏干净利落地解决了门口的哨兵后,紧接着和战士们冲进屋里。此时团丁们正在屋内聚众赌博,见此阵仗大惊失色,纷纷四处逃窜,欲夺门而逃。戴克敏和战士们紧追不舍,最终将团长郑维席击毙。这一战一举消灭了紫云区上戴家"清乡团",紫云区的革命局面再次被打开,革命斗争重新活跃起来。

戴克敏除了善于指挥战斗,还擅长总结经验,文武兼备。戴克敏在武昌中央农民运动讲习所学习期间,将所学理论知识同当时具体国情结合起来,撰写了《农民运动在中国革命运动的地位》一文,受到了毛泽东的高度赞扬,并被毛泽东推荐编入《中国农民问题研究》一书中。在参与革命斗争过程中,戴克敏及时总结实际斗争经验,与其余同志一并探索,创造了"八会"的游击战术原则:"会跑、会打、会散、会集、会进、会退、会知、会疑";在鄂豫边第一次党代表大会上,戴克敏和曹学楷等同志系统总结了两年以来的游击战争的经验,共同提出了七条游击战术原则。这些无不体现戴克敏勤于思索、乐于探究、勇于创造的品质。

戴克敏是一个对党赤胆忠心的坚强战士,他不仅积极参加革命,还动员和影响亲属积极为革命斗争服务,展现了高度的政治自觉和强烈的使命担当。1927 年 7 月 15

日,汪精卫在武汉发动反革命政变,对共产党员和革命群众实行大逮捕、大屠杀,白色恐怖笼罩着全国。为了躲避敌人的"清剿",黄安党组织转移到七里坪,戴克敏的家成为展开活动的秘密据点。同志们在这里开会碰头,戴克敏家的人便负责站岗放哨,烧茶做饭,为党组织提供后勤服务。在他的带动和影响下,他家有十四人先后参加了革命,其中十人光荣牺牲,两人病逝在工作岗位,他的妹妹戴觉敏是唯一的幸存者。1932年7月初,戴克敏被张国焘诬陷致逮捕入狱,他临死前对看守说,"我走后,请告诉我的父亲,我是清白的,是革命的,希望他和全家不要为我难过,大家努力革命到底"!戴克敏如同《石灰吟》写的那样"粉骨碎身浑不怕,要留清白在人间"。他的家庭是真正的革命家庭,称得上是一代英杰、满门忠烈。

戴克敏在他短暂的人生中经受了刀枪的冶炼,意志的考验,最终从一个小山村的知识青年成长为一名优秀的军事指挥员。他参与领导黄麻起义,创建红军根据地,作为鄂豫皖苏区领导人之一,将毕生精力彻底地献给了火热的大别山革命。

五、红二十五军政委

吴焕先(1907—1935),出生于黄安县紫云区的一个小康之家。受早期革命活动影响,吴焕先于1925年加入了中国共产党。1927年11月参与领导著名的黄麻起义。1932年11月组织重建红二十五军后担任军长。1934年11月担任红二十五军政治委员,率部参加长征。1935年8月21日在与敌人激战中壮烈牺牲,时年28岁。毛泽东曾称赞"红二十五军远征为中国革命立了大功,吴焕先功不可没!"2009年吴焕先被评为"100位为新中国成立作出突出贡献的英雄模范人物"。

吴焕先虽是地主家庭出身,但在接触了马克思主义的思想后,他坚定了自己的共产主义信仰,立志投身革命。1925年,吴焕先加入中国共产党,这位出生于地主家庭的青年自此决心背叛自己的阶级,并将这一想法付诸行动。吴焕先把自家的佃户和债户请到家里,告诉他们说:"从今以后,你们谁租我家的田就归谁所有,实行耕者有其田,按共产党的主张办事;欠我家的债款不用交还,连本带利统统勾销!"吴焕先还当着他们的面将地契和债务借据全部烧掉。此后,吴焕先带领农民向地主阶级展开反剥削斗争,轰轰烈烈的农民运动在家乡引起了极大轰动。在他的实际行动引领下,很多老百姓逐渐接受了"耕者有其田"的革命主张。但与此同时,吴焕先的行为也引起了地主豪绅和恶霸的极端不满和仇视,他们勾结土匪展开报复,残忍杀害了吴焕先的六位亲属。失去亲人的吴焕先并没有被敌人的歹毒所吓倒,反而更加坚定了革命到底的决心,他说:"我们跟着共产党闹革命是铁了心的,革命革到底,至死不回头!"彻底地与自己的地主阶级家庭决裂，这是吴焕先入党后做的第一件事，他以实际行动表明了自己坚定的信仰和革命意志。

吴焕先从未进入军事学校学习作战知识，但他长期领导农民运动，善于边打仗边学习，及时总结作战经验教训，最终成长为一名有着卓越的战略远见和领导才能的革命家。1932年12月，由于红四方面军主力进行转移，鄂豫皖根据地武装力量分散薄弱，难以有效抵抗敌军，一时间根据地陷入了白色恐怖之中。为了扭转鄂豫皖根据地的混乱局面，中共鄂豫皖省委书记听取了吴焕先的建议，重组红二十五军，并任命吴焕先为军长。此后吴焕先把全部心血投入红二十五军的重组上，他一方面继续扩充兵员，筹备给养，积蓄力量；另一方面注重对队伍进行思想整顿和军事训练。在很短的时间里，他就把军部和两个师、五个团、两个特务营全部组建起来，展现出了非凡的组织和领导才能。随即吴焕先带着这支刚刚组建起来的部队，连续挫败国民党军队的攻击，取得了一系列的胜利。吴焕先等人卓有成效的工作迅速结束了根据地混乱的局面，开始了为保卫鄂豫皖根据地而斗争的新时期。

在吴焕先的带领下，红二十五军爆发出了惊人的战斗力。他们不仅屡次挫败敌人的进攻，更是一路完成了长征，转战西北，打开了中央北上的道路。正因如此，毛主席等中央领导对这样一支奇军印象深刻。然而这样一位军政双全的领导人才，在指挥部队渡河的过程中遭到敌军袭击，最终不幸中弹牺牲。尽管吴焕先没能带着自己这支队伍走得更远，但他所打造的这支铁军继承了他的革命意志，把他未走完的路走到了最后。

毫无疑问，吴焕先是红二十五军的"军魂"，正如红二十五军的领导人郭述申评价的那样：焕先同志具有无产阶级革命家的胸怀和政治远见，是全军指战员公认的领导核心，卓越的决策人。吴焕先的丰功伟绩永载中国革命史册，他的革命精神和高尚品德，值得我们永远传颂学习。

六、大别山革命中成长起来的国家主席

李先念（1909—1992），湖北红安人。1927年加入中国共产党，曾领导家乡农民参加黄麻起义。先后任中共黄安县区委书记、黄安县工农民主政府主席。1931年后任中国工农红军第四方面军团政委、师政委、军政委。在创建鄂豫皖和川陕革命根据地、长征、抗日战争、解放战争中作出了重要贡献。新中国成立后，历任多个要职，1983年6月当选为中华人民共和国主席。

1926年10月，国民革命军攻入武昌城，北伐战争取得了空前的胜利。17岁的李

先念听了家乡董必武、陈潭秋等人宣传的革命道理，便返回黄安老家闹革命。这个棺材店的小伙计，也许并没有意识到，他这是以一种为人民求生存的大爱，并从此把一生献给了中国共产党和人民的解放事业。李先念在白色恐怖黑云压顶之时加入中国共产党，历任区委书记、区苏维埃政府主席、县委书记。1931年10月，他率领当地一批青年加入红军，并任红四军第11师第33团政治委员。他在粉碎敌人对鄂豫皖根据地的历次围剿中，出色地完成了各项战斗任务，显露出不同凡响的军事才华，1932年接任红四方面军第11师政治委员。在西征转战中，他率部顽强奋战，多次承担重任，化解危局，为实现红四方面军的战略转移发挥了重要作用。在创建和发展川陕革命根据地斗争中，他率部参加了许多重要战役、战斗，战绩辉煌。1933年7月他任红30军政治委员。长征中，他率部迎接中共中央及红一方面军，实现懋功会师，并打开了红军北上的通道。

李先念生在大别山区，长在大别山区，又一直在这里抗击日寇，打击国民党反动派，对这里的山川草木和群众疾苦，可谓铭心刻骨。他在干部大会上、军人大会上反复说道：从土地革命时期到现在，我们的部队在大别山区是三进三出，我们每一次撤出，受苦的是老百姓。他们不能背起房、挑着田跟我们跑，反动派卷土重来后，一些真心实意跟着共产党闹革命，支援我军的人民群众就遭殃了。现在老百姓就是"回头怕"，蒋介石的南京政府还在，山里还藏着"小保队""还乡团"，所以，现在应该把发动群众换成感动群众。他号召部队向大别山誓师，向中原大地誓师，向担惊受怕的人民群众起誓：我们解放战争的攻势就从这里开始，我们要和蒋军决一死战，一直打到大别山上出太阳，中原大地亮堂堂。打到人民享太平，彻底大翻身！让大别山作证，让中原乡亲父老作证！

李先念与邓小平严格要求部队，他们教育部队，无论走到哪里，驻到哪里，都要做到："水满缸，场院光；有借有还，再借不难；买物付款，秋毫不犯。"李先念与邓小平、刘伯承等其他领导同志一样，身着自己缝制的土布棉衣，吃粗粮野菜，生活十分俭朴，与部队同甘共苦。1947年12月31日，邓小平与李先念到金寨县检查工作，有位区委书记从关心首长的身体健康出发，给他俩送来几斤猪肉和葵花籽，邓、李当即批评这位书记："我们不能搞特殊化，没有权利这么做。"谢绝了他的好意。他们在金寨县漆店区楼店村召开地方干部会时，看到一位干部身穿呢大衣，头戴国民党部队一顶崭新的栽绒棉帽，在满屋身穿粗布棉衣的干部面前摆阔气。李先念问这位干部：艰苦作风搞到哪里去了？你穿这一身进山下乡搞工作、做调查，没衣裳穿的穷苦百姓愿意对你说敌情、讲真心话吗？几句话问得这位干部哑口无言，羞愧地低下了头。由于李先念和邓小平、刘伯承把大别山群众工作放在很重要的位置，积极倡导并身体力行，部队从上到下认真扎实地做群众工作，将心比心，以心换心，大别山人民终于由担心害怕到敢于亲近解放军,军民之间的鱼水关系开始形成,刘邓大军终于在大别山区站稳了脚跟。

在 60 多年的革命生涯中,李先念同志以"先天下之忧而忧,念人间之乐而乐"的情怀,矢志为信仰奋斗探索,为民族独立、人民解放和国家富强、人民幸福做出了不可磨灭的贡献。

七、鄂豫边革命根据地的创建人

吴光浩(1906—1929),原名光皓,曾化名陈新。吴光浩早年积极投身爱国学生运动,阅读《向导》《新青年》等进步书刊。1925 年,吴光浩考入黄埔军校第三期,翌年加入中国共产党,毕业后参加北伐战争,在国民革命军第 4 军任连长、营长,参加了汀泗桥、贺胜桥、武昌等战役。1928 年,吴光浩任红军第 7 军军长,领导开辟了鄂豫边界的柴山保苏区,同年任红 11 军军长兼第 31 师师长,发展扩大为鄂豫边苏区。吴光浩是黄麻起义领导人,鄂豫边革命根据地创建人,中国工农红军高级指挥员,他在鄂豫边开创出了第一块红色区域,却壮烈牺牲于 23 岁。

吴光浩的革命思想萌芽于前川中学。1924 年前后,在前川中学就读期间,吴光浩深受共产党早期活动的影响,积极阅读进步书刊,学习先进思想与文化。他更是在中学还未毕业的时候受党组织熏陶,毅然考入黄埔军校,并于翌年加入中国共产党。在校期间,他积极参与爱国学生运动,展开先进文化宣传,毕业后,更是义无反顾地投身党的革命事业。

1927 年 10 月中下旬,国民大革命惨遭失败后,中共湖北省委决定派遣参加领导过鄂南暴动的吴光浩到黄麻地区组建鄂东特委和鄂东革命委员会,统一领导黄安、麻城两县的武装起义,并让吴光浩担任麻城县农民自卫军大队长。这是吴光浩第一次踏上黄麻的土地。

同年 11 月,根据上级指示,成立了由潘忠汝、吴光浩、戴克敏等人组成的黄麻起义总指挥部,在此次起义中,吴光浩任副总指挥。黄麻起义的成功打响了鄂豫皖地区武装反抗国民党反动派的第一枪,但这也使国民党反动政府大为震惊,随后展开了疯狂反扑。12 月 5 日,起义军在打退了敌人多次进攻后终因寡不敌众,鄂东军总指挥潘忠汝壮烈牺牲,而吴光浩则带领极少数战友艰难突围。

72 名鄂东战士和党政人员,56 杆长短枪,在吴光浩的带领下穿过敌人重重封锁后,于 12 月底转至黄陂县木兰山一带开展游击战争。当时大别山地区正值严冬,气温下降厉害,部队缺衣少食,面临随时瓦解的危险。吴光浩把大家聚集起来坚定地说:"当前革命虽处低潮,但是谁也不能阻止革命的生存与发展,我们照党的主张自己多想办法奋斗,总有一天可以搞出个名堂。"并且,在面对险恶的斗争环境,他也不断告诫大家:"我们的枪丢不得。有了枪,才有工农的出路;丢了枪,就不能胜利,不能生存。"

1928年1月,根据中央指示,工农革命军鄂东军改编为工农革命军第7军,吴光浩任军长。吴光浩带领部下以木兰山为中心,艰苦转战于方圆百余里的广大地区,创造出了"昼伏夜动,远袭近止,声东击西,绕南进北"的游击战术。此外,吴光浩还广泛发动群众以开展革命活动,破坏敌人交通,打击地主豪绅及其反动武装。其战果之丰硕,以至于被当地群众视为传奇般的英雄。尔后,吴光浩还将第7军带到了鄂豫两省交界的柴山保地区。这一地区属于国民党统治比较薄弱的地区,吴光浩等党的领导人为了在该地区建立一个比较稳定的根据地,积极带领第7军展开群众工作,发展党员、区别对待地方豪绅、启发贫农阶级觉悟。最终,第7军在柴山保地区成功站稳脚跟,建立起柴山保革命根据地。这一根据地是鄂豫边的第一块红色区域,是鄂豫皖苏区的摇篮。从此,鄂豫边界的党和红军开始走上"工农武装割据"的道路。同年7月,在柴山保尹家咀会议中,第7军正式改编为中国工农红军第11军第31师,吴光浩任军长兼师长。这次会议为鄂豫边革命根据地的扩大与鄂豫皖苏区形成发挥了重要作用。

天地英雄气,千秋尚凛然。年轻将领吴光浩,为了民族复兴,以鲜血浇灌理想,用生命捍卫信仰,他用年仅23岁的生命点燃了木兰山的革命烽火。

◆ 第二节　大别山地区的红色将星

大别山将星云集,他们自新民主主义革命发端开始,一路从枪林弹雨走来,用忠诚和勇敢、鲜血和汗水谱写出英雄的赞歌。

一、红二十五军军长

徐海东(1900—1970),原名元清,湖北省大悟县新城镇人,是中国工农红军及中国人民解放军主要领导人之一,著名军事家,中国人民解放军大将。他1925年加入中国共产党,曾参加黄麻起义,是一位久经沙场、立过汗马功劳、具有丰富战斗经历和卓越领导才能的将军,被毛泽东称赞为"工人阶级的一面旗帜"。

徐海东曾做过11年的窑工,艰苦的窑工生活磨炼了他的意志,给了他坚强的性格,同时也使他饱尝了人间的苦难,阅尽了世上的不平。1925 年春天,受齐积堂的影响,他毅然离家去武汉,投身革命事业。他在那儿参加了中国的共产主义运动。1933年 2 月,徐海东升任重建后的红 25 军副军长,协助军长吴焕先连续取得郭家河、潘家河、杨泗寨等战斗的胜利。但在随后的七里坪围攻战和第五次反"围剿"作战中,由于敌我力量悬殊以及中共鄂豫皖省委执行"左"倾军事冒险路线,红 25 军在接连失利、减员过半的情况下,被迫从鄂东北转至皖西北,接着又决定返回鄂东北。当时,徐海东正重病在身,躺在担架上随特务连及部分勤杂人员走在队伍的后面。10 月初,部队通过潢(川)麻(城)公路时,突遭敌人截击,队伍被切为两段,前后失去联系。徐海东身陷险境,但他处变不惊、指挥若定,集合起被冲散的连队边打边撤,折回皖西北,在那里同道委书记郭述申又树起红 28 军的旗帜。敌人惊呼:"剿共,剿共,越剿越多,一个红 25 军没剿灭,又剿出一个红 28 军!"当时的皖西北地区经敌人多次蹂躏,田地荒芜,庐舍成墟,鸡犬无声,猪牛绝迹。徐海东率领仅有 2000 多人的红 28 军在极端艰苦的条件下克服重重困难,同近 10 万国民党军周旋于大别山区。

1935 年 9 月,徐海东任红 25 军军长,程子华任军政委,代理省委书记。9 月 9 日,徐海东见到特来迎接的陕甘边苏维埃政府主席习仲勋和陕甘边军委主席刘景范。几天后,红 25 军与陕北红 26 军、27 军会师。至此,红 25 军历时 10 个月,途经 4 省,转战近万里。在长征的红军队伍中,红 25 军是首先到达陕北的部队。红 25 军和陕北红军会合后,党组织决定合编为红 15 军团,徐海东任军团长,刘志丹任副军团长兼参谋长,程子华任政委。此时,敌人正开始发动对陕北苏区的第三次"围剿",敌人兵力多达 11个师。徐海东等指挥军团,在劳山全歼敌第 110 师,俘虏 3700 多人,敌师长和参谋长被击毙。军团乘胜追击,又歼敌第 107 师 4 个营。在张村驿战斗刚打响时,毛泽东来到军团司令部接见徐海东说:海东同志,你们辛苦了! 徐海东备受感动。当徐海东向部队传达了毛泽东和中央领导到来的消息后,部队情绪沸腾起来,战士们高喊"打下张村驿,去见毛主席",很快,这次战斗取得彻底胜利。毛泽东后来评价道,如果没有徐海东同志率领的红 25 军先到达陕北、巩固和发展了陕北的根据地,就没有我们中央红军立足之地。

经过长征,中央红军在物资保障方面存在严重困难,此时,数千人又面临着御寒的冬装和口粮难以解决。中央红军负责后勤工作的同志找到徐海东,送来了毛泽东的借条。在借条中毛泽东说因为部队过冬吃、穿出现困难,特向徐海东借 2500 元钱。尽管当时红 15 军团条件也很艰苦,但是徐海东拿出 5000 元,送出其家底三分之二还要多,交给党中央。若干年后,毛泽东曾在一次干部大会上深情地指出,中央红军在陕北最困难的时候,是徐海东借的 5000 元钱,帮了革命的大忙,他是"对中国革命有大功的人"。

徐海东是一个伟大的共产主义战士，是一个优秀的共产党员，是一个优秀的无产阶级军事大师。他在《生平自述》中写道，要做一个永远忠实于党、忠实于人民、忠实于共产主义事业的共产党员。他是这样说的，也是这样做的，他的高尚品格照亮了整个神州，他的丰硕的业绩将会流芳百世！

二、没有打过败仗的开国上将

韩先楚（1913—1986 年），湖北省红安人。中国人民解放军陆军上将，无产阶级革命家、军事家。曾任中国人民解放军第四十军首任军长，中央军委原常委，原福州军区司令员，原兰州军区司令员。一九五五年被授予上将军衔，获一级八一勋章、一级独立自由勋章、一级解放勋章。

韩先楚一生身经百战、几无败绩。"常胜将军"韩先楚的传奇就从他 16 岁那年开始。他年方 16 岁时，地里收成不好。地主一分租子也不肯减，家里的日子实在没法过下去了。听说附近村子有红军打了老财，把浮财全分给了穷人，而且正在扩红，号召年轻人参加队伍。韩先楚想：不如参加红军去，弄好了，带把枪回来，把村子里的地主老财都灭了。那是 1929 年夏天的一个晚上，韩先楚把自己的想法给村里十几个小伙伴一说，结果得到一致响应。

16 岁的韩先楚，带着十几个小伙伴来参加红军，让红军队长又喜又惊。喜的是一下子就扩了半个排；惊的是一个其貌不扬的半大小子，竟有这样的号召力，一吆喝，就有一拨人跟着他走。红军要的就是这样的人。登记完毕，队长说："韩先楚，你先当副班长吧，这十几个人都归你管。"韩先楚说："我没带过兵，也没打过仗。"队长说："你能带着他们参加红军，就能带着他们打仗。""谁是班长？"韩先楚问。"没有班长。你先干一段副班长再说。"队长回答。韩先楚还在犹豫，伙伴们说，你就干吧，我们跟着你。韩先楚当副班长后第一仗是和"红枪会"打的。"红枪会"是当地的一个地主武装，专和红军作对。队长告诉韩先楚，要把"红枪会"的气焰灭一灭，要不刚发动起来的群众都被他们吓回去了。"红枪会"迷信色彩极浓，打仗先烧香拜佛，念一通咒语，再在脸上胳膊上胸口上涂上鸡血狗血，说这样就刀枪不入。那些门徒也真以为自己刀枪不入，打起仗来气势汹汹，唬人得很。红军刚刚在阵地上展开，"红枪会"就咋咋呼呼地冲过来。那些家伙举着大刀，端着装满铁砂散弹的鸟铳，脸上涂得像鬼一样冲过来。刚参加红军的农村小青年哪见过这阵势，一下子全愣了，不知道如何反应才好。韩先楚急了，喊道："有枪的开枪，有铳的放铳。我就不信还有刀枪不入的人，对准他们，打完后看他们还狂不狂了！"一阵枪声过后，"红枪会"的人掉头就跑，被打伤的唧唧哇哇地喊不要把他们扔下。红军战士一看,咳!不过如此。韩先楚一挥手中的大刀,喊:"撵上去!"大家喊叫着冲锋上去,"红枪会"顿作鸟兽散。

韩先楚同志出身于湖北省红安县的一个贫苦农民家庭。参加革命前当过放牛娃、学过篾匠,在武汉做过短工。1927年黄麻起义时,他加入了家乡的农民协会,当过乡苏维埃土地委员。

在革命运动风起云涌的日子里,他以朴素的阶级感情和青年人的满腔热血,投入如火如荼的农民革命斗争,不久,加入了游击队。在鄂豫皖根据地反"围剿"斗争的艰苦岁月里,他一心一意跟党走,不怕受挫折,不顾受委屈,表现了坚韧不拔的革命意志和对革命事业的耿耿忠心。

1934年冬,当红二十五军长征到伏牛山东麓河南方城县境时,气候严寒、北风刺骨、风雪交加。我军衣着单薄,很多人被冻得一时拉不开枪栓。敌人以数倍于我的兵力前堵后追,猛烈冲击,我军被逼在独树镇打了一场恶仗。此战韩先楚同志带领本队打得非常勇敢,多次打退敌人进攻,守住了一个重要阵地。接着,又在拐河镇遭到上万敌军的追击和夹击。当时,我军不仅兵力绝对劣势,而且所处地形十分不利。韩先楚同志在军政委吴焕先的直接指挥下,果敢迅猛,率领本队奋勇冲击,打退了与他同时抢占一个高地围寨的敌军,控制了这个至关紧要的制高点,以猛烈的火力压住了敌人,掩护了军直属队和后续部队渡过了澧河,摆脱了追击的敌军。

韩先楚同志一生戎马倥偬,为中国人民的解放事业,身经百战,在枪林弹雨中,出生入死,战功卓著,为国家和军队现代化建设呕心沥血、鞠躬尽瘁,贡献了毕生精力。

三、从少林寺走出的开国上将

许世友(1905—1985),原名许仕友,字汉禹,湖北省麻城县许家洼(今河南省新县许洼),1955年,许世友将军被授予上将军衔,担任过中国人民解放军副总参谋长、南京军区司令员、国防部副部长、中共中央军委常委等。许世友将军打仗爱身先士卒,曾十一次担任敢死队队长,他戎马一生、战功赫赫,指挥过黄麻起义、万源保卫战,参加过土地革命战争、解放战争、抗美援朝战争,是中国共产党久经考验的忠诚的共产主义战士、无产阶级革命家、中国人民解放军卓越的指挥员。

1926年秋,许世友加入了中国共产党,在中国共产党的领导下,他率领农民自卫军参加了著名的黄麻起义,并参与组建大别山第一支工农红军,从此武装斗争之火在黄安一带熊熊燃烧起来,许世友也成了国民党"清乡团"的主要逮捕对象,因此,"清乡团"抓走了许世友的母亲,逼问许世友的下落,许母一字不说遭到了敌人的毒打,导致遍体鳞伤。最后,"清乡团"的头目因忌惮许世友火爆勇猛的性格放了许母。不久,许世友回家探望母亲,却因敌情,都没来得及与母亲唠嗑,便匆匆告别了母亲,此后许世友革命更加繁忙,探望母亲的时间更是少之又少。许世友的一生充满了传奇色彩,他从大别山群峰中的一个穷山村走出来,最终成长为一个叱咤风云、指挥千军万马的上将,在战争年代留下了许多英勇战斗的故事,为投身革命"九跪慈母"的故事至今仍让人们津津乐道。

1927年11月13日,黄麻起义爆发,打响了鄂豫皖地区武装反抗国民党右派的第一枪。当时,许世友担任的职务是湖北麻城乘马岗农民义勇队队长,许世友手下的农民义勇队人数较少,武器更是简陋,如果硬拼,恐怕会凶多吉少。于是,许世友就将攻城的时间定在了凌晨,在敌人最疲惫的时候发起进攻。但是,义勇队第一次打仗很紧张,有人不小心擦枪走火,把敌军惊醒了,许世友亲自爬上城墙,带领大家作战,使得义勇队士气大振,敌军溃不成军,四散逃跑,凭借着这股所向披靡的气势,义勇队一路打到了黄安县的政府大楼。但是,我军在这个时候再次遭遇挫折,国民党军与义勇队武器装备悬殊,但许世友却是沉着冷静,他下令让士兵们兵分三路,从三个方向进攻,有主有次,吸引敌军的火力。果然,正面进攻的士兵很快就受到了敌军的重点打击,一时之间难以前进一步。我军的困境,也让敌军放松了对侧面的警惕,此时,另外两路士兵已经摸到了距离敌军机枪阵地不远的地方,一颗颗从敌人手里缴获来的手榴弹,呼啸着飞向了敌人的阵地。等到硝烟散尽之后,敌军的阵地上,只剩下了歪斜的机枪和四散而逃的散兵。这就是许世友的第一次攻城,既体现了他勇猛的一面,也体现了他机智的一面!

少林寺走出来的许世友将军,武艺高强,有勇有谋,爱党爱国,忠于人民,忠于马列主义,一生战功显赫,把毕生的精力贡献给了无产阶级革命事业,是中国人民解放军卓越的军事指挥员。一代战将,枪林弹雨中,许世友勇猛刚烈,尽显英雄本色!

四、我国唯一的"六星上将"

洪学智(1913—2006),安徽金寨人,是我国唯一的"六星上将",在革命生涯中,历任班长、排长、连长、团政治处主任、师政治部主任、军区司令等职,曾参加了红四方面军长征、辽沈战役、平津战役、渡江战役,参与指挥解放海南战役、抗美援朝战争等,具有无产阶级革命家的胆识和军事、政治、后勤领导才能,是久经考验的忠诚的共产主义战士,中国人民解放军现代后勤工作的开拓者。

1929年5月,洪学智参加了党领导的立夏节暴动,同年加入中国共产党,立夏节起义是鄂豫皖边区继黄麻起义之后又一次胜利的革命武装起义。此后,洪学智同志参加鄂豫皖苏区历次反"围剿"斗争,并在战斗中迅速成长。1932年初的苏家埠战役是鄂豫皖根据地第三次反"围剿"战争中的一场重大战役,也是令洪学智难忘的一次战役。他所在的重机枪连两任连长在战斗中先后牺牲,他被任命为第三任连长。他带领战士们舍生忘死,奋不顾身地投入战斗。洪学智在战斗中,表现出很强的指挥能力。战役结束前的一天,他的左胸不幸中弹,子弹打在肺叶上,伤势严重,被送往麻埠红军医院治疗。洪学智带领的重机枪连在战斗中发挥了重要作用,战后连党支部被评为红四方面军的三个模范党支部之一。

1932年10月,洪学智随红四方面军撤离鄂豫皖苏区进行西征,于12月进入川北。在这里,红四方面军开辟了以通江、南江、巴中3县为中心的川陕革命根据地。经过革命斗争熔炉的锻炼,洪学智迅速成长起来,先后任营政治指导员、团政治处主任、师政治部主任、军政治部主任等职,参加了创建川陕革命根据地的斗争和反"三路围攻"、反"六路围攻"的斗争,参加了仪南、营渠、宣达三次进攻战役。从事部队思想政治工作的他,表现出很高的思想政治素质和工作能力。在反敌"六路围攻"的战斗中,时任师政治部主任的洪学智因组织宣传、扩军支前和战场动员工作成绩突出,受到红四方面军政治部的表彰。1935年3月,红四方面军开始长征。洪学智作为红四军政治部主任,率红四军政治部、红十二师留在后方侧尾,负责建立地方政权,发动和组织群众,支援红军大部队行动。长征途中,红四方面军总部把部分医院、后方伤病员都交由洪学智管理;另外还管理一个补充师,主要任务是抬担架、转运伤员。年仅22岁的洪学智成了整个红四方面军的"后勤部长"。1934年11月,在红四方面军团以上干部参加的政治工作会议上,洪学智做了专题政治报告。会后,他调任红四军政治部主任。

叱咤风云八十载,英名浩气永相传! 洪学智同志的一生,是革命的一生,战斗的一生,为党和人民无私奉献的一生。他为人民解放事业,为国防和军队建设所建立的丰功伟绩将永载史册!

五、大别山的守护神

王树声(1905—1974),出生于湖北麻城一个小地主家庭,原名王宏信,1926年加入中国共产党,参与创建了麻城县第一支农民武装,1927年参与领导麻城暴动和黄麻起义。新中国首次授衔的十位大将之一,我军军械装备建设和军事科学研究事业的重要奠基人和领导人。他生在大别山、革命在大别山,解放战争时又重返大别山,被人们称为"大别山守护神"。

在革命面前，王树声丝毫不讲情面。地主恶霸丁枕鱼在当地占良田千亩，房屋几十套之多，乡民多为他雇的长短工，平日横行乡里，欺压百姓，无恶不作，引起极大民愤。1926年秋，农民协会开展的农民运动，触及了丁枕鱼的利益，他仗着自己是王树声的嫡亲舅爷，集结当地其他地主恶霸带头反对革命，组织起红枪会，多次打击破坏农民运动，殴打农会人员、撕毁农民协会张贴的告示、砸毁工作人员的办公室。碍于丁枕鱼与王树声之间的亲戚关系，农会对如何处理丁枕鱼顾虑重重。"要革命就不能讲亲戚情面！"王树声一拍桌子，刚毅果决地说："走，今天就找丁枕鱼算账去！"随即带领着农会委员农友去捉拿丁枕鱼。遭遇此番斗争的丁枕鱼威风扫地，然而他非但没有就此罢手，反而伺机报复王树声，趁夜将王树声祖宅付之一炬。王树声旋即带人直捣丁枕鱼老巢，活捉后将其处决。他大义灭亲的事迹不胫而走，更多的农民被号召起来打击其他反动派。农民运动如雨后春笋般展开，并从乘马岗迅速向麻城全县蔓延。

1947年6月，党中央作出重大战略部署，刘邓大军千里跃进大别山，直捣国民党战略腹地。卧病在床的王树声听闻当即立下请战书，在给中共中央的信中写道："我是大别山的儿子，我要再打回大别山！"

次年，根据战局的变化，刘邓主力转战淮河以北地区，大别山的形势再次严峻起来，虽然困难重重，但是王树声丝毫没有气馁，他常常鼓励战士们："我们既来之，则安之。不把敌人赶出去，我们绝不离开大别山！"王树声按照刘邓首长的部署，先是在大别山立下阵脚，打好基础，随后他又率领部队粉碎了敌人三十万大军的重点清剿，彻底在大别山站住了脚跟。

1949年6月，王树声任湖北军区第二副司令员。刚刚解放的大别山依然有数万之多的土匪潜伏其中，四处为虐，残害百姓，对抗新生的政权，给大别山人民带来了深重的灾难。王树声说："大别山是我的故乡，大别山抚育了我，抚育了红军，现在全国大部分都解放了，但土匪还很猖獗，大别山的乡亲们还不得安宁，我只有回去剿灭土匪，使群众过好安稳的日子，才对得起他们，对得起自己的良心。"就这样，王树声毅然挑起了剿灭大别山土匪的重担，带领剿匪大军挺进大别山。王树声将部队分为三线，以进剿、会剿打乱土匪指挥系统，分片驻剿堵截土匪，再组织群众联防阻止土匪流窜。王树声将驻剿和政治工作相结合，深入发动群众铲除匪患滋生的土壤。经过半年多"拉网捕鱼"式的剿匪，歼敌1.54万余人，胜利完成了鄂豫皖边区的剿匪任务。

王树声的革命心于大别山区萌芽、燃烧，始终坚定自己少年时的信仰，发为干戈白，心于社稷丹，为大别山地区的人民勇当前锋，是一名忠诚的共产主义战士，树立起一代名将的丰碑。

六、为革命"三跪慈母"的开国上将

　　陈锡联(1915—1999)，出生于湖北黄安(今红安)高桥徒山彭家村，原名陈锡廉，字廉甫。1929年参加中国工农红军，1930年加入中国共产主义青年团，同年加入中国共产党。他很早参加革命，在战场上出生入死、作战勇敢，在革命历程中不断成长，李先念称赞他"打仗数第一"。为参加革命顾不上与自己相依为命的母亲，陈锡联"三跪慈母"的故事广为流传，展现出他胸怀大局的崇高品质。

　　1927年黄麻起义后，彭家村一带有红军游击队活动。陈锡联很想参加红军，可母亲死活不肯，她拉着陈锡联的手说："锡联呀，你年纪还小，怎么能离开娘呢？有你在身边，娘讨饭也有个帮手啊！"每到晚上，陈母拿着一根细绳，一头拴在陈锡联的腿上，一头握在自己的手中。陈锡联迫于无奈，只好暂时放弃了参加红军的念头。1929年秋天的一个下午，14岁的陈锡联给地主家耙田种麦，突然肚子疼痛难忍，倒在地上。地主看见了，骂他偷懒，挥鞭就打。陈锡联忍无可忍，伸出头对着地主冲过去，将地主撞了个仰面朝天。陈锡联知道自己惹下大祸，当天没有回家，在山上转来转去。天渐渐暗了下来，地主在陈锡联家破口大骂，要陈母交出儿子。陈母苦苦哀求，被地主狠狠踢了两脚。第二天，同村的小伙伴在山上放牛，陈锡联听说了母亲的遭遇，两只拳头握得紧紧的。他毅然决定去当红军，改变受人欺压的命运。但他想到自己一走，母亲一定会难过，于是跪在地上，向山下的母亲拜了又拜，口中念念有词：儿子不辞而别，一定要讨回公道。陈锡联革命坚决、处事机敏，深得大家赞赏，很快成为一名合格的红军战士。

　　1947年8月，陈锡联作为刘邓大军的主力之一，千里跃进大别山，回到了当年浴血奋战的鄂豫皖根据地。12月9日上午，三纵队从皖西转战到麻城，开始平汉战役军事行动。陈锡联和纵队几位负责人正在研究行动方案，参谋处长喜笑颜开地进来报告："司令员，好消息！你娘今天要来看你。"陈锡联将信将疑，司令部里一下子活跃起来。当天下午，一辆手推车停在司令部门口。"娘！"陈锡联禁不住喊了一声，陈母的目光停住了，不顾一切地扑上前去，双臂把陈锡联紧紧抱住。陈母眯着眼睛，上下打量着，不时用手摸着陈锡联的前额，哽咽着说："高了些，胖了些！"陈锡联让母亲坐在椅子上，老人抓着儿子的手，只是流泪。当天，母子俩谈了整整一个晚上，说不尽的酸甜苦辣，道不完的悲欢离合。部队晚上有军事行动，陈锡联准备派人送走母亲。临别之际，陈锡联掏出身上仅有的两块银圆，塞给母亲，母子俩你推我让。铮铮铁骨的硬汉双膝跪下："娘，这是儿的一点心意，您就收下吧！全国解放了，我再来接你！""快起来，一个司令员,怎能当着众人的面给一个老太婆下跪!""我当再大的官,还是娘的儿,让我多跪一会,我心里好受一些。"母子二人又一次分别。

1958年,陈锡联接到母亲病危的消息,预感母亲将要离开人世,很想回到故乡红安,看望辛劳了一生的母亲。可是他工作抽不开身,只能由弟弟代理。1997年,陈锡联回到魂牵梦绕的故乡,特地来到母亲长眠的地方,看望自己的母亲。白发苍苍的陈锡联保持着军人挺拔的身姿,毕恭毕敬地肃立在母亲坟前,鞠躬行礼。随后,他情不自禁地双膝跪地,声泪俱下,倾吐肺腑之言:妈妈,我想您呀!可是现在我喊您,您已经听不到了。您经过千辛万苦,才把我这个儿子养大,后来我背着您出去参加革命,依靠了党,可您还留在家里继续受苦。这四十年来,我一直未能回来侍奉您,实在对不起您老人家。您长眠的这块土地,我曾经生活过十四年。我在这里放过牛,伴您一起讨过饭,我知道这是块好地方,如今,您可以安静地睡下去了! 妈妈啊……

从大别山区走出,家乡的革命力量影响了陈锡联一生,他不是母亲听话的儿子,却是大别山伟大的儿子,他带着母亲和大别山人们的期望,书写了传奇的戎马一生。

七、中国航母之父

刘华清(1916—2011年),出生于湖北黄安县(今红安县)二程区花桥乡刘子院子村(今属大悟县)。1935年10月加入中国共产党,1931年参加中国工农红军,是中国人民解放军高级将领,上将军衔。曾任中国人民解放军海军司令员,中共中央政治局常委,中央军委副主席等职。刘华清为中国海军的现代化发展作出了不可磨灭的贡献,被称为中国的"现代海军之父"和"中国航母之父"。

土地革命战争时期,刘华清曾任少共黄安二程区委书记、游击武装中队长,陂安南县军区指挥部少共团委书记,红安中心县军区指挥部团委书记兼少共县委书记,中共鄂东北道委会秘书及鄂东北游击总司令部交通队政治指导员、秘书科科长等,在极其困难的游击岁月里坚持鄂豫皖边区武装斗争。1933年11月,由于"左"倾盲动主义的错误指导,红二十五军遭到重挫。鄂东北游击总司令部所属部队也大多被打散了。大战之前,上级曾临时宣布:如果被打散,可到天台山地区集合。天台山、老君山,位于红安北部,在大别山西端,是最早创建的苏区中心区之一。这里山深林密,人口稀少,敌人大部队"清剿",也只是一扫而过,无法长驻;小部敌人,则不敢轻易进入。

时值冬季,不时有雪花飘落,山上很冷,而刘华清等所有人都还穿着破烂的单衣。白天,他们要躲避敌人,夜晚则要抵御寒冷。粮食上不了山,冬天山上有时连野菜都找不到。更可恶的是,敌人没有闲着,反复进行"清剿""扫荡",逼得刘华清等人没有一个固定住地，三天两头就要转移。好在他们地形熟，藏进悬崖绝壁或山洞里，才多次逃过了劫难。

不论物质条件的艰苦，还是精神上的苦痛，都没能打到刘华清。在郑位三、吴焕先的配合下，红二十五军、鄂东北道委相互配合，到 1934 年 8 月终于扭转了鄂豫皖斗争形势。

1934 年 12 月 10 日，红二十五军长征到陕南商洛地区。中共鄂豫陕省委决定在鄂豫陕边创建新苏区。创建新苏区的日子里，军政治部（主任郑位三）创办了《战士报》，报纸由谁来负责呢？

在长征开始之初，刘华清曾被军领导口头宣布担任组织科长，可是正式命令一直没有下。一次夜行军中，郑位三对刘华清说："经军领导研究，由你担任宣传科长，原宣传科长郭述申担任军政治部副主任，另有工作安排。"刘华清对郑位三一直很尊敬，二话不说就接受了安排。作为宣传科长，《战士报》自然由刘华清负责。

当时，《战士报》起了很大作用。许多平时没有时间讲的事，通过报纸做了宣传，而且效果不错。军领导也很关心这张报纸，时任军政委吴焕先多次给刘华清以指示。一天，刘华清正在编稿，吴焕先来了，诚恳地说："报纸的稿子要短一些，稿子要到连队去约，要动员部队的干部多写稿子，反映部队的情况。"有时候，吴焕先还亲自写稿子。刘华清清晰地记得："有一篇叫《骑马大王》的稿子，就是吴政委写的。这是一篇批评稿。当时，'二二三团'团长常玉清喜欢骑马抖威风，一些干部战士对他意见很大，但谁也不敢批评他。吴政委在稿子中对他进行了批评。"文章在报纸上刊发后，不仅批评帮助了常团长，而且教育了全军干部战士，密切了官兵关系，"骑马大王"的名字也在全军传开了。郑位三、郭述申等领导也经常亲自写稿。报纸还经常刊登一些政治工作经验、群众工作经验等，短短几句话，就是一条消息，对部队很有指导意义。在刘华清主持下，《战士报》很快成了全军上下都很关心的报纸。它虽然简单粗糙，但很及时，也很实际，富有战斗力，对部队创建新苏区起到了积极作用。

刘华清同志具有坚定的共产主义理想信念和坚强的党性。在 80 多年的革命生涯中，他始终以党的事业为重，无论是生死关头，还是身处逆境，都百折不挠，奋斗不息，体现了对党和人民的无限忠诚，对革命事业的矢志不渝。他把毕生精力献给了波澜壮阔的中国革命、建设和改革的伟大事业。

八、人民的战将

王近山（1915—1978），汉族，男，原名王文善。1930 年参加中国工农红军，同年加入中国共产主义青年团。1932年成为中国共产党党员。15岁从军,16岁任连长,不到20出任副师长,21岁当师长,32岁当纵队司令员,34岁当兵团副司令员兼军长,先后跟着徐向前、刘伯承南征北战。王近山驰骋疆场二十载,从土地革命战争、抗日战争、解放战争,乃至抗美援朝战争,他身经百战,七次负伤,战功累累,于1955年被授予中将军衔。其回忆文集被邓小平亲笔题词誉为"一代战将"。他还是电视连续剧《亮剑》主人公李云龙的主要原型。李先念曾为其题词"人民的战将"。

1915年10月11日,王文善出生在湖北省黄安县桃花区许家田村一个贫苦农民家庭中。他的母亲早亡,为了活下来,他8岁开始给地主放牛,13岁就给地主当长工。1930年,赤色风暴席卷大别山,一位詹姓中共党员给王文善讲了他从未听过的道理。童年的苦难使这位有着成吉思汗血统的少年对外面的世界充满了向往,因此他毫不犹豫地选择加入红军。他改掉了自己文绉绉的名字,希望自己像大山一样坚强起来,因此新名字便为"近山"。

王近山好战、好斗,一生中打过许多大仗、硬仗、恶仗、苦仗。就连他自己都说:"我这个人别的不会干,打仗是我的本行。"在一次与敌人的缠斗中,他抱着必死的信念与敌人双双跌下山崖,敌人当场死亡,而王近山只是头部被一个圆锥状的石头戳了个洞。后来,他就有了"王疯子"这个称号。他也不负这个称号。尽管王近山后来当上了团长,但在每次的战斗中他仍冲在最前面,甚至在攻城战中直接抢下士兵的梯子,率先登城。一旦警卫员为了他的安全将他拖到安全地界,都会急得他又踢又咬。连毛主席都说红四方面军有个王疯子。

1947年8月,刘邓大军千里跃进大别山,其中的开路先锋便是那一代猛将王近山和他那能征善战的六纵。面对后有追兵,前有敌师的生死关头,面对刘伯承的"狭路相逢勇者胜"和邓小平的"不惜一切代价,坚决打过去!",王近山虎吼一声:"传令全纵队,狭路相逢勇者胜,杀开血路,突过汝河!"[①]从黑夜到天明,六纵突击队用血肉之躯生生在汝河南岸为全军拼出一条长达10公里、宽近4公里的通路,这终让刘邓大军的后续力量得以快速渡河,顺利通过千里跃进之路上最困难最险恶的屏障。

王近山不仅有徐帅之勇,还有刘帅之谋。1948年6月下旬,王近山接到命令,为了有力地配合华东野战军在鲁南、豫东战场的作战,要求攻下"铁打的襄阳"。在反复思索后,王近山舍弃了传统的"攻城先攻山",大胆的"撇山攻城,主攻西门"。王近山带领6纵队,使用"掏心"战术,"刀劈三关",造成从南面攻城的假象,而后直捣敌人军事力量布置最强的西门。[②] 该战术一上报指挥部,就得到了刘伯承和邓小平双重赞许。

---

① 祝小茗.一代战将王近山[J].党史文汇,2017(5).
② 宋凤英.善打恶仗硬仗的王近山[J].党史博采(纪实),2016(8).

邓小平欣喜地说："王近山有两个难得：一是别人叫苦的仗他敢主动要求打，这是勇；二是打硬仗有讲究，这是谋，二者兼得。"在王近山硬攻下来两关后，面对最难过的第三关铁佛寺，他指挥部队改变打法，用挖交通壕的办法迫近敌人。通过地面和地下的双重夹击，终攻克铁佛寺，让襄阳完全暴露在我军面前。历经一夜血战，王近山带领部下全歼敌两万余众，活捉特务头子康泽。王宏坤就曾评价过王近山："作战中，王近山'硬'，硬得像钢。无论条件多么艰难，给他的任务也能完成，让人放心，让人满意。他带的部队，进攻攻得上，防守守得牢。"

"宝剑锋从磨砺出，梅花香自苦寒来。"幼时的苦难，动乱的时世，王近山变得如同山一样的坚强，如同亮剑一般锋利，不愧为"人民的战将"。

◆ 第三节　大别山地区的革命群众

人民群众是历史舞台上的主角，在新民主主义革命中，他们紧跟党走，深明大义，用朴实的感情和无私的付出，为革命事业奉献自己的力量，他们也是当之无愧的英雄。

一、红军干娘

周家姆（1894—1956），本名程代英，1894年出生于麻城市顺河西张店的一个贫苦农家。当时的中国，正处于水深火热之中，同无数仁人志士一样，周家姆的丈夫王良喜也投入轰轰烈烈的革命中。受到丈夫革命思想的影响，周家姆也逐渐走上革命道路。1927年，时任乡苏维埃主席的王良喜在黄麻起义后牺牲了。丈夫的牺牲，没有动摇周家姆革命的信心，她家依然作为红军的立脚点和干部的联络处存在。周家姆常为红军小战士们烧水、洗衣、拉家常，这些红军小战士也亲切地称周家姆为"干娘"。

1928年5月的一天傍晚，红军团长王树声（后来的开国大将）被国民党反动派追杀，逃进了麻城市西张店村。紧接着就传来街头的喊声："抓住王树声赏大洋两百！"已跑到周家姆家门口进退两难的王树声，借着微光，看到周家姆靠在门框边向他招手。周家姆什么话也没有说，一把将他拉进屋里，轻悄悄地关上大门，将他隐藏在自家的夹墙里。搜寻半天没抓到人的敌营长气得暴跳如雷，便将西张店的男女老幼集中起来，并扬言："如果你们敢私藏红军，我们就要血洗西张店，把西张店变成无人村!"周家姆担心国民党真的屠杀村民,因此就在敌人点燃火把、架起机枪、准备扫射的危急关头,站了出来,说:"王树声在我家里。"当时在场的许多老百姓都在嘀咕,骂周家姆是胆小鬼,是叛徒,甚至还有人对着她吐唾液。几十个持枪的敌人随她向家里走去。周家姆又说:"王树声带有双枪,你们躲在门口,我去把他哄出来。"敌人信以为真。周家姆进屋后,叮嘱王树声藏好,然后让自己的大儿子王政道换上了王树声的衣服,伪装成王树声的形象。没多久,周家姆就将王政道领到了国民党反动派面前,说:"这就是王树声!"在场的老百姓看到这一幕,纷纷流泪,这才领悟到周家姆的良苦用心。周家姆原本以为敌人在核实身份后,发现抓到的人不是王树声,就会放人。但不承想,心狠手辣的敌人为了尽快完成任务,第二天就在西张店河南面的沙滩上将王政道处决了,还残忍地将他的头颅挂在城门上示众三天。周家姆得知后,瘫坐在地上,悲痛欲绝。就这样,这位伟大的母亲用自己孩子的性命挽救了王树声和全村人的性命。

不久之后,周家姆的二儿子在1929年敌人的一次"清乡"中也被杀害了,周家姆却没有丝毫犹豫,她像当时万千鄂豫皖革命母亲一样,毅然决然地将自己的三儿子和四儿子送进部队,继续参加革命斗争。后来,周家姆的三儿子和四儿子在长征途中,一个牺牲在甘肃,一个牺牲在四川。至此,周家姆为革命牺牲了五位亲人。

一晃20多年过去了,直到1951年,王树声大将回到了久别的故乡,他念念难忘周家姆的恩情,他找遍了附近的村庄,但都打听不到周家姆的下落,王树声心中十分失落。或是赤子之心感动了"上苍",机缘巧遇,王树声终于在河边见到了在外漂泊多年正回家乡的周家姆大娘。王树声大将千言万语化作了一句,对着周大娘颤抖地喊道:"娘,以后我就是你的儿子,是你的亲儿,是你的政道,我养你!"从此以后,王树声大将就把周家姆大娘当成自己的母亲,一直尽心奉养她,直到周家姆在1959年6月因病去世。

在大别山这块红色的热土上,涌现了千千万万个像周家姆这样的革命英雄,正是他们这种紧跟党走、大义无私的革命精神才创造了大别山"28年红旗不倒"的革命奇迹。

二、舍身跳悬崖的女英雄

晏春山(1893—1933),出生于湖北省黄陂县北乡木兰山附近的一个贫穷农民家庭。14岁时因生活所迫,到武汉纱厂当童工。饥寒交迫的生活和工厂斗争实践,使晏春山成长为一名坚强不屈、勇于献身的新女性。1926年冬,北伐军占领武汉后,共产党动员有觉悟的工人、学生，到农村宣传革命。晏春山积极响应党的号召，随丈夫回到河南省光山县潘家湾（今河南新县郭家河），与当地党组织取得联系，做革命工作。1927 年冬，在黄安杨家湾，晏春山光荣地加入了中国共产党。

1929 年，晏春山亲自带领潘家湾一带贫苦农民参加了白沙关暴动，并选为乡妇女主席。同年冬，在她的发动下，她所在的乡有 30 多名青年参加了红军。在艰苦的战斗年月里，她经常装扮成卖烧饼、油条的小贩来往于七里坪、潘家湾和郭家河一带，散发传单、搜集敌情。她四处奔走，宣传革命，照顾红军伤病员，串联发动群众，购买并秘密运送粮食、食盐、药品、电池等日常生活用品给红军，为根据地的巩固和发展做出了很大贡献。

1933 年 5 月 17 日，由于坏人的告密，晏春山不幸被捕，落入了敌人的魔掌。敌人把晏春山带到郭家河敌保安团团部，进行严刑拷打和审问，妄图从她嘴里得到地下党和红军游击队的去向。她毫不畏惧，且牢记"保守党的机密"的入党誓言，一言不发。敌人气急败坏地施行残暴手段，灌辣椒水，上压杠，钉竹签，烧烙铁烫等。极度的痛苦并没有使晏春山屈服，她想：一名共产党员决不能在敌人面前给党抹黑，为人民保存革命力量，保守党的机密，就是粉身碎骨也在所不惜！她仍然守口如瓶，敌人一筹莫展，无计可施。

凶恶的敌人并不就此罢休，将她双手反绑着，歇斯底里地狂叫："今天，你要是想活，就带我们去找游击队，找到了，立刻放你。想死，很容易，就在山上用石头把你砸死！"面对敌人的威胁，晏春山同志面不改色心不跳，一字一顿地说："走，跟我去找游击队！"她从容地站起来，强忍着身上的剧痛，拖着沉重的脚步，坚定地朝远山走去，敌人荷枪实弹紧随其后。

晏春山边走边环顾四周，看到俊秀的山峰、清澈的河谷、金黄的山岗、善良的人们，她是那样的依依不舍。但当看到眼前那一片片被敌人烧毁的房屋、一群群面黄肌瘦的难民，不禁怒火中烧。那时，红军游击队驻在西北方向，她却把敌人引向西南的鸡公寨。由于受刑过重，上山走不动，脚拖着地，鞋袜也磨破了，沿路拖出了一条长长的血迹。当走到大花台崖顶时，晏春山转身面向群敌，昂首挺胸，怒目而视，愤怒地说："狗强盗，吃人的野兽，你们的日子不会长久的，共产党人是杀不绝的，红军游击队就在这崖下边，跟我一块去找吧！"说完她纵身跳下悬崖，壮烈牺牲！这位平凡的女性，普通共产党员，在空中演绎了一曲撼天动地的悲壮之歌。

为了纪念女烈士跳崖的英雄壮举，当地群众把这道崖取名为烈女崖。没有人不怕疼，也没有人不怕死，但有千千万万个像晏春山同志一样的烈士，为了伟大的革命事业，流尽了鲜血甚至牺牲了生命。

三、大别山的女医官

戴醒群(1917—1939),1917年出生于湖北省红安县七里坪镇上戴家村一个书香世家。幼年读过私塾,后辍学参加当地农民运动,组织学生和当地青少年成立儿童团、少先队,配合村、乡政府,打土豪,分田地。1929年底,加入中国共产主义青年团。1930年,进入鄂豫皖红军总医院工作,同年加入中国共产党。在总医院,她先后任看护班长、看护长、医务主任等职,多次克服重重困难,转移一批批伤员,由于她勤奋好学,对医疗技术精益求精,很快成为小有名气的"女医官"。

鄂豫皖苏区第四次反"围剿"失败后,红四方面军主力撤离根据地,挺进川陕,留下了大批伤病员,戴醒群被留下照顾伤病员。

1934年,红二十五军离开苏区时,设在天台山地区的红军总医院里还收容了二百多名伤病员,为了他们的安全,戴醒群又主动留下,继续坚持后方医院工作。在几十万敌军围追堵截、封锁搜山的恶劣环境里,她一会儿将伤病员转移到山洞,一会儿又转移到庙宇,机智地与敌人周旋。为了使伤病员得到治疗,她经常带着医护人员攀悬崖、爬峭壁,到人迹罕至的深山老林中去采草药。一有机会就把留在医院工作的青年集中起来,讲授有关医务学、药物学等基本知识,教他们战场救护和简易外科手术操作。一次,红二十八军送来一百多名重伤员,戴醒群立即把医务人员分成几个小组,分头救治护理,她一天要给十几个人做手术,实在累得不行,就在地上躺一躺。当听说红军战士张经发在战斗中大腿骨被打断,弹头还留在骨头里,伤口化脓流血,疼得死去活来,戴醒群连夜翻山越岭,赶了十多里山路,在隐蔽的山洞里为张经发做手术,取出了碎骨和弹头,挽救了这位战士的生命。

戴醒群十分爱护伤病员,她把伤病员看作亲人,不但认真治病,而且千方百计照顾他们的生活。有一段时间,敌人实行严密封锁,医院没有办法同山下的群众和便衣队联系,粮食匮乏,她就组织大家挖野菜、采树叶、摘野果充饥,把仅有的一点点粮食省下来煮粥分给伤员吃。在后方医院转移的时候,不管多么困难,多么紧急,她总是亲自参加担架队,抬着重伤员转移,想尽办法不丢下一个伤员。戴醒群就是这样以她高度的责任心、娴熟的医疗技术和周到细致、任劳任怨的医德医风,克服重重困难,给伤病员以温暖和希望,使一批又一批的伤病员康复,重返前线。

1937年3月,在一次战斗中,国民党军搜山清剿,戴醒群不幸负伤被俘,被关进河南经扶(今新县)监狱。在狱中,她鼓励难友们坚定政治立场,采取各种办法同国民党反动派的无耻行为进行斗争,始终保持了高尚的无产阶级革命气节。"七七事变"后,经共产党营救戴醒群被释放,旋即被分配到新四军第四支队后方医院任医务主任。1939 年 1 月,鄂东抗日游击挺进队改编为国民革命军陆军第二十一集团军独立游击第五大队,她奉调到五大队任医务主任。

1939 年 9 月 1 日,在抵抗"夏家山事件"分路突围中,身怀六甲的戴醒群为掩护伤员不幸被捕。戴醒群被捕以后,敌人知道她是张体学的妻子,要她发表与张体学脱离关系的声明。戴醒群拒绝了敌人劝降,痛斥道:"你们这些卖国贼,不打日寇而残害坚决抗日的新四军,良心何在? 你们还是中国人吗?"敌人见软的不行,就对她施加酷刑,戴醒群坚贞不屈,视死如归。极端残忍的敌人对她采用了最野蛮、最无耻的分尸酷刑。戴醒群英勇牺牲,年仅 28 岁。

虽为女儿身,但巾帼不让须眉,戴醒群为了理想信念,将自己短暂的一生奉献给了革命,奉献给了伤员,坚贞不屈,视死如归,用实际行动诠释了对党的忠诚,对家乡的热爱。

四、大别山永远的歌者

王霁初(1893—1932),我党优秀的文艺工作者。1929 年参加革命,从事革命文艺宣传工作。1930 年初,他参加筹建商城县苏维埃"红日剧团",并担任团长。在火热的革命斗争生活中,王霁初以深厚的艺术功力和饱满的革命激情,利用大别山区民间文艺的传统曲调,经过加工整编,创作了《八月桂花遍地开》《送郎当红军》等许多流传久远的革命歌曲和新剧目。

1929 年 12 月 25 日,红三十二师智取王霁初的家乡河南商城,全城家家挂红布,人人系红带欢迎红军进城。王霁初按捺不住喜悦的心情,连夜编出歌颂革命斗争的歌曲《打商城》。红军负责同志见王霁初有深厚的文艺功底,便动员他从事革命文艺宣传工作,王霁初由此参加革命。同年 12 月 27 日,在庆祝商城县城解放和县苏维埃政府成立大会上,王霁初采用商城民歌《八段锦》的曲调重新填词谱写的《八月桂花遍地开》开始传唱。这首曲调欢快的革命歌曲一经诞生就传遍了鄂豫皖苏区,并逐渐响彻全中国。一大批农民在这首歌的启发下参加革命,与旧势力做斗争。

1930 年 3 月,红 32 师和赤城县委、县苏维埃政府撤进南部山区,城里随军撤走的有几百人。有个别人受不了山里的艰苦生活,暗地劝王霁初一起脱离革命,回家经营产业。王霁初断然拒绝,决心留下来继续为党做工作。王霁初本出生在富裕家庭,参加革命后,红军的生活极为艰苦,但他始终能和士兵们一起同甘共苦,在生活上从没一点特殊要求。在红色根据地,王雯初带领剧团四处奔走,跋山涉水,风餐露宿,为苏区人民演出,配合党的中心工作进行宣传教育。红军打了胜仗、区乡成立苏维埃、欢送子弟兵参军、土地改革、欢迎白军士兵起义投诚等,他们都去演出慰问。有时路经白区,冒着枪林弹雨冲过封锁线。碰到反动分子干扰破坏,王霁初和演员们毫不畏惧,勇敢与敌人斗争。红日剧团的足迹,几乎踏遍了整个鄂豫皖苏区。剧团不但演出,而且走到哪里,就把革命歌曲教到那里。当时整个苏区群众,大人小孩都自觉不自觉地学唱革命歌曲,开会唱,甚至连走路、到田里生产也唱。革命歌声,牵动了多少人的心,在歌声的鼓动下,人们踊跃参军;在歌声的激励下,人们勇敢地与国民党反动派斗争。1931年8月18日,皖西特委在向党中央报告中说:"商城红日剧团有经常的演出和按期的演习,成绩尚好。"充分肯定了红日剧团的成绩和作用。

1932年10月,红四方面军在第四次反"围剿"失败后,进行了战略转移,随后又建立了川陕革命根据地。王霁初跟随主力部队到了四川。但从那以后,家乡的人就再也没见到他了。新中国成立后,听回家探亲的老红军说:"他在红军入川后的一次战斗中牺牲了。本来已冲过了封锁线,可是他发现装材料的文件袋丢了,就是装的那些歌呀、戏呀的大袋子,他要回去找,大家说有危险,他说那是他一辈子的心血,是他的生命,是党的财富,他坚持返回去寻找……"最终,他为那个文件袋献出了宝贵的生命,年仅39岁。

在革命道路上,王霁初是一名坚强的文化战士,他的名字,他的功绩,为人民的解放事业而奋斗终身的精神,将同他创作的歌声一起,响彻大别山。

五、视死如归的"蓝衣"先生

张南一(1878—1927),又名香奎,出生在黄安七里坪柳林河村一个贫苦农家,1925年加入中国共产党,原七里区农协会委员、七里坪革命法庭首任主席。自幼聪慧好学,父亲病逝后跟随外乡人学打鼓说书,遍阅史书,勤奋苦练,身穿蓝色长衫,走街串巷,被乡民们称呼"蓝衣先生"。1926年秋,北伐军攻克占领武昌,黄安农民运动兴起,张南一怀着对封建剥削阶级的满腔仇恨,参加了革命,立誓跟党干革命,粉身碎骨不回头。

大革命失败后,中共黄安县委根据党的八七会议精神,重建防务委员会,以此作为农民起义的公开领导机关。擅长做革命宣传工作的张南一被任命为七里区防务委员会宣传股长。他按照党的指示,深入宣传党的"八七"会议精神,以鼓书艺人的身份为掩护,从事革命宣传活动,动员贫苦农民参加防务委员会,鼓动大家发动武装起义,打倒土豪劣绅,没收土地财产。在他的宣传、组织和影响下,柳林河、古峰岭、颜邹家等地的群众纷纷响应党的号召,加入义勇队的行列,武装起来,参加了"九月暴动"和黄麻起义。

1927 年 4 月,湖北省红安县七里坪地区农民协会按照董必武的指示,成立了以审判土豪劣绅为主要职能的七里坪革命法庭,张南一被选为首任庭长,上任的第一案就是公开审判自己的亲舅舅。张南一大义灭亲之举赢得了老百姓的爱戴和尊敬,沉重打击了当地反动势力。人们口耳相传,说村里有个张南一,思想进步,侠肝义胆,是老百姓的希望。可是这话传到敌人耳朵里,张南一便成了敌人的"眼中钉"。

1927 年 12 月,国民党进占黄安,七里区处于白色恐怖之中,张南一也成了敌军重点通缉对象。一日,张南一回到家中,准备带几件衣物后转到外地活动。不料,敌人通过"坐探"打听到他的行踪,很快包围了柳林河。家乡群众把他藏进一间房屋的夹墙里。敌人搜不到张南一,便将全村老幼 300 多人驱赶到稻场上,发疯似的吼叫道:"不交出张南一,你们一个也别想活!"随着几声枪响,一位老人倒在了血泊中。"你们这些丧尽天良的狗东西,竟然伤害无辜群众,我就是张南一,请便吧!"张南一按捺不住心中的怒火,挺身而出。全村人得救了,他却落入魔掌。

在七里坪敌军营部,敌营长给张南一松了绑,佯装笑脸道:"只要你肯悔过,我马上放了你。"张南一轻蔑一笑,愤然答道:"头可断,血可流,不革命是万不可能的!"敌营长见软的不行,便来硬的。张南一无数次被打得昏死过去,又一次次被刺骨的冰水泼醒。尽管张南一被折磨得奄奄一息,而敌人所得到的"供词"依然是"我活着就要革命"这句铿锵有力的誓言。

敌人软硬兼施,无济于事,从绝望到疯狂,便用铁丝将张南一的肩胛骨和脚后跟穿起来,推到七里坪西门外的沙滩山,逼着他向早已挖好的沙坑走去。他每挪一步,就要经受一阵撕心裂肺般的疼痛,地上的鲜血凝出一串长长的脚印。敌营长指着沙坑对张南一说:"看你还革不革命?"张南一视死如归,愤怒地回答:"老子生是革命人,死是革命鬼,再过二十年,老子还是要革命!"敌人用刀割掉了他的耳朵和鼻子,并狂叫:"还革命吗?"这时张南一的鲜血从面部流满了全身,昏倒在地。当他醒来时,他仍喃喃地说:"老子死……死了……还……还要革命……"凶残的敌人又割掉了他的舌头。随后将他推进坑中,活活掩埋。

中国共产党的优秀儿子张南一虽死犹生,他为革命事业抛头颅洒热血的崇高精神和面对敌人毫无惧色的英雄气概,永远激励着一代又一代大别山儿女奋勇向前。

六、母女同就义

冯振觉,出生于湖北黄安县(今红安)一个贫苦家庭。林清芝(1918—1933),冯振觉的女儿,红安县民政局登记在册的少年女英烈中年龄最小的一个。冯振觉在丈夫林正祥的带动以及影响下,于 1928 年开始参加革命活动。1929 年,冯振觉正式加入中国共产党,同年主动担任紫檀河党支部情报员。1930 年,平安区第二乡苏维埃政府成立,冯振觉当选为执行委员。1933 年 6 月 16 日,冯振觉和其女林清芝两人同时被捕,最终遭受迫害英勇就义。

冯振觉出身贫苦,早年受尽地主阶级的剥削,后来在丈夫的影响下开始接触共产主义,并悄悄在心中埋下了革命的火种,在那动荡年代做出了深明大义的抉择——即坚决投身于革命潮流之中,同敌人作长久斗争。1928 年秋,冯振觉开始接触并参加革命活动,以实际行动开始了她的革命生涯。冯振觉不仅自己紧紧跟随丈夫的革命脚步,还带动女儿林清芝参与到革命事业中,在她的直接影响下,林清芝不满十岁便担任童子团团长,随后还参加苏维埃宣传队,到各村开展革命宣传活动,又因表现出色被调到陂安南县政治保卫局担任审判员,其超强的判断力得到了主审官的一致好评。冯振觉敢于带动自己的女儿投身残酷艰辛的革命之中,生动展现了她的深明大义和非凡魄力,诠释了她作为一名母亲为了大别山革命解放事业舍弃小爱而倾注的无私大爱。

冯振觉的革命生涯是短暂而伟大的。她作为一名妻子,她理解支持丈夫的革命事业,并积极跟随其革命脚步;作为一名母亲,她以身作则,树立良好的模范榜样带动女儿投入革命中;作为一名革命战士,她面对敌人宁死不屈,有着极强的革命意志。1933 年,鄂豫皖根据地局势紧张,冯振觉带着女儿林清芝转移到麻城宋埠一带躲藏,开展地下工作,后不幸被地主民团的坐探发现,二人被捕。敌人用尽刑罚,企图威胁冯振觉退出共产党,并与参加红军的丈夫离婚,冯振觉断然拒绝这一荒唐胁迫。在感受到冯振觉吃了秤砣铁了心般的决心后,敌人最终决定将二人带至宝印山杀害。面对死亡,母女二人昂首挺胸、镇定从容,毫无人性的刽子手为了让冯振觉亲眼看到女儿惨死,故意先对林清芝行刑。一声枪响过后,这位还未满十五岁的女孩英勇就义,鲜血浸透了她白色的衣衫。在女儿被丧心病狂的刽子手杀害后,冯振觉被敌人用锄头和石头打昏,抛到半山腰,太阳暴晒而死,直至天黑母女的尸体才被同村人悄悄合葬于宝印山。面对敌人的胁迫,冯振觉丝毫不退让,表现出超凡的革命意志力,她给自己柔软的心尖裹上了革命的外衣,坚硬无比,是一名真正且伟大的革命战士。

有首流传至今的红色歌谣这样写道:"小小黄安,人人好汉,男将打仗,女将送饭",这句歌词展现了在鄂豫皖苏区中不可或缺的一个特殊群体,她们把"最后一碗米送至军营,把最后一尺布送去裁军装,把最后一个亲生骨肉送上前线……"她们有共同的名字——革命母亲。冯振觉便是大别山千万英雄的革命母亲之一,在那个特殊的年代,冯振觉承担着多重角色,她不仅仅是一个妻子、一位母亲,更是一名坚贞不渝的共产主义战士,尽管她没有像男子那般在战场上冲锋陷阵,但她依然用自己柔弱的双肩扛起家庭和革命的重担,以身作则,带动自己的孩子投身到革命洪流之中,用自己的信仰照亮民族未来。

　　"一寸山河一寸血，一抔热土一抔魂。"正是有无数像冯振觉一样的大别山革命母亲为争取民族解放、实现人民主权，为让后人生活得幸福、自由、平等，她们放弃了个人之爱，为民族和国家的儿女倾注了广博的大爱，才有今日这块热土的繁荣昌盛，她们永远值得后人尊敬和铭记。

七、"麻城刘胡兰"

　　万永达（1906—1934）出生于麻城乘马岗镇肖家河村的一个贫苦农民家庭。1927年，万永达参加麻城掀起的轰轰烈烈的农民运动，开始其革命生涯。1929年，万永达任肖家河村村长，1930年任顺河区11乡苏维埃主席，同年加入中国共产党，1931年任顺河区苏维埃政府委员兼11乡妇女主席。1932年，万永达参加红四方面军，后转入地方工作，最终于1934年1月16日因叛徒出卖被国民党在家门口残忍杀害，牺牲时年仅28岁。

　　万永达在革命斗争中展现了其胆大心细、有勇有谋的可贵品质。1932年秋，红四方面军第四次反"围剿"失利，红军主力转移西征。国民党地方武装清乡团、联防团等在乘马岗一带四处清剿，捉拿万永达。一方面要躲避敌人的追捕，另一方面还要继续革命活动，在这样极其险恶的环境中，万永达只好白天隐蔽在深山老林，夜晚到群众家中做联络红军伤病员及失散党团员的工作。1933年冬月底，怀着八个月身孕的万永达，被敌人清乡团围困在万字山的密林中，三天水米未沾，组织上派人秘密护送才得以虎口脱险。尽管怀有身孕行动不便，万永达却丝毫不被影响，反而采取"敌进我退"的战术，不断地与敌人周旋，为当地党组织联系失散党团员和治疗红军伤员争取了宝贵时间。

　　万永达性格刚烈，对党忠贞不屈，有着坚定的革命信仰，被后人尊称为"麻城刘胡兰"。1933年腊月初二，万永达生完孩子的第二天，因叛徒告密，被国民党围困在家中。当听到敌人凶狠猛烈的拍门声，为了防止共产党员的名单落入敌人手中，她迅速将床头暗藏的文件烧毁，将保密盒的钥匙直接吞入腹中。破门而入的敌人搜寻逼问无果，气急败坏地将万永达刚出生的孩子高高举起，企图通过挟持孩子的性命来逼她交出共产党员名单。面对胁迫，万永达愤然说道："要命有一条，要共产党的事情一句也没有！"敌人听完恼羞成怒，对她拳打脚踢，生生将她的膝盖骨踢断，又将她的孩子从高处狠狠地摔死在了地上。紧接着，敌人扣动扳机，几声枪响过后，万永达倒在了一片血泊之中。她抱着宁死不屈的大无畏革命精神，牺牲了自己和孩子，践行了自己曾在入党时对党的庄严承诺。

1947年秋,刘邓大军千里挺进大别山,在抵达麻城后,四处寻找坚守在当地的红军失散人员和党员干部,正是万永达舍生保护的那个小小保密盒为这项联络工作的展开起到了关键作用。部队首长撬开盒子,里面是一叠沾满血污的草纸,上面写着乘马岗一带38名地下党员和1000多名红军失散人员以及革命"钉子户"的名字。看到这份名单,在场的人无不流下热泪。新中国成立后,政府为万永达修了一处烈士墓,将她的遗骨从乱石岗上迁至新建的坟墓中。旧坟被挖开时,人们才在万永达的腹部发现了那把生了锈的钥匙,这才得知万永达为保护那份珍贵名单,危急关头毅然将钥匙吞入腹中,舍生赴死。万永达作为一名共产党员,她宁死不屈,保守党的秘密,用鲜血和生命践行了入党誓词,真正做到了知行合一。

那把穿越百年的钥匙,尽管早已沾满血渍、生满铁锈,我们依然可以透过它切身感受到百年前共产党人坚守的那颗初心。万永达用热血和生命谱写了国家的大孝大义,锻造了独属于大别山人民的忠勇精神和奉献精神,体现了大别山人民的家国情怀和赤血丹心。

八、"一心革命世堪夸"的徐大妈

徐正修(1886—1968),红安县七里坪徐家河人。"举国闻名徐大妈,一心革命世堪夸。妇联以彼为旗帜,试验田兼五好家。"董必武这首诗中的徐大妈,指的就是徐正修。1927年,黄麻起义爆发,革命火种撒播红安大地。徐正修积极响应,送丈夫参加红军,送大儿子参加赤卫军。徐正修自己也积极参加革命活动,被选为村妇女会干部和区苏维埃妇女会常务委员,并加入了中国共产党。就这样,徐正修一家都走上了革命的道路,湾里人都称她家为"一家红",人们亲切地叫她徐大妈。

1932年农历冬月间,国民党反动派向苏区发动进攻,徐正修的丈夫叶启俊和大儿子相继牺牲。然而,承受着丧夫失子之痛的徐正修并没有被敌人的凶残吓倒,她以坚强的意志和顽强的毅力,继续为党工作。徐正修曾说:"虽然失去了丈夫和儿子,但我还有党,有苏维埃政府。"

丈夫叶启俊牺牲后,徐正修的景况变得更差了,她只好带着小儿子三福,从红安到麻城,过着沿路乞讨的生活。即使在这样的困境中,她也依然不忘帮助革命。在麻城林家山反动地主家讨饭时,她认识了两名长工,听说地主近期有所行动,就将消息带给革命者,让他们提高警惕。还有一次,徐大妈讨饭到了娘家湾子,见到一队伪军从县城出发去锡家河。她得知新四军住在那里,于是赶紧抄小道将消息送给了新四军。事后，村民说，当我军刚刚撤退后，不远处就响起了伪军的枪声。据徐正修后来回忆："我往山里头跑，因为是小脚走田埂路很吃力，遇上下坡，我干脆一路滚下去。"

之后，徐正修和三福天天在地主家做活，那时的三福已经长到十七八岁，地主总是把最苦、最重的活给他做，徐正修也被磨成了个皮包骨头。三福性格刚强，痛恨地主这样欺压他们，下定决心："找红军去！"一天早上，他趁母亲在熟睡中，把衣服一裹，揣了几根红苕在怀里，正准备向山里跑去时，被地主的狗腿子拿着棍子追上了，二话没说，拉了就走。三福再也忍受不了地主对他的欺侮，最终上吊死了。

在敌人疯狂进攻下，革命暂时走向低潮。为了徐正修的安全，党决定让她随红军后方医院一起转移到河南新县境内的大别山腹地莲台山去。艰苦的岁月从此开始了，大家都在山上挖些葛根，采摘些野菜、野果吃。徐正修日夜守候在伤病员的身边给他们灌水、洗伤口、敷药，还经常带着伤病员唱歌谣："党是母亲院是家，为母为家把敌杀。血可流完头可断，满山开遍革命花"，鼓励他们坚持斗争。

每一位革命母亲的背后，都有一段荡气回肠的故事；每一个故事，都是一曲感天动地的颂歌。哪位母亲不是舐犊情深？拥军支前，母亲叫儿上战场，妻子送郎打东洋，不只是空洞的字眼。那一刻，她们不再只是一位妻子，不再只是一位母亲，而是一名盔甲战士，就连因母爱而柔软的心尖，也裹上了的革命的外衣，坚硬无比。她们虽为女儿身，却巾帼不让须眉，用自己的实际行动为革命做出了卓越贡献。

九、大别山革命母亲

兰桂珍（1904—1988），红安县七里坪镇程维德村人，1904年出生在黄安（今红安）县箭厂河乡（今属河南新县）一个贫苦农民家庭里，5岁时，被送往黄安县檀树岗乡程维德湾给程启忠做童养媳，1921年与程启忠结婚，先后生下4个儿子。后人称她为兰大妈。

在兰桂珍婚后不久，正赶上董必武派回一批共产党员回红安农村宣传革命思想，创办农民夜校，组织发展农民协会，使她懂得了革命的道理。自此，她积极参加农民协会组织的革命活动，担任了妇救会的宣传委员和妇女队长。兰桂珍宣传时对群众说："红军是咱们穷人的队伍，咱自己人要支持自己人。"她走乡串户发动组织妇女们做军鞋、筹军粮，帮助护理伤病员，为红军做饭，有时还组织宣传队到前线慰问红军战士，样样都冲在最前，被县苏维埃政府称为"支前模范"。

在扩大红军队伍的运动中，兰桂珍动员自己的丈夫程启忠带头参军，亲自把自己的丈夫送到招募处报了名。在她的带动下，黄安迅速掀起了妻送夫、母送子、妹送哥的参军高潮,输送了300多名青壮年参加红军。因积极参加审判地主劣绅的活动,引起了地主劣绅们的忌恨,他们企图寻找机会实施报复。

1931年的夏收时节,兰桂珍带着大儿子,刚收割完田里的稻谷,突然跑来一群地主武装的民团分子,他们二话不说就动手去抢母子俩刚刚收割完的稻谷,兰桂珍母子俩拼命阻拦,年仅9岁的大儿子因扯住民团分子死不放手而被活活打死,她的粮食也全部被抢走。这时的兰桂珍,一面承受着失去儿子的巨大悲痛,一面面对着无米下锅的困境和忍饥挨饿的婆婆和儿子们,真是难过到了极点。为了维持生计,兰桂珍无奈之下,只好带着家人四处乞讨。哪知,年仅2岁的小儿子,经受不住到处流浪和饥饿的折磨,在乞讨途中因疾病不幸死亡,这给兰桂珍又带来了一次巨大的打击。

坚强的兰桂珍没有倒下,而是更加努力地投身妇女工作。1935年,她的丈夫程启忠在龙王山战斗中光荣牺牲了。为了继承丈夫的事业,她又把两个儿子送去当红军。1937年,日本侵华,兰桂珍又动员程家六弟程启远参加抗日队伍,投身抗日战争。1947年,刘邓大军挺进大别山,她又动员程家的五弟程启家参加解放战争。后来,程家六弟、五弟先后在抗日战争和解放战争中光荣牺牲。

在残酷的战争中,兰桂珍就这样先后失去了父亲、丈夫、四个儿子和四位兄弟,共十位亲人,其中三位被确定为革命烈士。兰桂珍的全家十一口人,最后只剩下她一个人。兰桂珍曾说:"虽然没有了骨肉亲人,但我的心早已跟革命融为一体,共产党、红军就是我的亲人!"在革命最艰难的时候,兰桂珍为了支援红军作战,她把家里仅有的两亩地换成了20斗大米送给了红军游击队,自己却漂泊他乡,以乞讨为生。

在腥风血雨的战争年代,大别山地区有着千千万万像兰桂珍一样的"革命母亲",她们心有明灯,无惧黑暗,她们命运坎坷,却深明大义,他们坚定信念,不怕牺牲,他们把红色传统深植于泥土之中,把红色基因撒播于天地之间,她们的英名将永远镌刻在中华人民共和国的丰碑上,她们的风采将永远浸染着五星红旗迎风飘扬。

第五章

旧地哪寻烽烟迹　一书一物家国情

——大别山红色文化之"物"

大别山红色文化以"大别山精神"为内核，承载着革命老区的优良传统，富含着中国共产党人为民宗旨、党性观念和优良作风，能够帮助人们形成正确的世界观、人生观、价值观，能够促进社会正能量的弘扬和良好风气的形成，能够保证社会秩序的良性运行，能够激发人们的激情和斗志，能够加强民族的凝聚力和向心力，能够助力中国梦的实现。

大别山红色文化之"物"，是大别山区人民在中国共产党领导下，为实现中华民族伟大复兴奋斗的过程中形成的一系列可移动及不可移动的文物、遗址与建筑群。时间范围从 1921 年鄂东最早的共产主义团体共存社成立开始，到 1949 年中华人民共和国的成立。空间范围包括：安徽省六安市、安庆市全境；河南省信阳市、驻马店市全境，南阳市的桐柏县、唐河县；湖北省黄冈市、随州市全境，孝感市的孝南区、安陆市、应城市、大悟县、孝昌县、云梦县，襄阳市的枣阳市，武汉市的黄陂区、新洲区（《大别山革命老区振兴发展规划》，2015）。大别山红色文化之"物"是大别山红色文化资源的物质表现形式，包括红色遗址遗迹、红色遗物、红色文献、红色手稿等。

◆ 第一节　大别山地区红色遗址遗迹精选

大别山地区是我国重要的红色革命圣地，有着丰富的红色革命资源。大别山红色资源丰富、遗迹遗址数量众多，仅以黄冈地区来说，在黄冈第三次全国文物普查中，共发现近现代遗址遗迹 1017 处。其中，被公布为文物保护单位的有国家级 3 处、省级

24 处、市县级 126 处。大别山红色遗址数量众多,散布在鄂豫皖三省地区,现选取典型遗址遗迹以做展示。

一、黄麻起义和鄂豫皖苏区纪念园

黄麻起义和鄂豫皖苏区纪念园,原名黄麻起义和鄂豫皖苏区革命烈士陵园,位于湖北省红安县城关镇陵园大道 1 号。1956 年经湖北省人民政府批准修建,用于纪念在黄麻起义和鄂豫皖苏区革命根据地斗争中牺牲的烈士,占地面积 357 亩,规划面积 700 亩。纪念园主要纪念建筑物有"一碑两场两园五馆",即黄麻起义和鄂豫皖苏区革命烈士纪念碑、纪念碑广场、英烈广场、将军墓园、红军墓园、黄麻起义和鄂豫皖苏区革命历史纪念馆、黄麻起义和鄂豫皖苏区革命烈士纪念馆、董必武纪念馆、李先念纪念馆、红安将军馆。纪念园展陈面积 10984 平方米,馆藏文物 15503 件,其中国家珍贵文物 145 件(一级 2 件、二级 31 件、三级 112 件)。

黄麻起义和鄂豫皖苏区革命烈士纪念碑于 1977 年,也就是黄麻起义胜利 50 周年动工兴建,1979 年建成,2004 年投资 770 万进行了维修改造,现在纪念碑及广场占地面积 5000 平方米。纪念碑高 27.11 米,碑高的数字是黄麻起义的纪念日(1927 年 11 月 13 日)。纪念碑的碑名是由时任中共中央主席华国锋于 1978 年 4 月 26 日题写;碑座上的五角星代表着苏区人民一颗红心永远向着中国共产党;碑座两侧分别是两尊巨大的铜像,左塑红军战士高擎钢枪、奋勇向前,右塑武装农民身背大刀、高举铜锣,象征着苏区军民团结一心、一往无前、威武不屈的英雄气概;碑座前方是用汉白玉雕成的花圈,由苍松翠柏和向日葵组成,象征着革命烈士的精神万古长青;碑座正面塑有五星碑徽,象征着苏区儿女一颗红星永远向着中国共产党。碑座下方的碑文是 1987 年中共湖北省委和湖北省政府篆刻的,介绍了从 1927 年黄麻起义至 1949 年全国解放这 22 年间的革命战争历程;碑身两侧分别刻有老一辈无产阶级革命家董必武、徐向前、李先念、叶剑英的题词;题词下方是两幅巨幅浮雕,展现了在中国共产党的领导下,苏区人民在黄麻起义和鄂豫皖革命根据地的斗争中前仆后继、不胜不休的壮丽画卷。这不由让我们想起红安老小皆知的一首铜锣谣《黄安颂》:"小小黄安,人人好汉;铜锣一响,四十八万;男将打仗,女将送饭。"这首歌谣形象地演绎了当时的战斗情景。

黄麻起义和鄂豫皖苏区革命历史纪念馆于 2006 年 5 月 28 日奠基,历时一年半的修建时间,于 2007 年 11 月 13 日黄麻起义八十周年纪念日对外开放。纪念馆占地面积约 5000 平方米,建筑面积 6200 平方米,展出面积 5000 平方米。历史纪念馆以序厅大型雕塑《大别山雄风》开篇,以尾厅大型组合照片《将军摇篮》结束,以《黄麻惊雷》《商南烽火》《皖西烈焰》《赤区新貌》《鏖兵大别》《浴血孤旅》六个单元展出，着力展现了鄂豫皖革命根据地"英雄的山、英雄的人民、英雄的业绩、英雄的精神"，充分运用声、光、电、半景画、大型沙盘模型、置景等艺术手段，陈列具有强烈的震撼力和感染力。

二、七里坪革命旧址群

红安县七里坪是鄂豫皖革命根据地的摇篮，在中国革命史上占有举足轻重的地位，在这块红色的土地上，发生过许多影响中国革命的重大事件。大革命时期，共产党员在这里发动工农运动，打击反动土豪劣绅。土地革命时期，这里是郑位三等同志将党的"八七"会议精神向黄麻两县党组织传达的地方，是"黄麻起义"的策源地。鄂豫皖革命根据地形成之后，七里坪是其早期的政治、经济、军事、文化的中心区域，曾设有列宁小学、工会、鄂豫皖苏维埃银行、中西药局、革命法庭、经济公社、合作饭堂、鄂豫皖特区苏维埃政府、政治保卫局、鄂豫皖军事委员会、彭杨军政学校等机构。红四方面军在这里诞生，红二十五军在这里重建，红二十八军在这里改编。抗战期间，鄂豫皖地区的国共两党在这里举行合作谈判，红二十八军在这里集结，改编为新四军第四支队，并在这里举办抗日干部训练班（该训练班是全国除延安外的三大著名训练班之一），新四军第五师在此开辟敌后抗日根据地。解放战争时期，刘邓大军南下挺进大别山，在这里与黄安游击队汇合。这里孕育了秦基伟、徐深吉等 18 位共和国将军，素有"中国第一将军镇"之称。

从党组织建立到迎接全国解放，七里坪一直是鄂豫皖和大别山地区革命斗争的中心区域，发生过一系列重大的历史事件，留下了一大批珍贵的历史遗存，这些历史遗存几乎遍布七里坪的每个乡村，37 个文物旧址于 1988 年被国务院公布为第三批全国重点文物保护单位——"七里坪革命旧址（群）"，其中七里坪镇区内就有 18 个。2005 年11 月，七里坪革命史陈列馆被提升为七里坪革命纪念馆，被中宣部公布为第三批"全国爱国主义教育示范基地"。七里坪众多的历史遗存，再现当年的革命斗争环境，是党员群众接受革命传统教育的理想场所。

三、李先念故居纪念园

李先念故居位于红安县高桥镇长丰村李家大屋。1992 年，故居被湖北省人民政府公布为湖北省文物保护单位，2006 年，被国务院公布为全国重点文物保护单位。

2008 年初,湖北省政府 1 号专题会议决定成立李先念故居纪念园管理处,经逐步改造、兴建,纪念园现由李先念故居、李先念故居纪念馆、李先念图书馆等主体建筑和牌坊式门楼、停车场、围墙、综合服务房等附属设施组成,占地面积 300 余亩,建筑面积 4300 平方米,是全国 12 条红色旅游精品线路之一、国家 4A 级旅游景区。故居纪念馆后面,是美国"飞虎队"前飞行员格伦·本尼达先生的墓地。纪念园展现了李先念同志青少年时期的成长环境。

此外,黄麻起义和鄂豫皖苏区纪念园中建有李先念纪念馆。纪念馆于 1997 年 6 月 21 日正式开馆。2012 年 10 月重新维修改建。陈云同志题写馆名。该馆占地面积 5500 平方米,建筑面积 3305 平方米。纪念馆依山傍势,气势恢宏,造型典雅。以序厅李先念全身铜像及大型浮雕开篇,分九个单元展出,充分运用声、光、电、多媒体景观、壁饰型景观、多维动画演示等艺术手段,介绍了李先念在 66 年的革命岁月中,从一个普通的木匠成长为举世瞩目的将军,从农民的儿子成长为国家主席的光辉历程。

四、陈潭秋故居

陈潭秋故居是中共一大代表、党的创始人之一,杰出的无产阶级革命家,伟大的共产主义战士陈潭秋诞生、青少年时期学习和生活过的地方。陈潭秋曾任中共武汉区委书记、江西省委书记、满洲省委书记、福建省委书记、中共中央组织部秘书、新疆"八办"负责人等重要职务,是五届、六届候补委员和中央审查委员、七届中央委员,1943 年被反革命军阀盛世才秘密杀害。

陈潭秋故居始建于清代,砖木结构,原建筑为一进七重近千平方米,1927 年被国民党全部烧毁,仅存红石门柱。1979 年,经中共中央宣传部批准,原中共黄冈县委在原址按原貌部分复修了一进两重"陈潭秋故居",李先念同志于 1980 年为故居纪念馆题写了馆名。故居于 1993 年被省政府确定为"省级文物保护单位",1995 年、1998 年被省政府命名为全省"爱国主义教育示范基地"和"革命传统教育基地"。陈潭秋故居红色旅游经典景区 2015 年被批准为 AAA 景区。

陈潭秋故居坐北朝南,土木结构,整栋建筑中间有 1 个天井、青瓦粉壁、木柱石础,古朴典雅,具有典型的鄂东院落式民居建筑风格,充满浓郁的鄂东乡土风情。故居面积 1270 余平方米,其中主体建筑 900 平方米,庭院和道路建设面积 370 平方米。主体建筑坐北朝南,中轴对称布局,由"陈潭秋故居""策公楼""陈潭秋生平事迹展"等组成。故居一进两重,面阔五间,砖木结构,第三重为"策公楼"和"陈潭秋生平事迹展",有单独院门进出并与故居相连相通。

五、董必武故居

董必武(1886—1975),原名董贤琮,又名董用威,号璧伍,湖北省黄安(今红安)县人,中国共产党的模范的领导者,是中国共产党的创始人之一,中华人民共和国的缔造者之一,杰出的无产阶级革命家、马克思主义的政治家和法学家,是中国共产党第一代领导集体的成员和国家的重要领导人。

董必武故居位于红安县城老街的中心地带,始建于清代其曾祖父时代,后经历代增修而成。原为三进两院,1928 年 6 月,部分建筑被国民党政府烧毁。1977 年,红安县革命博物馆将未被烧毁的第三幢建筑按原貌予以修复。现存建筑坐西朝东,面阔 6 间,砖木结构,占地面积 354.6 平方米。故居是董老的诞生地和青少年时期生活求学的地方,也是其早年人生逐步走上革命道路的见证,具有重要的历史价值。故居每年接待大量游客,已成为全国著名的爱国主义教育基地和游览圣地。2008 年,被国务院公布为第六批全国重点文物保护单位。

六、鄂豫皖苏区首府革命博物馆

鄂豫皖苏区首府革命博物馆位于河南省新县城南凤凰山麓,始建于 1984 年,占地面积 288 亩,由主展馆、鄂豫皖苏区将帅馆、英雄山、大别山国防教育园四部分组成。馆名由原国家主席李先念题写。主展馆为仿古建筑,古朴庄严,气势恢宏。《红色大别山》全面系统地介绍了鄂豫皖革命根据地的斗争历史。鄂豫皖苏区将帅馆是全国唯一一座集中反映曾在鄂豫皖苏区战斗过的 349 位开国将帅事迹展馆。英雄山由入口广场、红旗飘飘雕塑、铁索吊桥、十亩桃园等组成。主题雕塑"红旗飘飘",喻示着在大别山区诞生的 8 支红军队伍和在这块红色土地上进行的革命斗争生生不息,火种不灭,红旗不倒。大别山国防教育园陈展有中国工农红军的第一架飞机——"列宁号"模型机和已退役的坦克、大炮等兵器,是青少年接受国防教育的理想场所。目前,该馆是全国爱国主义教育示范基地、全国百个红色旅游经典景区、国家一级博物馆、国家AAAA 级旅游景区、全国人文社会科学普及基地、全国中小学生研学实践教育基地、河南省社会科学普及教育基地。2008 年 3 月正式面向社会免费开放,每年接待游客达 60 余万人次,是河南省优秀免费开放博物馆。

七、鄂豫皖苏区革命烈士陵园

鄂豫皖苏区革命烈士陵园建于1957年,占地330亩,由大门、烈士浮雕墙、烈士纪念碑、烈士纪念堂、革命斗争史陈列室、吴焕先半身塑像、烈士纪念亭、烈士墓地八大部分组成。大门为现代建筑,园名由原国家主席李先念亲笔题写。烈士浮雕墙用花岗岩雕塑而成,生动反映了鄂豫皖苏区三支主力红军诞生、农民武装斗争和苏维埃政权及党组织建立的宏伟历史场面。烈士纪念碑高13.1米,正面有朱德亲笔题词:革命烈士永垂不朽!烈士纪念堂存放有各个时期的烈士英名录,陈列着鄂豫皖苏区创始人之一、红二十五军政委吴焕先等著名烈士事迹介绍,珍藏着一代名将许世友等将军和烈士珍贵遗物。革命斗争陈列室主要反映鄂豫皖苏区首府人民的革命斗争历程和鄂豫皖苏区各个革命斗争时期的重大历史事件。吴焕先半身塑像由青色花岗岩底座和汉白玉半身塑像组成,底座镌刻有李先念、徐向前等领导人题词。烈士纪念亭为仿古建筑,登上亭台,可俯瞰新县山城风光。烈士墓地松柏叠翠,环境幽静。安葬着近百位烈士和红军将领的骨灰,其中鄂豫皖苏区创始人之一郭述申、共和国著名将领吴先恩、张池明电影《五更寒》主人公原型刘名榜、《三大纪律八项注意》歌曲创作者之一程坦均安息在这里。鄂豫皖苏区革命烈士陵园是全国重点革命烈士纪念建筑物保护单位,属国家级爱国主义教育示范基地。这里依山傍水、环境优雅,是旅游、休闲、娱乐、接受革命传统教育的理想场所。

八、新县中共鄂豫皖中央分局旧址、红四方面军总部旧址

新县中共鄂豫皖中央分局旧址、红四方面军总部旧址位于新县城关首府路,为全国重点文物保护单位。中共鄂豫皖中央分局成立于1931年5月,既是中共中央的代表机关,又是当时鄂豫皖苏区的最高领导机构。分局旧址内保存有鄂豫皖中央分局会议室,鄂豫皖省委办公室,省委宣传部、省委组织部、妇女部、少共鄂豫皖分局等办公场所。红四方面军1931年11月成立后,总部设在这里。红四方面军总部旧址内保存有政治部、参谋部、经理处等办公场所以及张国焘和徐向前的住室。

1931年2月新集解放,5月12日,中共中央鄂豫皖分局在新集正式成立。分局直隶于中央政治局,其职权代表中央而高于省委。分局委员共十一人,其中中央指定八人,即张国焘、陈昌浩、沈泽民、曾中生、王平章、蔡申熙、舒传贤、旷继勋,另补选三人,

即周纯全、郭述申、高敬亭。候补分局委员有甘元景等十五人。分局既是中央代表机关，又是鄂豫皖地区党组织的最高领导机构。鉴于这种做法不便于工作，遂根据《中央关于鄂豫皖省委的决议》又组成了鄂豫皖省委，书记沈泽民，组织部部长高敬亭，宣传部部长成仿吾，省委常委还有郑位三、汪友清（女）、耿显义等七人。第一排房屋南侧三间为成仿吾办公室兼住室，北侧三间为陈昌浩办公室兼住室。第二排南侧三间为沈泽民办公室兼住室，北侧三间为郭述申办公室兼住室。分局、省委成立后，领导了鄂豫皖人民在军事斗争中取得节节胜利，连续粉碎了敌人第一、二、三次"围剿"，同时苏区的政权建设、经济文化建设和土地革命运动也广泛开展起来。1932年夏，国民党调集重兵对鄂豫皖发动大规模的第四次"围剿"。我军在反"围剿"斗争中，由于张国焘"左"倾冒险，导致第四次反"围剿"斗争失利，新集于1932年9月9日沦陷。鄂豫皖分局机关随红四方面军撤离。当年分局下设机构，鄂豫皖省委、组织部、宣传部、妇女部、少共分局及部分领导人的住室及其生活用具至今保护完好。新中国成立后，新县兵役局、财政局、税务局干部家属先后进住。1979年省文物局拨来专款对旧址进行全面维修，恢复其原貌。

九、大别山烈士陵园

大别山烈士陵园原名岳西烈士陵园，是安徽省爱国主义教育基地和重点烈士纪念建筑物保护单位，是国家红色旅游精品线路中岳西红色景区的重要景点。大别山烈士陵园是国家级烈士纪念设施、安徽省重点文物保护单位、安徽省爱国主义教育基地、安徽省国防教育基地和安徽省廉政教育基地。陵园设有管理机构，为副科级全额拨款事业单位。陵园坐落在大别山腹地的岳西县城，处国家十二条红色精品旅游线路、百处经典景区之中，年接待旅游观瞻群众逾10万人次，是安徽省重要红色旅游景点。陵园位于安徽省安庆市岳西县城，距离都香高速岳西出口1公里，交通便利。陵园始建于1958年，占地6.6万平方米。陵园依山傍水，绿树成荫，环境优美。园内建有大别山烈士纪念馆、烈士纪念碑、红军亭、英雄群雕、百步台阶、烈士墓群等纪念设施和建筑物，风格古朴典雅、景点坐落有序，建设总面积达8000平方米。陵园大门为古典建筑，青砖灰瓦，庄重大方，步入大门后是陵园所在地干群义务修建的大型停车广场和气势恢宏的百步台阶，台阶正上方端坐着巨型英雄群雕。英雄群雕由花岗岩雕琢而成，形象地刻画了以王步文烈士为代表的一代英雄豪杰，为人民求解放不屈不挠、前仆后继、英勇牺牲的悲壮场景。

岳西是著名革命根据地，早在1924年王步文（后任中共安徽省委首任书记）就在这里开展革命活动,发展党员;1927 年建立党小组。1930 年前后在王效亭等共产党人领导下的六霍系列起义中的包家河、头陀河、黄尾河暴动和潜山地区的请水寨暴动,相继在这里爆发,并由此诞生了中国工农红军中央独立二师和霍山游击师,建立起了潜山县革命委员会和霍山县第四区苏维埃政府,开辟了以天堂为中心的面积 1500 平方公里、人口约 15 万的红色革命根据地,是鄂豫皖根据地重要组成部分。在此后五年间,这里曾是中共鄂豫皖省委、皖西北道委所在地;红十一军、红二十七军及红四方面军也先后在此休整转战。1934 年 11 月徐海东将军率红二十五军进驻岳西上坊田及英山陶家河地区,建立起一块纵横 30 余里的革命根据地,为红二十五军实施战略转移进行长征和此后建立鄂豫陕革命根据地作了物质准备和经验积累。红四方面军和红二十五军长征后,1935 年 2 月 3 日,高敬亭将军在岳西凉亭坳重建红二十八军,建立中共皖西特委和皖鄂边特委,开辟了以岳西为中心的舒霍潜太边和皖鄂边根据地,使岳西成为大别山三年游击战争时期的政治、军事中心和红二十八军的大本营,领导边区军民进行了艰苦卓绝的三年游击战争,牵制了国民党 17 万军队,有力地支持了主力红军长征。抗日战争爆发,1937 年 7 月,鄂豫皖边区国共谈判在岳西上青小学举行,它首开南方八省和谈成功的先河。在解放战争中,这里还是刘邓大军二野三纵司令部和鄂豫皖军政大学皖西分校所在地。半个世纪以来,为了中国人民的解放事业,岳西先后有三万八千余人为革命而牺牲。

十、金寨县革命烈士陵园

金寨县革命烈士陵园位于安徽省金寨县县城梅山镇史河西侧山上。金寨县革命博物馆位于县烈士陵园内,始建于 1983 年 4 月,占地 8000 平方米,建筑面积 2810 平方米。主楼上镶嵌邓小平题写的"金寨县革命博物馆"馆名。左侧悬挂有江泽民总书记题写的"全国青少年爱国主义教育基地"铜牌。馆内陈列分为序厅、革命史展、将军展、洪学智图片展、金寨名人展、烈士展、书画厅七个部分,馆藏文物 1192 件。

金寨县革命烈士纪念塔位于陵园中央,1960 年 6 月经安徽省人民委员会批准兴建,1965 年 10 月建成。塔高 24 米,气势磅礴,雄伟壮观。塔身正面镌刻着刘伯承元帅亲笔题写的"燎原星火"四个镀金大字。塔基正面镶有汉白玉浮雕,背面墨色大理石上铭刻着中共金寨县委、金寨县人民政府纪念碑文。烈士塔四周和台阶两旁青松翠柏,四季常青,庄严肃穆。烈士塔广场面积 2500 平方米,可容纳 5000 人。

1993 年在烈士塔北面,又兴建一座红军纪念堂。洪学智上将为纪念堂题名。金寨县红军纪念堂建筑面积 1050 平方米,为两层钢筋混凝土结构,呈八角形,酷似红军八角帽，寓意红军精神永放光芒。

在红军纪念堂背后的山坡上，建有将军和红军陵墓，共有百余座，安葬着林维先、滕海清、詹化雨、陈祥、余明等已故将军和老红军的遗体和骨灰。其中洪学智将军纪念碑建筑面积 840 平方米，包括纪念碑、功勋柱、长城墙、悼念广场、绿化等。当年那些为革命驰骋疆场、冲锋陷阵的红军英雄和红军将领们，如今又回到了他们的故乡——他们投身革命和曾经浴血奋战的地方。

金寨县革命烈士陵园是融博物馆、纪念堂和红军墓为一体的大型陵园，是全国重点烈士建筑物保护单位。每年全国各地数万名参观者前来凭吊革命先烈，接受革命传统教育。

十一、独山革命旧址群

独山革命旧址群景区位于安徽省六安市裕安区独山镇，距六安市区（六安火车站）40 公里，核心景区内主要有 9 处革命旧址、1 处六霍起义纪念馆、1 处革命纪念塔以及龙井沟景区，其中 9 处革命旧址均是全国重点文物保护单位（分别为苏维埃俱乐部、独山暴动指挥部、经济合作社、列宁小学、苏维埃政府、赤卫军指挥部、革命法庭、中共六安县委及少共六安县委、政治保卫局），分布在西街、中街两条老街上，自然形成了一个相对独立的历史文化保护区。这些革命旧址都是清朝中晚期至民国初年的古建筑，是皖西徽派建筑的典型代表。独山革命旧址群景区为游人展示了在土地革命战争初期，我党县级党、政、军、文化、教育、司法、经济等完整的机构，是我省唯一、全国少有的革命旧址群。1929 年 11 月的独山暴动创造了第二次国内革命战争期间安徽省"三个第一"，打响六霍起义第一枪、组建了第一支工农革命武装——安徽红军第一游击纵队、建立了第一个工农民主革命政权——三区工农革命委员会。景区所在的独山镇诞生了 16 位开国将军，被誉为"开国将军第一镇""将军故里、瓜片故乡"。

独山革命旧址群是 2005 年被列为全国重点打造的 100 个红色旅游经典景区之一，之后成立了独山风景区管委会，与独山风景区旅游开发有限公司一套机构、两块牌子，现有职工 38 人。几年来，管委会及公司一直高度重视处理好保护修缮与开发利用的关系，完善了各项基础设施，新建了六霍起义纪念塔广场、纪念馆、苏维埃城，维修了革命旧址群，目前按国家 4A 级景区要求完善了各项基础设施，正在申报国家 4A 级景区。

◆ 第二节　大别山地区红色遗物撷萃

红色遗物是革命前辈遗留下来的可移动的物品,习近平总书记指出,革命文物承载党和人民英勇奋斗的光荣历史,记载中国革命的伟大历程和感人事迹,是党和国家的宝贵财富,是弘扬革命传统和革命文化、加强社会主义精神文明建设、激发爱国热情、振奋民族精神的生动教材。大别山地区红色遗物主要收藏在各地红色纪念场所,类型十分丰富。

一、张行静读过的《共产党宣言》

红安县黄麻起义和鄂豫皖苏区纪念园烈士纪念馆陈列着一本珍贵文物——《共产党宣言》,那是董必武的学生、红安革命先烈张行静读过的。张行静是湖北黄安(今红安)赵河张必贵村人,年幼时随祖父读书,后入县高等小学,1923 年毕业,同年参加革命,在董必武创办的武汉中学读书,1924 年加入中国共产党。1926 年担任县农协执行委员,参加了著名的黄麻起义,随后在天津、湖南等地开展革命活动。1929 年经河口返乡参加武装斗争时被捕入狱,英勇牺牲。狱中留有铿锵遗诗:"人生一世万千差,继承光荣革命家。死不投降当叛逆,愿随先烈葬黄花。"张行静被捕时,这本马克思经典著作《共产党宣言》已流传到曾经和他一起在七里坪开展革命活动,并一同参加黄麻起义的区农协委员长曾传六同志手中,由曾传六保存。曾传六后来参加了鄂豫边革命根据地的创建,1932 年 3 月任红四方面军第十师第二十九团政委,1932 年 10 月率部参加西征入川。西征前,曾传六将此重要文献连同其他文件一起寄存在他曾经住过的七里坪杨山公社上余家店农民余汝清家。尽管战争不断,余汝清仍冒着生命危险将这本《共产党宣言》放在自己家的夹墙里保存下来了,直到 1958 年 9 月,余汝清将它捐献给红安县文物局。

这本由陈望道翻译的最早的中文版《共产党宣言》,长 17 厘米,宽 12 厘米,小 32 开,竖排版,全书用 3 号铅字刊印共 56 页;封面是白底,像和字均为蓝色,肖像下方有"马格斯"三字;书内盖有红色"张行静印"的方形私名章,书中对一些重要段落和重点句子都做了记号,如:"压迫阶级和被压迫阶级从古到今没有不站在反封建的地位继续着明争暗斗。每次争斗底结局不是社会全体革命的新建设告成,便是交战的两阶级并倒"。有红笔打的点点和蓝笔画的圈圈。封底破损,字迹不清。该读本被国家文物局专家组鉴定为一级革命文物。它是我国到目前为止县一级发现最早的《共产党宣言》读本之一。

二、董必武"赴旧金山会议收支账目"记账单

在董必武纪念馆内,陈列着一份董必武"赴旧金山会议收支账目"的记账单。纸质是通用的毛边纸,共两页,每页长 26.7 厘米,宽 19.2 厘米,分别用铅笔、钢笔记录,毛笔作补充,竖排。这份账单董必武亲笔记了他 1945 年 4 月 12 日至 11 月 20 日代表中国共产党和解放区军民参加中国代表团,出席在美国旧金山举行的联合国制宪会议期间,账目收支情况。记账单分甲(收入)、乙(支出)两大部分,各一张。收入部分共 20 项,详细记录了他出席旧金山会议期间的经费来源。其中收延安(周)交美金壹仟肆佰元整;收渝办美金叁万元整、卢比贰仟贰佰元整、法币壹万元整……另外还有解放区军民、国统区爱国民主人士、社团组织、国际友人、旅美侨胞捐款的具体数目,合计共美金伍万柒仟捌佰叁拾陆元,还不包括上述卢比贰仟贰佰元、法币壹万元。支出部分共 33 项,清楚记录他和随从人员章汉夫、陈家康在美国期间的生活费用和从事其他活动的开支情况。其中有付购新华日报印机美金叁万元;付发行英文小册子五千份(指旧金山会议期间,他与章汉夫、徐永瑛编写的《中国解放区实录》),合计美金壹仟叁佰壹拾元零玖角肆分,还有他与章汉夫、陈家康等三人往返旧金山与纽约、华盛顿的旅差费、伙食费、邮电费、医疗费等都记录得清清楚楚,一目了然。

三、吴焕先用过的怀表

红 25 军军长吴焕先用过的怀表,直径 5 厘米,圆形,钢质,黑色表盘,它是吴焕先指挥郭家河战斗时用来计时的。

吴焕先(1907—1935),河南省新县箭厂河乡四角曹门村人,1925 年加入中国共产党。1926 年开始在家乡发展党的组织,开展农民运动,建立了鄂豫边中心区第一个农村党支部。他曾任中共黄安县委书记、红四军 12 师政治部主任等职。1934 年,他任中国工农红军北上抗日第二先遣队政委,与军长程子华、副军长徐海东率部开始长征。1935 年 8 月 21 日,吴焕先在甘肃泾川四坡村战斗中英勇牺牲。

1933 年 3 月初,中共鄂豫皖省委总结经验,认为根据地和红军的元气已初步恢

复。为彻底粉碎敌人的大规模划区"清剿",以保卫和发展鄂豫皖革命根据地,策应中央革命根据地的反"围剿",决定向敌人大举反击。

1933 年 3 月 4 日,国民党第 35 师 103 旅 205 团、104 旅 207 团进占光山县南部的郭家河村(现河南新县郭家河乡),接替第 89 师的布防任务。鄂豫皖省委和红 25 军首长分析了情况,认为敌军刚到郭家河,人地生疏,立足未稳,战斗力较弱,并且红 25 军经过一段时间休整、补充,士气旺盛,此外郭家河是我党的老根据地,有良好的群众基础。据此,鄂豫皖省委和红 25 军首长果断决定,抓住这一有利战机,集中全军力量歼灭敌人。

按照作战部署,红 25 军连夜集结到光山县新集(现新县县城)以南一带,第 74 师和军特务营负责进攻郭家河的敌军,第 75 师负责阻击可能由新集出击的敌军援兵。3 月 5 日晚,红 25 军军长吴焕先为战士们做战前动员,号召全军指战员英勇对敌,打好全军集中兵力作战的第一仗。当晚,吴焕先将自己随身携带的怀表交给光山县委委员陆汉清,让其速到郭家河湾店村联系弦南区独立团、地方武装和当地群众,准备 3 月 6 日拂晓向敌军发起进攻。地方武装以此表计时,3 月 6 日拂晓,以合围之势准时向郭家河东南羊人岩警戒的一个营发起猛烈攻击。经过一个多小时的激战,敌军被全部歼灭。郭家河一战,为红 25 军重建后的首次大捷。

这只怀表在打赢郭家河战斗中起了决定性作用,当地军民称其为"胜利的表"。战后,吴焕先将怀表交由陆汉清保存。

国民党发动第五次"围剿"时,国共战争进入白热化。陆汉清将怀表托付给大姐陆华清,并告诉她:"这块'胜利的表'一定要保存好,将来是要重见光明的。"1936 年,陆汉清因叛徒告密被捕,后英勇就义。1969 年 12 月,陆华清将怀表交给湾店村文物保护小组负责人、共产党员张爱华收藏,2000 年 7 月,张爱华将怀表捐献给了鄂豫皖苏区首府革命博物馆。

四、"永远跟着共产党走"锦幛

在鄂豫皖苏区首府革命博物馆里珍藏着一面抗战时期"永远跟着共产党走"锦幛,上有 3000 多人的签名。锦幛是用两块红色平板布缝制的,长 4 米,宽 1.5 米,幛面上缝着用黄平布剪成的标语"永远跟着共产党走!"锦幛上款为"纪念七一、七七献给中国共产党山东省济宁市委员会",下款为"济宁市第三区全体市民鞠躬",字体均为隶书。另在幛面上有用毛笔竖排楷书山东济宁市民 3357 个名字。原本锦幛上缝有一枚直径约 0.9 米的不规则大五角星,后该五角星被共产党员张世全取走。

这是济宁市民为纪念"七一""七七"献给济宁市委的锦幛。1941年，山东济宁3357位市民为纪念建党20周年和"七七事变"4周年，联合在"永远跟着共产党走"锦幛上签名，当时正值国民党发动反共高潮，济宁处于国统区，斗争形势非常严峻，党组织指派河南新县籍共产党员张世全将此锦幛送回家乡——鄂豫皖根据地收藏。

张世亮是张世全的弟弟，新县一位普通农民。张世全在随红四方面军西征后，一直杳无音信。1941年9月的一天夜晚，劳累一天的张世亮刚刚睡下，外面一阵急促的敲门声将他惊醒，原来是久未谋面的哥哥张世全回来了。与张世全一起的还有两个人，进门后，张世全连水也顾不上喝，就对张世亮说："老二，我这次回来主要是为了送一样东西给你保管。"说着，张世全拿出一面锦幛，并且郑重地叮嘱："这面锦幛很重要，你千万不能丢。若是丢了，不光咱们有生命危险，锦幛上还有3000多人的名字，他们都将命在旦夕。我相信革命一定能成功，等革命胜利了我再来取。现在我把上面的五角星摘下来带走，万一我遭遇不幸，日后有人拿着这颗五角星来，你才可以把锦幛交给他。"说完这番话，张世全放下锦幛，便匆匆离开了。谁想这一别，竟是他们兄弟二人的永别。

张世全走后，张世亮当即找了一件衣服将锦幛仔细包好，藏进后山一个洞里。过了几天，张世亮怕山洞不安全，他又连夜将锦幛取回家，在家里灶口挖了一个三尺多深的坑，在坑里放了一只小凳子，将锦幛包起来放在凳子上，为了防潮，又在凳子下垫上一层干石灰，再用柴草盖在锦幛上，最后用干土把坑口填好。隔一段时间，张世亮就检查一下锦幛是否受潮。就这样，锦幛一直被完好保存了几十年，直到1984年张世亮病重，才把这件事告诉儿子，并将锦幛捐献给新县政府。

这面锦幛上的"永远跟着共产党走"的誓言，充分表明了济宁市民和张世全等共产党员的坚定信念：在中国共产党的领导下，抗日战争一定会胜利！革命一定会成功！

五、一张血染的党证

这是一张特殊的党证，上面沾满血渍，它的主人就是开国将帅中13位独臂将军之一的陈波。党证布制，长方形，中上方印有两颗五角星、列宁和斯大林头像及党证字样，下方印有一个宽11.5厘米、高10厘米的长方形表格，栏内写有持证人的姓名、参军入党时间、颁发单位及颁发时间等。

这张党证是1934年由川陕苏区党组织颁发给优秀共产党员的，当时共颁发了2000张，但新中国成立后仅保存下这一张。2010年，陈波将军之子陈铁生将党证捐献给鄂豫皖苏区首府革命博物馆。

陈波,原名陈汉清,河南省新县人。1929年春,20岁的陈波参加中国工农红军,同年7月加入中国共产党。不久,他调任红四方面军参谋处书记(即参谋),后被选为红四方面军参谋处党支部书记兼党小组组长。

1934年10月,在川陕苏区内外交困的情况下,红四方面军党组织为激励广大党员奋勇对敌,决定给优秀党员签发党证,这也是党组织对党员的一次全面考核。在支部会上,宣传委员徐向前说:"我们的支部书记陈汉清同志工作积极,作战勇敢,同意发给党证。"就这样,陈波和其他几位党员领到了首批党证。陈波十分珍惜这份荣誉,他特地缝制了一个小皮囊系在腰带上,专门放置党证和党费。

1941年3月的一天,时任八路军前总特务团副团长的陈波向战士们介绍完滚雷的使用方法后,带头进行滚雷试验,他命令大家后退300米,然后抱起西瓜大的滚雷向山丘走去,这时团长欧治富拦住他:"这是新制的,有危险,我来吧!"陈波摇摇头,说:"你是一团之长,还是我来吧!"陈波待大家进入安全区后,开始按雷、擦火,只听"嘣"的一声,试验的滚雷突然爆炸,陈波当即倒在血泊中。经过抢救,身负重伤的陈波奇迹般地活了下来,但仅剩一只胳膊和两条无法弯曲的残腿。苏醒后的陈波,第一时间用仅剩的右手摸了摸腰带,然后焦急地问护士:"我的小皮囊呢?"护士不明其意,陈波解释说:"我腰带上的。"护士将他的血衣翻遍,终于找到被鲜血浸透的小皮囊,里面的党证已被染红。

负伤后的陈波虽然不能像从前那样冲锋陷阵,但他并不气馁,决心要为党做更多的工作。由于从小家境贫寒,从没进过校门的陈波在参军前连自己的名字都不会写。这次养伤的时间成为他学习文化的极好时机,一本《论持久战》既是政治和军事的教科书,又是文化读本。失去左手,他便用木尺压平书本;没有老师,医生护士就是教员。

半年后,陈波"毕业了",并成为一所"荣誉军人"学校的校长。从此,他带领30多名残疾军人在河北的一个小山村养伤治病、练文习武。在这里,陈波学会了爬山、骑马和单臂射击。1944年,随着日军侵略日益加剧,党中央命令陈波等人转移到延安养伤。陈波等人在没有部队护送的情况下,凭借智慧英勇对敌,一次次闯过敌人的封锁线,最终顺利到达延安。延安的老战友见到陈波后,激动不已:"面对那么多鬼子的围追堵截,你们创造了奇迹。"

抗战胜利前夕,蒋介石为抢夺东北的抗战果实,向东北大肆增兵,我党紧急组建了"赴东北工作干部团"(东干团)支援东北。陈波当即向上级提出参加"东干团"的请求,领导似乎故意考验他,走到院子里,指着一匹烈马说:"上马兜一圈,不从马上摔下来,就让你去。"陈波接过缰绳,右手一按马背,稍一纵身便跃上去,10多分钟后他骑马回到了原地……就这样,陈波成了"东干团"的一名成员。日军投降时,按照党的指示,陈波接到看管日军一个军用仓库的任务,他只身一人日夜守卫,既防火防盗又要防备敌人突袭。后来，支援东北的 359 旅官兵赶到，正当战士为枪支弹药和军需物资而愁眉不展时，陈波挥动着右手："这里有。"我军官兵不仅得到了充足的物资，更从这名身残志坚的共产党人身上得到了莫大的激励。多少次，行军作战的汗水把党证浸透；多少次，沿途的风雪奇寒把党证上的汗水又凝成冰凌。陈波怀揣这张党证，冲锋陷阵，勇闯难关。

这张党证历经土地革命战争时期、抗日战争时期和解放战争时期，见证了中国共产党由小到大、由弱到强的历史转变，也见证了老一辈无产阶级革命家对党的一片赤诚忠心。

◆ 第三节　大别山地区红色文献撷萃

大多数的学者在具体研究中将红色文献定义为自 1921 年 7 月中国共产党成立起至 1949 年 10 月新中国成立，由中国共产党机关或各根据地所出版发行的各种文献资料，其中包括党的领袖著作、党组织各类文件以及根据地出版的各种书籍、报刊、报纸等。红色文献记录了中国共产党的发展史，记录了在革命战争年代先烈们不屈不挠工作、生活的真实状态，体现了革命者崇高的精神追求和坚定的理想信念。大别山红色文献是大别山地区革命斗争的产物，囊括了中国共产党创立和大革命时期、土地革命战争时期、抗日战争时期、解放战争时期四个时期，是大别山地区革命的见证材料。

新中国成立以后，国家开始重视红色文献的整理工作，一方面将各类决议、决定、宣言、讲话稿、信函、报告、电报、法规、文书、布告、宣传单等文件进行整理汇集，形成各种文献选编；另一方面，革命人物、革命群众根据自己的经历撰写回忆文章，形成各种回忆录。

《鄂豫皖苏区革命历史文件汇集》由中央档案馆、湖北省档案馆、河南省档案馆、安徽省档案馆编纂，1985 年出版，其中甲 5 册，乙 1 册。《鄂豫皖苏区革命历史文件汇集》收录了大量的革命历史文件，如《鄂豫皖区苏维埃政府各种委员会工作概要说明》（1931 年 10 月 28 日）、《鄂豫皖区第二次苏维埃代表大会关于粮食问题的决议案》（1931 年 7 月）、《鄂豫皖区苏维埃政府通知第五号——为选举苏维埃训练班学生事》（1931 年 7 月 28 日）、《鄂豫皖区苏维埃政府财政经济委员会通令第一号——整理财政计划的决定》（1931 年 8 月 1 日）等。

《鄂豫皖苏区革命斗争史资料汇编》，由河南省地方党史编纂领导小组办公室、河南省档案馆、河南省中共党史学会编纂。《鄂豫皖苏区革命斗争史资料汇编》的编纂主要是为了便于该省党史工作者研究鄂豫皖苏区革命斗争历史和编写地方党史,将徐向前、倪志亮、郑位三、陈昌浩等同志写的关于鄂豫皖苏区红军历史方面的几篇材料,作为内部材料进行印发,供研究使用。文字上基本保持原样,个别地方做了一点校正。

《鄂豫皖革命根据地工商税收史料选编》,由河南省税务局、安徽省税务局、湖北省税务局、河南省档案馆编纂,河南人民出版社1987年出版。《鄂豫皖革命根据地工商税收史料选编》收录了鄂豫皖时期工商税收相关文件,如《张国焘关于鄂豫皖区情况给中共中央政治局的综合报告》(1931年5月24日)、《张国焘在中共鄂豫皖中央分局第一次扩大会议上的结论——中共鄂豫皖中央分局第一次扩大会议文件之六》(1931年6月30日)等。

《鄂豫皖革命根据地财经史资料选编》,由湖北省档案馆、湖北省财政厅编,湖北人民出版社1989年出版。《鄂豫皖革命根据地财经史资料选编》收录了鄂豫皖时期大量财经方面的文件,如《霍山县委关于经济、政治等情况的报告》(1930年4月17日)、《麻城县委报告——政治形势、群众斗争情况、常务工作》(1929年5月26日)、《鄂豫皖中央分局给鄂豫边特委的信》(1931年11月24日)、《鄂东北红军三十一师师委会的报告》(1929年6月)等。

《中国工农红军第四方面军战史资料选编——鄂豫皖时期(上、下)》,由解放军出版社1993出版。《中国工农红军第四方面军战史资料选编》是在编写《中国工农红军第四方面军战史》的过程中,将收集到的大量资料进行核查、整理,把主要资料汇编而成,以帮助读者阅读战史,为党史和军史研究、教学工作提供参考。本选编大体上以《中国工农红军第四方面军战史》的章节,按时间、分问题、先历史文献后回忆录、调查访问记录的顺序,分编为鄂豫皖时期、川陕时期、长征时期及附卷(反证材料)几个分册。《中国工农红军第四方面军战史资料选编——鄂豫皖时期(上、下)》收录资料很有价值,如《中央关于贯彻三中全会精神及红一军、红十五军合编为红四军的指示(一九三〇年十月十八日)》。

《大别山上红旗飘:回忆鄂豫皖三年游击战争》,由何耀榜讲、苏波记,中国青年出版社1959年出版。何耀榜在三年游击战争期间,曾先后担任中国共产党罗(山)孝(感)(黄)陂特委第一副书记,鄂豫皖省委委员,红二十八军八十二师师长兼政委等工作。他通过自己的亲身经历,真实地记载了党所领导的鄂豫皖地区的革命斗争业绩,记载了烈士们不朽的英雄故事,记载了共产党员和革命群众坚贞不屈的革命意志和革命活动。

《历史的回顾》,是徐向前元帅的回忆录,解放军出版社1987年出版。徐向前元帅三十岁就成了红四方面军总指挥,他以精深的军事思想、优良的战斗作风、丰富的战略战术,造就了众多的良将精兵,是红军中部队最多、最善打大仗硬仗恶仗、战绩最辉煌的一方统帅。他指挥红军多次取得大捷,创造了许多经典战例,也经历了西路军的艰危和苦难。反六路围攻,他以八万红军击败敌军二十万,歼敌十万,是红军战史上歼敌最多的大战。抗战时期,他赴华北、战平原、进山东。作为八路军第一纵队司令员,他统一指挥山东、苏北各路中共军队,包括山东纵队和一一五师,是八路军中指挥部队人数最多的战略区域军事主官。解放战争时期,他用一年半时间,以六万地方武装,全歼山西敌军三十万,再一次锻造出一支铁军。本书回顾了徐向前元帅的战争岁月,是全面展现我党我军光辉战斗历程的力作。

《洪学智回忆录》,解放军出版社 2002 年出版。洪学智同志是我军唯一两次被授予上将军衔的著名高级将领,在他七十多年的军事生涯中,担任过人民解放军各级领导职务,从事过司、政、后及科研装备等方面的组织领导工作,并两次担任原总后勤部部长,曾任中央军委委员、军委副秘书长,为军队建设特别是我军后勤工作的革命化、正规化、现代化建设做出了巨大贡献。洪学智同志是全国政协第七、第八届副主席。在繁忙的国务活动之余,仍致力于党史、军史的研究,以自己长期的戎马生涯为线索,写成《洪学智回忆录》。作者热情回顾和讴歌了我党我军走过的艰苦历程和光辉业绩。《洪学智回忆录》首次披露了一些珍贵的史料,内容丰富,文字朴实,具有很强的思想性、可读性和宝贵的史料价值。该书的出版,对于继承和发扬我党、我军优良传统具有十分重要的意义。

这些红色文献记录了大别山地区中国共产党的发展史,记录了大别山地区在革命战争年代艰苦的环境下先烈们不屈不挠工作的真实状态,体现了革命者崇高的精神追求和坚定的理想信念,值得一代代人了解和记忆。现分四个时期选取大别山地区革命以来重要文件展示如下。

一、黄冈上巴河的乡民大会①

黄冈上巴河的乡民大会
(一九二六年十二月十七日)

黄冈上巴河的乡政,以前总是在土豪劣绅的手里,人民所受的痛苦,非常之多。革命军到湖北以后,当地的劣绅还是同以前一样凶横,大劣绅李品三并且带领民团杀伤农民协会的会员数人。因此当地的农民协会,发起于十一月十九日,召集四乡的人民,

---

① 群团文件(一九二五一一九二六年)[A]//湖北革命历史文件汇集.北京:中央档案馆,武汉:湖北档案馆,1983:464.

开乡民大会,到会的有四千多人,议决的重要案件有:

(一)对李品三的。宣布李品三的二十三条罪状,请政府严厉惩办。

(二)改组保卫团为农商自卫团。保卫团是压迫人民的机关,改为农商自卫团,自己保护自己。并公举马恕康为团董,马良真、汪雨明为团副。

(三)惩办附逆分子。商人石子青、刘凤池,受李品山的愚弄,帮助作恶,情有可原,当大会宣布自己的罪恶,放鞭炮四万了事。李品山的干儿子马鸣山,劣绅刘保田,是李品三的死党,到处勾结流氓,造谣捣乱,压迫商人,破坏农会,请县政府通缉严办。

(四)农商合作。旧商会为李氏所把持,改为商民协会,使商人与农民的感情更加亲密。

(五)援助张洪兴。土豪王汉池,恃着他江西老爷的势力,压迫佃农张洪兴,强提黑押庄田(黄冈习俗,黑押庄田,佃人花了批价,不能提佃),并把张洪兴送在县署羁押,拖得一贫如洗,决定大家一致援助。

通过议决案后,省农民协会特派员王平章演讲,大意是农商合作,不要受土豪劣绅播弄。县农民协会执行委员林凤洲演讲,大意是要组织团体,自己靠自己,不要靠旁人。散会后,游行示威,高呼口号,声震大地,实在是破天荒的盛会啊!

(按一九二六年十二月十七日出版的《湖北农民》第十期刊印)

二、关于鄂豫皖苏维埃区域成立中央分局决议案①

关于鄂豫皖苏维埃区域成立中央分局决议案

(一九三一年三月十日中央通过)

一、为着适应鄂豫皖苏维埃运动的扩大,红军第四军与皖西独立师的发展,中央政治局特决定在这一地区成立中央分局,以直接领导这一地区的土地革命的开展。在这一苏区未与江西中央苏区打通以前,中央分局完全直隶于中央政治局,其职权系代表中央政治局,高于各省委。中央分局之下视区域的宽广与需要,可分设省委或特区委,再下为各地方党部,与普通组织无异。

二、鄂豫皖中央分局的统辖区域视苏维埃运动与红军的发展而定,有时邻近苏区的白色统治县份,亦得划归该中央分局管辖,具体划分委托中央组织部得随时与鄂豫皖中央分局规定之。鄂豫皖中央分局与武汉市委及豫皖两省委得发生横的关系,并得

---

① 中共中央文件选集:第7册[M].北京:中共中央党校出版社,1991:186-189.

经过信阳特委合肥中心县委与豫皖两省委发生经常的关系。

三、皖西现即成立特委，管理苏区非苏区十余县工作，归鄂豫皖中央分局直接管辖。鄂豫皖三省边界如打通后，亦得因工作范围不大，暂时取消皖西特委，但不能因取消皖西特委而将工作重心放到皖西十余县；如因取消皖西特委而妨碍中央分局对全局的指导，尤其是对四军的注意，则仍应保留皖西特委。

四、鄂豫皖中央分局成立后，原鄂豫皖边特即应取消。鄂豫皖中央分局应经过党团领导鄂豫皖特区苏维埃政府工作，在政府下组织鄂豫皖革命军事委员会，直接受中央分局指导。在政权系统上，特区政府及革命军委会均应受中央苏区政府及军委会指挥。红军第四军及皖西独立师统归特区军委会指挥，在作战时，四军亦得直接指挥独立师。军事系统上，中央革命军委会或红军总司令行直接指挥第四军及独立师。

五、鄂北特委在与鄂豫皖中央分局打通后，即应划归该中央分局管辖，中央分局及鄂北特委均应力求打通，在未打通前仍归中央指导。鄂北第九军应改编为鄂北独立师，在打通后，亦归鄂豫皖特区军委会或第四军指挥。鄂北地方苏维埃应选派代表参加鄂豫皖特区苏维埃代表大会，在未打通前得直接选派代表赴全国苏维埃代表大会。

六、地方赤卫队应归县区苏维埃指挥，但在作战地区，红军第四军或独立师得直接调遣指挥。

七、红军第四军这次在京汉线的行动是成功的，他的确依照了去年十一月中央给红军训令中给他的任务做到了的（说他这次行动是立三路线的继续是错误的），只是第一军与第十五军合编为第四军时，竟将皖西独立师的一大部调走，而且没有在皖西帮助地方党部发动群众，这是错误的。现在中央分局对第四军行动的指导，应依据去年十一月今年二月中央给红军及各级党部的两次训令与二月中央给红军各军军长政治委员的公函决定方针。为加强独立师在皖西扩大土地革命与游击战争起见，中央分局特决定拨回第四军一部分枪支及一部分得力干部重新改编独立师，并委托他与第四军取得联系担负打通与巩固六安、商城、麻城、罗田的中心根据地的任务。但四军本身却不应立即从前线抽回，以便利河南湖北敌军的反攻，使他们得长驱直入苏区根据地的中心，尤其不应企图将四军调皖西或跑向鄂北去发展，而放弃正与敌人作战的鄂豫边的前线。

八、国际决议案及来信，四中全会决议案，四中全会前后中央根据国际路线发出的各项决议文件，及三月份给你们的指导信均应成为鄂豫皖中央分局一切行动与决定的基本根据。中央并责成中央分局在开始工作后便要根据国际路线配合当地实际情形速即定出具体的工作计划并报告中央。

九、中央分局的组织定九人，中央政治局除决定沈泽民、舒传贤、旷继勋、方英、曾钟圣、柯庆施六同志外，并决定由当地边特中推选三人。此外，青年团的负责人（书记），亦须加入中央分局，为当然委员，报告中央批准。分局以泽民同志任书记，传贤同志任组织,方英或庆施同志任宣传,钟圣同志任军委书记。钟圣同志,必须在坚决的放弃立三路线与对立三路线调和主义的错误,而坚决执行国际路线的条件下,才能参加中央分局,与担任军委书记。

（根据中央档案原件刊印）

三、先念部收复仙桃镇等地并扩大到九千人

先念部收复仙桃镇等地并扩大到九千人

（一）最近国军大规模向信阳平汉路及钟祥应城公路敌人反攻,我先念部配合行动,已收复钟祥仙桃镇及信阳东侧之谭河镇、黄龙寺等处。

（二）我先念部已大部整理就绪,已于元日集中两团以上兵力向路东两面派武装攻击,准备争取礼山县,南下大悟山,建立根据地。

（三）先念部近有扩大,已达九千人,给养完全解决,在安陆、云梦、孝感、应城等地已获得政权,建立根据地,计划在四月以前扩大至一万五千人枪。

（四）由于大的国军向信阳反攻(大部是孙连仲、刘汝明部),前派到竹沟附近游击之部队,不使在国军后方,决已退回信阳,因此案件成为悬案搁置。

（摘自 1940 年 1 月 3 日刘少奇、张云逸、徐海东、邓子恢的报告）

四、中央关于中原军突围方向问题给郑位三、李先念的指示[①]

郑、李、王：

（一）据你们三十日电国军纷纷调动,据另一密息白崇禧最近至徐州、开封、新乡、郑州于卯三十到西安,同日蒋介石亦到陕,均为布置进攻五师及全国性内战,并闻蒋在去南京前,拟于武汉逗留数日,大概亦为指挥进攻五师,辰微即开始行动。

（二）你们须立即准备突围,以最大决心,坚决奋斗,团结一致,才能克服困难,战胜危险,但主力突围方向应详细考虑。

（三）目前顽军主力布置在西面,然在津浦路上二月以来即秘密加强碉堡与封锁沟,企图以强大兵力分路由西向东追击,压迫我于津浦路以西附近狭小地区歼灭我军,

---

① 　中共中央文件选集:第 16 册[M].北京:中共中央党校出版社,1991:147 - 148.

如果我不能战胜渡黄河、淮河水网及津浦路上封锁，其危险性是很严重的。主力向西当然亦有许多困难与危险，但比向东地区广大（豫西、鄂西、陕南、川东），便于机动，且早麦将熟，如和平破裂，即准备在这一广大地区作长期游击战争，牵制敌人，配合华北、东北，将起重大战略作用。至那时，如万分困难坚持，亦可出敌不意，突然向华北或陕甘宁区转移。你们目前如采取向西方针时，可以二三千人先一二日分路向东出动，吸引敌人向东调动，另以三五千人（与地方有密切联系的部队）分成若干股，准备在当地现有解放区长期坚持，待主力向西突围后，敌人回头追击时，分途袭扰，以达到分散迟滞敌人，减轻敌人对我主力威胁。究应如何，请依具体情况自行决定。上述意见只作你们参考，并盼将你们方针电告。又中央现正在各地发动舆论和外交攻势，反对顽方向你们进攻，以制止顽方阴谋之实现，但可能无效，你们应准备坚决奋斗。

中央五月东戌

（根据中央档案原件刊印）

◆ 第四节　大别山地区红色手稿撷萃

红色手稿是革命时期人民群众遗留下来的手写真迹，红色手稿本身是具有年代感的物品，成为历史与时代的记录载体，生动而具象地表达了革命群众的红色精神。

一、陈潭秋家书

在湖北省博物馆，珍藏着一封陈潭秋于 1933 年 2 月写给他三哥、六哥的信。这封钢笔书写的信共 500 余字，字里行间，既充满舐犊之情及对家人的牵挂，更饱含着陈潭秋投身革命、报国为民的大义，读来令人感动不已。

书信是国家一级文物，由陈潭秋后人捐赠，落款"本澄"，正是中共一大代表、党的创始人之一陈潭秋的别名。陈潭秋作为武汉共产党早期组织的代表，和董必武出席了中共一大。书信全文如下：

三哥、六哥：

流落了七八年的我，今天还能和你们通信，总算是万幸了。诸兄的情况我间接的知道一点,可是知道有什么用呢!老母去世的消息,我也早已听得,也不怎样哀伤,更可怜老人去世迟了几年,如果早几年免受许多苦难呵!

我始终是萍踪浪迹、行止不定的人,几年来为生活南北奔驰,今天不知明天在哪里。这样的生活,小孩子终成大累,所以决心将两个孩子送托外家抚养去了。两孩都活泼可爱,直妹(徐全直)本不舍离开他们,但又没有办法。直妹连年孕、产、乳、哺,也受累够了,一九年曾小产了一男孩,二十年又产一男孩,养到八个月又夭折了,现在又快要生产了。这次生产以后,我们也决定不养,准备送托人,不知六嫂添过孩子没有?如没有的话,是不是能接回去养?均望告知徐家三妹。(经过龚表弟媳可以找到)

再者我们希望诸兄及侄辈,如有机会到武汉的话,可以不时去看望两个可怜的孩子,虽然外家对他们疼爱无以复加,可是童年就远离父母,终究是不幸啊!外家人口也重,经济也不充裕,又以两孩相累,我们殊感不安,所以希望两兄能不时地帮助一点布匹给两孩做单夹衣服(就是自己家里织的洋布或胶布好了)。我们这种无情的请求,望两兄能允许。

家中情形请写信告我,经徐家三妹转来。八娘子及孩子们生活情况怎样?诸兄嫂侄辈情形如何?明格听说已搬回乡了,生活当然也很困苦的,但现在生活困苦,决不是一人一家的问题,已经成为最大多数人类的问题(除极少数人以外)了。

(我的状况可问徐家三妹)

弟澄上

二月二十二日

二、董必武《九十初度》手稿

该书稿收藏于鄂豫皖苏区首府革命博物馆。董必武是大别山革命播火的先驱,是中共一大代表。他是清末秀才,一位博通古今、学贯中西的政治家。有人概括董必武一生就做了两件事,一件是革命,另一件就是读书。他生前最后一首诗《九十初度》就是对自己一生的总结:

> 九十光阴瞬息过,吾生多难感蹉跎。
> 五朝弊政皆亲历,一代新规要渐磨。
> 彻底革心兼革面,随人治岭与治河。
> 遵从马列无不胜,深信前途会伐柯。

三、郭述申书稿

郭述申，1904 年 12 月生，湖北省孝感县城关镇人。原名郭树勋，号耀珊，曾用名李振寰。1922 年 5 月加入中国社会主义青年团，1925 年 4 月由共青团员转为中国共产党党员。1927 年 6 月重新加入中国共产党。土地革命时期，曾任鄂豫皖特区苏维埃政府人民委员会副委员长，领导军民参加鄂豫皖苏区第三、第四、第五次反"围剿"斗争。后任红二十五军政治部主任、中共鄂陕特委书记兼中国工农红军鄂陕游击总司令部政治委员等职，领导开辟鄂陕边游击根据地。新中国成立后曾任中共辽宁省委常委、中共中央监察委员会委员、中纪委副书记、中央顾问委员会委员。第二届全国人大代表，第五届全国人大常委会委员。中共七大正式代表，八大代表。1994 年 7 月 14 日因病在北京逝世。

作为鄂豫皖革命根据地的重要创始人之一，大别山是郭述申革命生涯的起点，也是他一生最难忘、最牵挂的地方。湖北省档案馆保存了大量郭述申在鄂豫皖苏区的文件材料，其中包括他签署的鄂豫皖区苏维埃政府布告、撰写的鄂豫皖历史材料、红二十八军便衣队材料等，都是研究鄂豫皖根据地的重要原始素材。手稿主要收藏在湖北省档案馆。如郭述申关于毛泽东《如何研究中共党史》的笔记，这是 1942 年 3 月 30 日郭述申在延安现场听毛泽东报告时做的笔记。

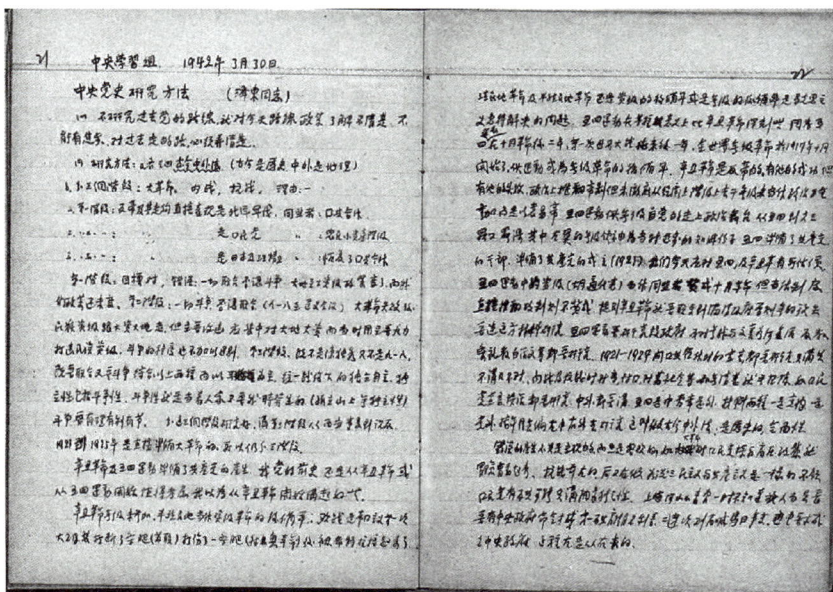

图 5-1　郭述申关于毛泽东作报告《如何研究中共党史》的笔记

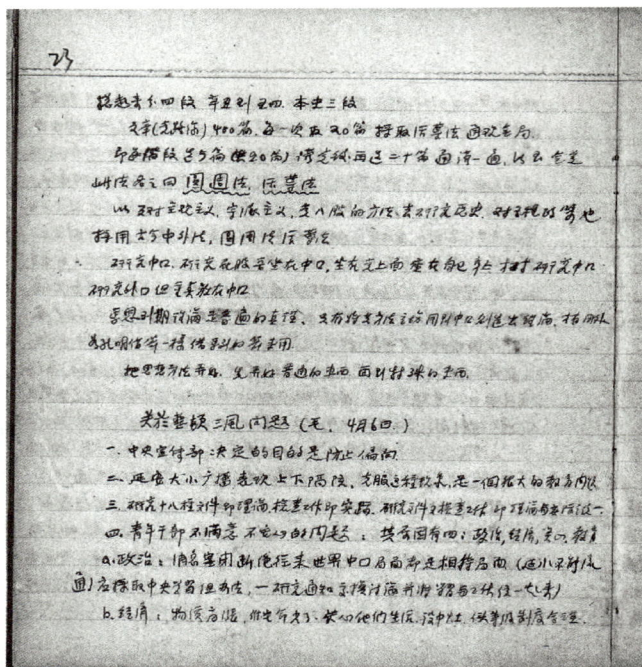

图 5-2　郭述申关于毛泽东作报告《整顿三风问题》的笔记

四、刘怀芝家书

　　安徽省六安市的大别山革命历史纪念馆收藏有几封写给母亲的家书。它们出自80 余年前,一位名叫刘怀芝的战士笔下。刘怀芝(?—1939),出生于安徽省六安县西部山区(今裕安区)一个贫苦农民家庭。1930 年参加红军,先后参加了鄂豫皖苏区的五次反"围剿"斗争和艰苦卓绝的三年游击战争。1937 年起,先后担任红二十八军手枪团一分队排长和特务营一连的排长、连长。1938 年 2 月,红二十八军改编为新四军第四支队后,调到七团三营营部,东进抗日,在舒城、庐江、桐城、怀宁、巢湖、无为一带开展抗日游击战争。曾在舒城至桐城公路的一次伏击战中负伤,调七团团部工作。1939 年夏,在皖中抗日斗争中牺牲。家书节文如下:

　　刘怀礼兄长:

　　鉴字如面,前因弟参加革命至今还有七八年了,不过当初受环境之压迫,因此不能通信问候母亲大人,但不知大人是否康健,又不知兄长身体康健否,弟身体非常强健,生活非常痛快,请大人不必挂念!

现在国难当前,民族存亡已到最紧要关头,共产党在负有为国家为民族争生存求解放的伟任,故主张国内和平统一团结御侮并具体提出不分党派,不分阶级,不记新旧仇怨。除了汉奸卖国贼外,大家一致团结来抗击日本的进攻。挽救民族危亡,争取中华民族之独立自由与解放,这一光明磊落的正确主张已得到了全国人民的热烈拥护与赞同。取得了国共两党的重返合作共赴国难,这一国内和平统一。国共重返合作也就是全民族的幸福与对日本帝国主义残暴进攻的伟大胜利!

在国内和平统一环境好转特寄问候。请母亲、长兄大人不必挂念,再者胡少廷、安守学二位友兄全家安乐否,祈兄等认清革命主张,切莫误听外面一切谣言,混淆不清加以顾虑,你们在家务农需努力耕作,并望热心参加抗日救国事业,援助抗战将士奋勇杀敌,以争取抗战的彻底胜利。再者请兄长将不必挂念,弟与母亲在家身体不强壮的时候兄要照看,请兄将家的一切情形告诉,急急回音。

此致。

弟现在抗日联军红二十八军特务团第一营一连工作,现驻扎礼山县宣化店,请回信特务团一营一连连部(刘怀芝)

五、吴先恩手稿

吴先恩中将关于黄麻起义的手稿,收藏在鄂豫皖苏区首府革命博物馆。手稿长19厘米,宽16.5厘米,共5页,字迹基本可辨别。内容涵盖黄麻起义的准备工作、任务安排等记录,为我们追溯历史提供了翔实的依据。黄麻起义揭开了鄂豫皖地区武装斗争的序幕,对大别山根据地的创建具有深远的意义,黄麻起义创建的红军和苏区,是后来中国工农红军第四方面军和鄂豫皖苏区的重要来源及组成部分。

第六章

红谣不辍传薪火　以歌咏志发强音

—— 大别山红色歌谣

　　大别山地区是一片红色沃土，在中国共产党的领导下，无数革命先烈们抛头颅、洒热血，不怕牺牲，顽强拼搏，英勇斗争，为新中国的成立立下了不朽功勋。在这片红色的土壤上，传唱着许多革命歌谣，它们不仅以音乐的方式记录了那段苦难而辉煌的历史，而且激励着不同时代的人们弘扬红色文化、传承红色精神，为理想信念而不懈奋斗，这些革命歌谣就是大别山的红色歌谣。

　　大别山红色歌谣是红色资源的重要组成部分，是彰显大别山红色文化的精神内核。据初步统计，大别山红色歌谣有 3000 余首，至今仍然有很多歌谣在民间广泛传唱，并且蕴涵了丰富的红色精神，以口耳相传、现场演绎、民间传颂的方式叙说着大别山地区的红色故事，讴歌着大别山地区革命英雄们的豪迈气概。

　　大别山红色歌谣都是围绕着不同革命时期的具体情况而概括总结出来的，具有不同的特点，反映了当时革命军事题材、军事特色和革命文化。在题材内容方面，红色歌谣主要表现为革命战争、土地革命、歌唱幸福、庆祝解放等方面，一直广为老百姓喜爱。主要采取山歌、号子和小调等丰富多样的歌唱方法，结合山区人民不同的革命目的，进行针对性的宣传和教育。同时，红色歌谣采用了苏武牧羊调、泗洲小调等曲调，并加上一些结合当时革命情况的歌词，能够很好地引起老百姓的关注和共鸣。

　　大别山红色歌谣不仅是推动中国革命走向胜利的重要精神支撑，而且是大别山红色文化的重要组成部分。大别山红色歌谣在中国革命的发展过程中具有不可抹灭的功勋，同时也是对中国传统优秀文化的继承和发展，有力地动员了人民群众积极参与革命战争，具有很强的现代价值，而这种育人价值主要体现在对中国传统文化创新、大别山革命精神传承、民族复兴大任新人培育的需要的满足。

　　本章主要介绍建党和大革命时期、土地革命时期、抗日战争时期、解放战争时期等四个时期的大别山歌谣,这些歌谣生动记录了大别山地区的人民群众在中国共产党的领导下,为推翻"三座大山",追求民族独立、人民解放而进行伟大斗争的光辉历程,表现了革命先辈追求真理、坚守理想、不怕牺牲、英勇无畏的革命精神,语言鲜活、旋律铿锵、情感激昂,充满正能量,具有质朴动人的力量。大别山红色歌谣在中国革命年代、在大别山地区这一特定区域具有重要的历史意义和时代价值,对大别山红色歌谣开展搜集、整理和研究是重要的课题。

◆ 第一节　建党和大革命时期大别山的红色歌谣

建党和大革命时期有几个标志性的事件:1921 年 7 月 23 日在上海召开中共一大,中国共产党成立,中国革命的面貌焕然一新;1926 年至 1927 年,中共与国民党合作进行北伐,以共产党员、共青团员为主的叶挺独立团战功显赫,北洋军阀的黑暗统治基本结束。

这一时期体现了老百姓为坚定的理想信念而努力奋斗、英勇奋战,随之,反映大别山地区军事革命题材的红色歌谣接踵而来。比如,《毛委员派来学生军》《工农兵》《调兵去打夏斗寅》等等,这些歌谣都是大别山地区老百姓在建党和大革命时期的内心真实写照。

一、毛委员派来学生军

《毛委员派来学生军》这首歌谣是歌颂毛委员而传唱的。1926 年,大别山地区麻城的土豪劣绅,不甘心被灭亡,他们组织"红枪会"和"白学会"对麻城进行围攻,向当地农民反扑。在这一紧急时刻,毛泽东同志立即派武昌中央农民运动讲习所的学员来麻城驰援,打垮了"红枪会",惩办了当地带头伤害农民的罪魁祸首。于是,麻城人民扬眉吐气,放声唱起了《毛委员派来学生军》,歌谣将"土豪劣绅组织'红枪会'和'白学会'疯狂反扑以及毛委员派来学生军把匪徒一网打尽、凯旋回城的过程"写得很清晰。

"太阳出来照(呀)山坡,听我唱个革(呀)命歌,农友们(啦)过细听着,(依呀喂唷)农友们(啦)过细听着。"这句歌词很欢快,通过太阳出来照山坡,听我唱个革命歌,来表达农友们通过歌剧来表达内心的喜悦。"自从去年把(呀)党兴,打倒土豪和(呀)劣绅,农友们(啦)团结一心,(依呀喂唷)农友们(啦)团结一心。"这句歌词唱出了农友们通过团结一心打倒土豪和劣绅,最终把党兴。"红枪白学勾(呀)得紧,疯狂反扑打(呀)麻城,举屠刀(呀)杀害人民,(依呀喂唷)举屠刀(呀)杀害人民。"这句歌词唱出了'红枪会'和'白学会'疯狂地举屠刀残害大别山地区的人民,显示出了战争的残酷。"麻城告急到(呀)省城,毛委员派来学(呀)生军,一定要(哇)消灭敌人,(依呀喂唷)一定要(哇)消灭敌人。"这句歌词唱出了在'红枪会'和'白学会'疯狂地举屠刀残害麻城地区的人民之际,麻城的人民紧急向武汉农民讲习所的毛委员告急,毛委员派来学生军,一定要消灭敌人的英勇气概。"神兵天降到(呀)麻城,直捣敌人打大(呀)本营,把匪徒(哇)一网打尽,(依呀喂唷)把匪徒(哇)一网打尽。"这句歌词唱出了毛委员派来的学生军不畏牺牲、英勇奋战,直接将匪徒一网打尽,并取得胜利。"感谢毛委员大(呀)恩人,敲锣打鼓送(呀)亲人,学生军(啦)凯旋回城,(依呀喂唷)学生军(啦)凯旋回城。"这首歌唱出了大别山地区人民通过敲锣打鼓等行动欢送毛委员派来的学生军,也表达了一种感恩之情。

《毛委员派来学生军》这首歌谣不仅表达了对毛委员的敬爱之情和对学生军的感激之情,而且体现了当时建党和大革命时期土豪劣绅和农民之间的阶级矛盾。这首歌谣,将大别山地区人民团结一心、感恩回馈、英勇奋战等优良品质展现出来,对于在革命时期遇到困难如何形成革命合力具有很强的教育功能和实践意义。

毛委员派来学生军
（小 调·穷 人 调）

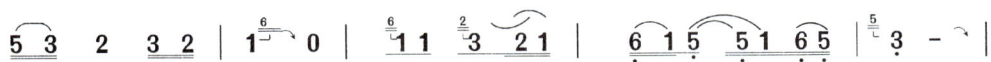

1. 革（呀）命 歌，　农友们（啦）　过细 听 着，
2. 和（呀）劣 绅，　农友们（啦）　团结 一 心，
3. 打（呀）麻 城，　举屠 刀（呀）　杀害 人 民，
4. 学（呀）生 军，　一定要（哇）　消灭 敌 人，
5. 大（呀）本 营，　把匪 徒（哇）　一网 打 尽，
6. 送（呀）亲 人，　学生 军（啦）　凯旋 回 城，

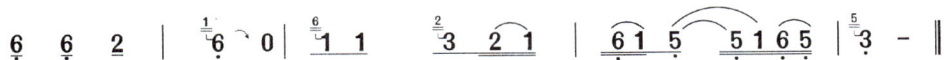

1.（依呀喂 唷）　农友 们（啦）　过细 听 着。
2.（依呀喂 唷）　农友 们（啦）　团结 一 心。
3.（依呀喂 唷）　举屠 刀（呀）　杀害 人 民。
4.（依呀喂 唷）　一定 要（哇）　消灭 敌 人。
5.（依呀喂 唷）　把匪 徒（哇）　一网 打 尽。
6.（依呀喂 唷）　学生 军（啦）　凯旋 回 城。

二、工农歌

《工农歌》是来自于大别山红安地区的民间歌谣。歌谣中将大别山红安地区的地、田、山河、美衣、食物、楼阁写得很清楚，并表示这些都是劳动结果，号召全世界工农团结起来，为了美好的生活共同努力。这首歌谣虽然歌词中没有提到革命战争，但是它号召工人和农民团结起来，实际上是对土豪劣绅剥削老百姓的不满。歌谣中反映了当地老百姓希望通过大家共同努力，获得美好的生活。

"青的地，绿的田，灿烂的山河"是大别山地区自然风景的展现，表明大别山地区有青地、绿田、灿烂山河，风景优美，是人民生活的美好地方。"美的衣，鱼的食，玲珑的楼阁"是大别山地区人民幸福生活的写照，大别山地区人民有美衣穿、有鱼吃、有玲珑的楼阁住。"谁的功，谁的力？劳动的结果"，这句歌谣反映了大别山的青地、绿田、灿烂山河、美衣、鱼食、玲珑楼阁都是大别山地区广大人民劳动的结果，是他们辛勤付出才会有的好结果。"全世界，工农们，团结起来呵！"这句歌谣号召全世界工农通过团结起来共同对付土豪劣绅，共同创造和维护大别山地区美好幸福生活。

《工农歌》这首红色革命歌谣的出现不仅反映了大别山地区工农对美好生活的向往，而且也是号召全世界工农要通过团结、劳动来获得好的结果。这在建党和大革命时期具有重要的现实意义，广大大别山地区的工农只有通过团结、劳动，一致对敌，才能有效摆脱敌人的剥削和入侵，更好地实现自身的理想和价值。

工 农 歌①

1=G 4/4

鄂东北·红安

```
5  5  1  - | 6·  6  5̲  - | 1  1  1  3 | 2  -  -  - |
青 的 地，    绿 的 田，    灿 烂 的 山  河，
```

```
1·  2  3  - | 3  4  5  - | 6·  6̲  6  6 | 5  -  -  - |
美 的 衣，    鱼 的 食，    玲 珑 的 楼  阁，
```

```
5  5  3  - | 2  2  1  - | 2  2  1  6· | 5  -  -  - |
谁 的 功，    谁 的 力？    劳 动 的 结  果。
```

```
5  5  1  - | 2  2  3  - | 4·  3̲  2  5 | 1  -  -  - ‖
全 世 界，    工 农 们，    团 结 起 来    呵！
```

三、调兵去打夏斗寅

《调兵去打夏斗寅》这首歌谣写的是调动了大别山区的兵营，去打夏斗寅等反革命分子，战争主要围绕麻城、武汉和龟山等地。在第一次革命时期，出现了许多反革命分子，这些反革命分子对中国共产党进行反击，残忍杀害共产党和普通老百姓，制造了一幕幕暗杀惨案。为了防止敌人的诡计得逞，中国共产党实行集中攻打、单个突击等方式，调兵开打麻城、武汉和龟山等地，取得革命的胜利。

歌谣里面写道："姐在房中绣（哇）花巾，忽听门外喊调兵。不知调哪营。"大别山地区老百姓忽然听到喊调兵，突然起来的调兵让大家不知道调哪营，这表明在当时革命时期像这样的事情还是时有发生的，所以大家并不会感觉到大惊小怪。"（依么呀得儿喂得儿喂）不知调哪营。皖西豫南都（哇）没调，单调黄安特务连。战士很年轻。（依么呀得儿 喂得儿喂）战士很年轻。大的不过十（哇）七八，小的才满十六春。都是庄

① 《中国民间歌曲集成》全国编辑委员会.中国民间歌曲集成：湖北卷[M].北京：人民音乐出版社，1988：543.

稼人。（依么呀得儿　喂得儿喂）都是庄稼人。"调出的兵主要是黄安特务连，这些特务连的兵很年轻，个个精神抖擞、动作齐整、招手笑盈、打仗齐心。"左边挂的盒（哇）子炮，右边一间飘红巾。个个挺精神，（依么呀得儿　喂得儿喂）个个挺精神。"这是黄安特务连的年轻战士们的精神面貌，不仅动作规范齐整，招手笑脸，而且齐心协力，共同为了取得革命胜利而乐意接受调兵安排，并且尽自己最大努力去获得革命的胜利。

　　《调兵去打夏斗寅》这首歌谣不仅反映了中国共产党人在战争时因势而动、随机应变，而且也体现了大别山地区老百姓们对中国共产党人的支持和拥戴，对反革命的痛恨。

调兵去打夏斗寅①

（小　调）

鄂东北·红安

　　① 叶金元,詹仲凯,王霞.红安民间歌曲集[M].武汉:华中师范大学出版社,2011:29.

◆ 第二节　土地革命时期大别山的红色歌谣

土地革命时期是国共十年对峙时期,是中国工农红军和中国人民为了反对蒋介石集团的反动统治,建立工农民主政权而进行革命斗争的时期。这一时期的大别山红色歌谣的题材主要以突出大别山人民和工农红军为建立工农民主政权与国民党开展的革命斗争为主。比如,《黄安颂》《八月桂花遍地开》《南下胜利歌》《土地革命歌》《建设苏维埃》《一颗红心拿不走》《红军歌》《红军游击转回家》《反围剿》《民国十八春》《送郎当红军》等等。这一时期的歌谣主要突出土地革命期间大别山地区的革命情景。

这些歌谣内容丰富,生动地描述了土地革命时期大别山地区人民的生活景象,充分体现了大别山农民的基本生活状况、革命需求和革命目标。据统计,大别山革命根据地曾拥有数量达到 10 个师的红军,共有 15 个军的赤卫队。这一时期,以工农为主,革命的主要目的是反对地主豪绅、官僚资本家对老百姓的盘剥和压榨,反对中国官僚军阀的连年混战、滥抓壮丁、欺压百姓,让老百姓民不聊生。工农兵是国民革命时期备受剥削、压榨的社会最底层,是中国人口最多的革命斗争群体,是中国共产党主要依靠和团结的对象。中国共产党在大别山地区采取革命宣传和政治动员的手段,通过红色歌谣呼吁老百姓积极加入红军队伍,壮大大别山根据地的红军。

除此之外,《姊妹们仔细听》《放脚歌》《妇女参军歌》等也描绘了大别山地区女性参军入伍以及渴望解放的良好局面。这反映了当时不仅男士渴望解放,女士也希望通过战争来实现人类解放。

下面主要以《黄安颂》《八月桂花遍地开》《南下胜利歌》等来讲述一下这一时期的大别山红色歌谣的基本内容。

一、黄安颂

1927 年 9 月,中共黄安、麻城两县负责人郑位三、戴克敏、王树声等同志,遵照"八七"会议精神,分别在黄安七里坪文昌宫和麻城邱家畈举行会议,决定开展革命暴动。11 月 3 日,中共黄麻特委和鄂东革命委员会成立,任命符向一为特委书记,刘镇一为革命委员会负责人,王志仁为黄安县委书记。11 月 11 日,黄麻特委决定正式成立"黄麻暴动行动总指挥部",黄安县农民自卫军大队长潘忠汝任总指挥,起义总部和党团机关设在黄安七里坪。11 月 13 日晚 10 时,起义军浩浩荡荡向黄安城挺进,李先念、詹才芳、蔡济黄、王树声、陈再道亦分别率领武装队伍参战,沿途群众闻风响应。

李先念、王树声、韩先楚、陈锡联、陈再道、王近山、刘华清、秦基伟等人参加的黄麻起义是中国共产党领导的继南昌起义和秋收起义之后,在长江以北地区首次举行的规模最大的农民武装起义,是党领导的武装起义总体布局的重要组成部分。

黄冈红安的《黄安颂》就在这一时期应运而生。该歌谣是黄冈红安地区的小调,其歌词主要是写的红安地区人民革命战争情况,只要铜锣一响,男将打仗,女将送饭,大家都在为理想信念而战斗,体现的是一种战争和谐的景象。手端米箥篮的女人将她们舍不得吃的口粮——饼、馍、干粮送给战士们,把黄麻起义这一段悲壮的历史书写得酣畅淋漓,把一曲英雄的赞歌唱得惊天动地。具体歌词为:"小小黄安,人人称赞;铜锣一响,四十八万;男将打仗,女将送饭;男将打仗,女将送饭。"

黄　安　颂①

(小　调)

鄂东北·红安

---

① 《中国民间歌曲集成》全国编辑委员会.中国民间歌曲集成:湖北卷[M].北京:人民音乐出版社,1988:50.

二、八月桂花开

1927 年 11 月 18 日,黄安县工农民主政府正式成立,曹学楷被任命为主席。黄麻两县农民自卫军举行了隆重的检阅仪式,宣告成立中国工农革命军鄂东军,并开始建立党代表制度,以保证党对革命军队的绝对领导。潘忠汝任鄂东军第一路军司令,戴克敏任党代表;吴光浩任鄂东军第二路军司令,刘文蔚任党代表。中共鄂豫皖边特委和鄂豫皖边苏维埃政府以及红一军的相继成立,标志着鄂豫皖革命根据地正式形成。三支红军主力——红四方面军、红二十五军、红二十八军,先后诞生。

黄冈红安的《八月桂花开》,正是在这一背景下产出的,它主要是为了庆祝 1927 年 10 月大别山根据地的黄麻起义成功、成立苏维埃政府而开始歌唱的。该歌谣反映了大别山根据地一片战争和谐的景象。八月桂花遍地开,鲜红的旗帜竖起来,起义成功的喜悦堆上了大别山老百姓的眉梢,他们用歌谣唱出了内心的喜悦之情,以及对推翻封建势力的渴望。

"八月桂花遍地开,鲜红旗帜迎风摆;敲锣又打鼓呀,张灯又结彩呀,光辉灿烂现出新世界。"红四方面军、红二十五军、红二十八军的大旗迎风招展,胜利的红旗在歌谣中展现出来,"苏维埃政府"的建立,将热烈的歌谣气氛推向高潮。战士们肩挎新发的枪支,个个精神抖擞。他们精神饱满、气宇轩昂,领导群众数百万,跳出地狱鬼门关,不再受摧残。哪怕前面会遇到豺狼虎豹,会遇到千沟万壑,任凭中途有风波,坚决斗争,心中有党,团结一心,勇往直前。

八月桂花遍地开[①]
(小 调 · 八 缎 锦 调)

1 = bE 4/4

鄂东北·红安

```
  5   5    i   6̂ 5 | 6 5   î 6   5   -  |  5. 6̂   i i   6̂ 5   3 |
1. 八  月   桂   花    遍   地   开,    鲜   红的  旗   帜
2. 站  在   革   命    的   前   线,    不   怕   牺   牲
3. 政  府   最   爱    是   人   民,    人   民   都   是
4. 不  爱   家   庭    身   无   依,    不   爱   政   府
```

① 《中国民间歌曲集成》全国编辑委员会.中国民间歌曲集成:湖北卷[M].北京:人民音乐出版社,1988:662.

5. 巍　巍　政　府　谁　创　造?　就　是　工　人
6. 代　表是　群　众　的　工　具,　由　你　罢　免
7. 答　应　你　们　的　要　求,　保　障你　利　益
8. 完　成　民　权　的　革　命,　反　动　势　力
9. 领　导　群　众　数　百　万,　跳　出　地　狱
10. 任　凭　中　途　有　风　波,　坚　决　斗　争

$5\ 3\ 2\ 5\ \ 1\ -\ |\ 5\ 5\ \widehat{6}\ \ 5\ 3\ \ 2\ \widehat{3\ 1}\ \ 2\ |\ 5\ 5\ \widehat{6}\ \ 5\ 3\ \ 2\ \widehat{3\ 1}\ \ 2\ |$

1. 竖 (呀)竖起 来,　张灯 又结 彩 (呀),　张灯 又结 彩 (呀),
2. 冲 (呀)冲在 前,　为的 是政 权 (哪),　为的 是政 权 (哪),
3. 当　家 人,　人人 有家 庭 (哪),　人人 有家 庭 (哪),
4. 被 (呀)被人 欺,　政府 是你 的 (呀),　政府 是你 的 (呀),
5. 和 (呀)和农 友,　胜利 大元 勋 (哪),　胜利 大元 勋 (哪),
6. 和 (呀)和选 举,　不是 讲威 武 (哇),　不是 讲威 武 (哇),
7. 和 (呀)和自 由,　土地 归农 有 (哇),　土地 归农 友 (哇),
8. 要 (呀)要肃 清,　团结 向前 进 (哪),　团结 向前 进 (哪),
9. 鬼 (呀)鬼门 关,　不再 受摧 残 (哪),　不再 受摧 残 (哪),
10. 不 (呀)不调 和,　战斗 越扩 大 (嘞),　战斗 越扩 大 (嘞),

$\widehat{5.\ 6}\ \widehat{\dot{1}}\ \widehat{6\ 5}\ \ \widehat{3\ 2}\ |\ 5\ 3\ \ 2\ 5\ \ 1\ -\ |\ 5\ 5\ \widehat{6}\ \ 5\ 3\ \ 2\ \widehat{3\ 1}\ \ 2\ |$

1. 光　辉　灿　烂　现出 新世 界　亲爱 的工 友们 (啦)
2. 工　农　专　政　如今 已实 现　亲爱 的工 友们 (啦)
3. 家　庭是　你　的,　第一 生　命　亲爱 的工 友们 (啦)
4. 你　爱　政　府,　就是 爱自 己,　亲爱 的工 友们 (啦)
5. 士　兵　也　是,　工农 的化 身,　亲爱 的工 友们 (啦)
6. 工　人　都　能　监督 这政 权,　亲爱 的工 友们 (啦)
7. 一　切　工　厂,　工农 来没 收　亲爱 的工 友们 (啦)
8. 政　府　是　你　力量 的重 心,　亲爱 的工 友们 (啦)
9. 封　建　势　力,　定要 推　翻　亲爱 的工 友们 (啦)
10. 才　有　今　天　这个 好结 果　亲爱 的工 友们 (啦)

$5\ 5\ \widehat{6}\ \ 5\ 3\ \ 2\ \widehat{3}\ \ \widehat{1}\ 2\ |\ \widehat{5.\ 6}\ \widehat{\dot{1}}\ 6\ 5\ \ \widehat{3\ 2}\ |\ 5\ 3\ \ 2\ 5\ \ 1\ -\ \|$

1. 亲 爱 的 农 友 们 (啦),　唱 一个 国 际 歌　庆祝 苏维 埃
2. 亲 爱 的 农 友 们 (啦),　今 日里 就 是 你　解放 的一 天
3. 亲 爱 的 农 友 们 (啦),　爱 政府 就 是 爱　自己 的生 命
4. 亲 爱 的 农 友 们 (啦),　这 一点 希 望 你　特别 要注 意
5. 亲 爱 的 农 友 们 (啦),　你 自己 的 岗 位　特别 要认 真
6. 亲 爱 的 农 友 们 (啦),　这 政府 靠 你 们　一致 来拥 护
7. 亲 爱 的 农 友 们 (啦),　一 切全 都 靠　自己 来奋 斗
8. 亲 爱 的 农 友 们 (啦),　反 动派 消 灭 尽　才 能享 太 平
9. 亲 爱 的 农 友 们 (啦),　尽 所能 取 所 需　共 消费 生 产
10. 亲 爱 的 农 友 们 (啦),　才 有今 天　这个 好结 果

三、南下胜利歌

从 1931 年 11 月到 1932 年 6 月,大别山红军在徐向前、曾中生等领导下,取得黄安、商潢、苏家和潢光等战役的胜利,共剿灭敌军 6 万多,歼灭正规军 40 个团。

《南下胜利歌》就是在大别山红军南下开展黄安战役之前所唱的,主要是为了鼓励士气,争取获得黄安战役胜利。"我们(啦)工农红(呀)红四军,这次南下胜利大得很,夺取黄安县城(哪儿唷)。(哎嗨 哎嗨 唷)夺取黄安县城(哪儿唷)。"这句歌谣写出了工农红四军夺取黄安县城胜利在望。"反动(啊)军阀三(呀)三团整(啦),活捉师长赵冠英,反动派一网打尽(哪儿唷)。(哎嗨 哎嗨唷)反动派一网打尽(哪儿唷)。缴获(呀)长枪多(呀)多得很(啦),消灭白匪三千还有零,大炮十(呀)几门(哪儿唷)。(哎嗨 哎嗨 唷)大炮十(呀)几门(哪儿唷)。解放(啊)工农人(呀)人欢喜(啦),工农政府建立起,竖起大(呀)红旗(哪儿唷)。(哎嗨 哎嗨唷)竖起大(呀)红旗(哪儿唷)。"这几句歌谣写出了工农红军夺取黄安县城的目的,就是要活捉反动派师长赵冠英,消灭白匪三千有零,从而将其一网打尽,然后缴获很多长枪和大炮,建立工农政府,解放工农,竖起大红旗。

南下胜利歌①

1=C 2/4

鄂东北·红安

稍快

6. 1 6 3 | 5. 6 | 1 6 3 | 2 - | 1 3 | 2 1 | 6 1 | 6 3 | 5 - |

1.我 们 (啦) 工 农 红 (呀) 红 四 军 (啦),

2.反 动 (啊) 军 阀 三 (呀) 三 团 整 (啦),

3.缴 获 (呀) 长 枪 多 (呀) 多 得 很 (啦),

4.解 放 (啊) 工 农 人 (呀) 人 欢 喜 (啦),

---

① 《中国民间歌曲集成》全国编辑委员会.中国民间歌曲集成:湖北卷[M].北京:人民音乐出版社,1988:89 - 90.

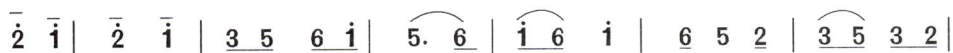

1. 这次	南下	胜利	大得 很	夺	取	黄安县	城 （哪儿
2. 活捉	师长	赵 冠	英	反动	派	一网打	尽 （哪儿
3. 消灭	白匪	三千	还有 零	大	炮	十（呀）几	门 （哪儿
4. 工农	政府	建 立	起	竖	起	大（呀）红	旗 （哪儿

1. 唷）。	（哎嗨 哎嗨 唷）	夺 取	黄 安 县	城	（哪儿	唷）。
2. 唷）。	（哎嗨 哎嗨 唷）	反动 派	一 网 打	尽	（哪儿	唷）。
3. 唷）。	（哎嗨 哎嗨 唷）	大 炮	十（呀）几	门	（哪儿	唷）。
4. 唷）。	（哎嗨 哎嗨 唷）	竖 起	大（呀）红	旗	（哪儿	唷）。

四、红军歌

在土地革命时期,大别山的红色歌谣在革命斗争中发挥了有效的鼓动、宣传、动员等作用,使得红军的革命主张在大别山区能得到有效的贯彻和实施,具有很重要的革命宣传功能、革命教育功能、革命辐射功能。因此,这一时期涌现了许多歌唱红军的歌谣。《红军歌》就具有很强的代表性。歌词中写道,"莫打鼓来莫敲锣,听我唱个红（哎）军歌（嘞）。同志们（嘞）,仔细听着,（依哟　唉哟）同志们（嘞）,仔细听着。"这句歌谣就是体现了大别山老百姓们对红军的爱戴,也是此歌谣的开篇词。"共产主义高潮起,红军到处打（哎）游击（嘞）。前几天（嘞）,开到县里,（依哟唉哟）前几天（嘞）,开到县里。一开开到黄安城,农民报告有（哎）敌情（嘞）。前面来（嘞）,敌人匪军,（依哟唉哟）前面来（嘞）,敌人匪军。"这句歌谣里面写到了红军到黄安县城,农民及时报告黄安县城里面有敌匪军,展现了军民一心、共同对敌的良好局面。在遇到敌人的时候,红军勇敢对敌,匪军拖着长枪往回跑。整个革命气氛喜人,鼓舞士气,让农民们看到了革命的希望。

由此可知,《红军歌》这首歌谣是大别山地区红军与匪军之间斗争现实的歌谣化,大别山地区的农民通过歌谣来歌颂红军的英勇奋战以及军民鱼水情。

红 军 歌①

鄂东北·红安

1=F 2/4 3/4

♩= 108

```
1. 2   3  5 | 2 3 2 1  6 5 | 1. 2   3 5 3 2 |
```

1. 莫 打 鼓 来　莫　敲　锣，　听 我　唱　个
2. 共 产 主 义　高　潮　起，　红 军　到　处
3. 一 开 开 到　黄　安　城，　农 民　报　告
4. 红 军 一 听　把　哨　站，　每 个　同　志
5. 匪 军 一 见　势　不　好，　拖 着　长　枪
6. 叫 声 老 乡　不　要　惊，　长 枪　缴　给
7. 老 乡 一 听　嘻　嘻　笑，　长 枪　缴　了
8. 老 乡 老 乡　不　用　问，　共产党 领　导

```
3/4 1 2  3 2 1  1 6 | 2/4 6 1 2 3  1 2 1 | 3/4 6 1 5  5 6 5 3 |
```

1. 红(哎)军 歌(嘞)。　同 志 们(嘞)，　仔 细 听 着
2. 打(哎)游 击(嘞)。　前 几 天(嘞)，　开 到 县 里
3. 有(哎)敌 情(嘞)。　前 面 来(嘞)，　敌 人 匪 军
4. 都(哎)勇 敢(嘞)。　众 兄 弟(嘞)，　各 站 一 边
5. 往(哎)回 跑(嘞)。　共 产 党(嘞)，　下 山 来 了
6. 我(哎)红 军(嘞)。　送 路 费(嘞)，　你 转 回 程
7. 几(哎)千 几(嘞)。　问 红 军(嘞)，　是 哪 团 的
8. 来(哎)革 命(嘞)。　全 中 国(嘞)，　都 是 红 军

---

① 叶金元,詹仲凯,王霞.红安民间歌曲集[M].武汉:华中师范大学出版社,2011:30.

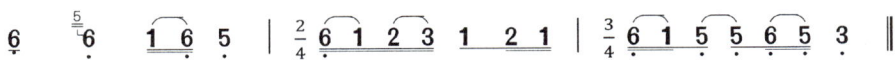

$\underline{6}$　$\overset{5}{\underline{\dot{6}}}$　$\underline{1\ \dot{6}}\ \dot{5}$ $\Big|\ \overset{2}{_4}\ \underline{\underline{6}\ \dot{1}}\ \underline{2\ 3}\ 1\ \underline{2\ 1}\ \Big|\ \overset{3}{_4}\ \underline{\underline{6}\ 1}\ \underline{5\ 5}\ \underline{6\ 5}\ 3\ \Big\|$

1.（侬　哟　唉　哟）　同　志　们（嘞），　　仔　细　听　着。

2.（侬　哟　唉　哟）　前　几　天（嘞），　　开　到　县　里。

3.（侬　哟　唉　哟）　前　面　来（嘞），　　敌　人　匪　军。

4.（侬　哟　唉　哟）　众　兄　弟（嘞），　　各　站　一　边。

5.（侬　哟　唉　哟）　共　产　党（嘞），　　下　山　来　了。

6.（侬　哟　唉　哟）　送　路　费（嘞），　　你　转　回　程。

7.（侬　哟　唉　哟）　问　红　军（嘞），　　是　哪　团　的。

8.（侬　哟　唉　哟）　全　中　国（嘞），　　都　是　红　军。

五、送郎当红军

大别山地区在革命战争时期涌现了很多爱情歌谣，譬如，《劝郎当红军》《送郎当红军》《思郎》，这些歌谣既反映了当时革命时期麻城地区人民坚定的革命斗志和不畏强敌、勇于牺牲的革命精神，同时也反映了夫妻之间的依依不舍和相思之情。在大局面前，为了打敌人，舍小家顾大家，彰显了理想信念的坚定和对党忠诚之情。以《送郎当红军》为例，歌谣中写出了妻子送丈夫当红军的喜悦，并且叮嘱心上人一定要对革命诚心、意志坚定、克服艰难困苦，严守纪律，用心学习，勤操练，当好战斗员，不要操心家中事务，等革命成功归来时，家人再团聚。

"近日送郎投红军（啦），小妹喜在心（哪），小妹喜在心。"这句歌谣中道出了妻子是赞成丈夫去当红军的，从而表明农民对红军的信任，将自己的心上人送去当红军。从另一方面，也表明了当时革命战争形势严峻，国民党反革命对红军、学生、工人、农民的残忍迫害。"我们苏区人，个个要觉醒，参加红军杀敌人（啦），革命要诚心（哪），革命要诚心。"这是对苏区人参加红军杀敌的叮嘱，要一心向党，忠诚于党。"我郎志气高，精力正盛旺，投身革命跟着党（啊），实是好儿郎（啊），实是好儿郎。"这是对丈夫的肯定与鼓励。"郎去投红军，意志要坚定，艰难困苦莫灰心（哪），勇敢向前进（哪），勇敢向前进。冲锋要在前，杀敌心要狠，颗颗子弹中敌身（哪），小妹最高兴（哪），小妹最高兴。"

这是妻子希望丈夫投红军之后要勇敢向前、冲锋在前，面对敌人不畏惧，英勇杀敌。此外，歌谣中还提到了组织上对年迈公婆的安排与照顾，这是中国共产党对参加红军的家庭的关心，某种程度而言，也体现了一种惠民政策。

送郎当红军①

（小　调）

1=A 2/4

快速

鄂东北·红安

5 5 3 1	2. 3	1 1	6 1 5 6	1 -	6 1 2	5 3 2	3
1. 早起 开柴	门，	红日	往 上	升，	今日	送	郎
2. 我们 苏区	人，	个个	要 觉	醒，	参加	红	军
3. 我郎 志气	高，	精力	正 盛	旺，	投身	革	命
4. 郎去 投红	军，	意志	要 坚	定，	艰难	困	苦
5. 冲锋 要在	前，	杀敌	心 要	狠，	颗颗	子	弹
6. 开会 多讨	论，	主义	要 认	清，	积极	发	言
7. 军令 重如	山，	纪律	要 守	严，	用心	学	习
8. 对待 同志	们，	要像	一	娘，	生 部队 是	革	命
9. 公婆 年纪	迈，	组织	有 安	排，	家中	事	务
10. 话儿 说不	完，	郎快	把 路	赶，	革命	成	功

1 3 2 1	1 6 5	3 5 6 5 6	1 6 5	1 1 6 1 5 6	1 -
1. 投 红 军(啦)，	小妹 喜在	心(哪)，	小妹喜	在	心。
2. 杀 敌 人(啦)，	革命 要诚	心(哪)，	革命要	诚	心。
3. 跟 着 党(啊)，	实是 好儿	郎(啊)，	实是好	儿	郎。
4. 莫 灰 心(哪)，	勇敢 向前	进(哪)，	勇敢向	前	进。
5. 中 多 敌 身(哪)，	小妹 最高	兴(哪)，	小妹最	高	兴。
6. 多 批 评(哪)，	革命 好精	神(哪)，	革命好	精	神。
7. 勤 操 练(哪)，	当好 战斗	员(哪)，	当好战	斗	员。
8. 大 家 庭(啦)，	彼此 要相	亲(哪)，	彼此要	相	亲。
9. 我 担 待(呀)，	不要 挂心	怀(呀)，	不要挂	心	怀。
10. 转 回 还(啦)，	夫妻 再团	圆(哪)，	夫妻再	团	圆。

---

① 《中国民间歌曲集成》全国编辑委员会.中国民间歌曲集成：湖北卷[M].北京：人民音乐出版社，1988：537.

六、喜做拥军鞋

鄂豫皖的红旗之所以坚持 28 年不倒,一个重要的原因是有老区人民做坚强的后盾。大别山区人民与党领导的红军队伍结下鱼水深情。

优秀的共产党人,在建立革命根据地的过程中,始终注意发动群众、依靠群众、爱护群众,而大别山区人民始终视子弟兵为自己的亲人,爱戴亲人、拥护亲人、支援亲人,军民共同谱写了一曲血浓于水的鱼水深情。鄂豫皖革命根据地的斗争艰苦卓绝,国民党匪军曾在那里杀光、抢光,但这丝毫不改根据地群众对人民军队的支持与拥戴。男人们上阵杀敌,妇女们忙里偷闲纳鞋底,支持红军,支持亲人。

《喜做拥军鞋》很好地展现了大别山区妇女们纳鞋底,支持红军和亲人的良好局面。"一轮(那个)红日(呀)照山(呀)岩(呀儿唷),山里的姐妹(呀)喜做拥军鞋(呀儿唷)。"这句歌谣唱出了大别山麻城地区姐妹们喜做拥军鞋的心情,一针一线紧紧相挨,做出的军鞋来给红军穿,支援红军上前线,建起红色政权,打击反动派。

喜 做 拥 军 鞋[①]

(小　调)

$1 = {}^{b}B$　$\frac{2}{4}$

鄂东北·麻城

中速

```
2  2 1   6 1  | 5 5 3  2 1 | 6   2   2 1 6 | 5  6 3   5   |

1. 一轮  (那个)  红日 (呀) 照山 (呀)  岩 (呀儿 唷),
2. 纳了  (那个)  一排 (呀) 又一 (呀)  排 (呀儿 唷),
3. 红色  (那个)  政权 (呀) 建起 (呀)  来 (呀儿 唷),
4. 红军  (那个)  扎根 (呀) 大山 (呀)  寨 (呀儿 唷),

6  6 5  6 1  | 5 6 2  1 6 | 5   6 1   6 5 3 | 2   3 5   2   |

1. 山里  的  姐妹 (呀)   喜做  拥军  鞋 (呀儿 唷),
2. 想起 (那)  红军 (呀)  喜 (呀) 喜心  怀 (呀儿 唷),
3. 穷人 (那)  从此 (呀)  把 (呀) 把头  抬 (呀儿 唷),
4. 山寨 (那)  人把 (呀)  红 (呀) 红军  爱 (呀儿 唷),
```

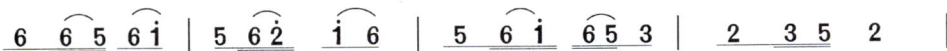

① 廖家骅.红旗滚滚过山来:大别山革命历史民歌集萃[M].芜湖:安徽师范大学出版社,2018:63.

| 5 53 | 5 6 | i 1 6 5 | 6 | 2 2 3 | 5 5 | 3 2 1 | 2 | 2 2 | 2 2 3 |

1. 针对　针(呀)　线对　线,　针针　线线　紧紧　挨,　(呐呀　那个
2. 打倒　土豪　和劣绅,　红色　政权　建起　来,　(哎咳　那个
3. 支援　红军　上前　线,　狠狠　打击　反动　派,　(打呀　那个
4. 军鞋　做得　厚墩墩,　亲人　穿上　大步　迈,　(哎咳　那个

| 5. 3 5 5 | 2 3 | 5 5 | 3 2 1 2 2 | 5 5 | 3 2 1 | 2 2 0 |

1. 呐呀　呐呀)　针针　线线　紧　紧挨(呀),　紧紧　(那个)　挨 (呀)。
2. 哎咳　唷咳)　红色　政权　建　起来(呀),　建起　(那个)　来 (呀)。
3. 打呀　打呀)　狠狠　打击　反　动派(呀),　打击　反　动派 (呀)。
4. 哎咳　唷咳)　亲人　穿上　大　步迈(呀),　穿上　大　步迈 (呀)。

◆ 第三节　抗日战争时期大别山的红色歌谣

　　抗日战争是中国人民抵抗日本侵略的一场民族性的全面战争。大别山地区曾是日寇侵略中国的重灾区,在大别山这片土地上,日寇罪行滔天,罄竹难书。屈辱与血泪激发了黄冈儿女杀敌报国的斗志,激励他们奔赴各个抗日战场,大别山地区黄冈籍将帅领导的平型关大捷、奇袭阳明堡、伏击日军战地参观团等经典战役,粉碎了"皇军不可战胜"的神话;黄广阻击战、蕲春阻击战、田家镇保卫战、小界岭战斗、马鞍山战斗等一系列经典战例,大长了中国人民的志气,大灭了日军的威风。李先念领导的新四军五师完成了对武汉的战略包围,先后抗击了15万日军、8万伪军,对日伪军主要战斗1262次,毙伤俘日伪军等4万多人。大别山军民积极投身保卫大武汉的铁流中,同仇敌忾。

　　而这一时期的大别山红色歌谣主要以抗日战争为题材,是要号召全中国人民为了打倒日本帝国主义,团结一心,无论是男子还是女子,无论是共产党还是国民党,无论是工人还是农民,无论是商人还是学生,都要携起手来,共同抗日。

一、劝夫参军与送夫参军

　　《劝夫参军》《送夫参军》等歌谣在抗日战争时期,成为提高各阶级思想觉悟的有力

武器,特别是当时老百姓心中对幸福生活期盼,希望通过劝夫参军和送夫参军,坚持武装斗争,实现革命胜利,改变被剥削被残酷烧杀抢掠的命运。

《劝夫参军》歌词中写道:"为人莫当亡国奴,快把国来救;祖国不独立,祖国人民被人欺;越思越想越恼气,劝夫去杀敌……"这首歌谣很欢快地将老百姓对日本人的仇恨和对祖国独立的期盼表现出来。《送夫参军》唱出了大别山地区普通老百姓夫妻的无奈与不舍,不得不舍小家顾大家,只有将日本鬼子打倒,才能安心搞生产,实现千千万万的夫妻团圆。

这类歌谣很多,这一时期的歌谣主要体现了爱国主义教育和民族精神。

劝夫参军①

(小 调)

鄂东北·红安

中速

① 叶金元,詹仲凯,王霞.红安民间歌曲集[M].武汉:华中师范大学出版社,2011:52.

送夫参军①

（小　调）

1=G 2/4

♩=84

鄂东北·红安

| 3 32 | 1 2 | 3 5 32 | 1 2 | 1 2 3 | 2 | 2 2 6 | 1 |

1. 天 上 月 亮　缺 又　圆（嘞）　〔情 郎 哥（啥），哥 哥 子　（啥）〕。
2. 今 天 与 郎　说 夜　话（嘞）　〔情 郎 哥（啥），哥 哥 子　（啥）〕。
3. 东 阳 鬼 子　千 千　万（嘞）　〔情 郎 哥（啥），哥 哥 子　（啥）〕。
4. 鬼 子 汉 奸　要 打　倒（嘞）　〔情 郎 哥（啥），哥 哥 子　（啥）〕。
5. 我 知 我 郎　情 意　好（嘞）　〔情 郎 歌（啥），哥 哥 子　（啥）〕。
6. 郎 在 前 方　杀 敌　人（嘞）　〔情 郎 歌（啥），哥 哥 子　（啥）〕。
7. 千 针 缝 来　万 针　连（嘞）　〔情 郎 歌（啥），哥 哥 子　（啥）〕。
8. 打 垮 敌 人　回 家　转（嘞）　〔情 郎 歌（啥），哥 哥 子　（啥）〕。

| 6. 1 | 6 1 | 2 1 6 5 | 2 6 1 | 6 1 | 6 5 6 1 | 5 |

1.人 间 夫 妻　（外 外 子 哟）　苦 又　甜（嘞）　〔奴 的 情　哥〕。
2.明 日 送 郎　（外 外 子 哟）　把 军　参（嘞）　〔奴 的 情　哥〕。
3.还 有 亲 日　（外 外 子 哟）　狗 汉　奸（嘞）　〔奴 的 情　哥〕。
4.千 斤 重 担　（外 外 子 哟）　在 郎　肩（嘞）　〔奴 的 情　哥〕。
5.不 要 把 妻　（外 外 子 哟）　挂 心　间（嘞）　〔奴 的 情　哥〕。
6.妻 在 家 里　（外 外 子 哟）　搞 生　产（嘞）　〔奴 的 情　哥〕。
7.做 双 新 鞋　（外 外 子 哟）　我 郎　穿（嘞）　〔奴 的 情　哥〕。
8.夫 妻 二 人　（外 外 子 哟）　再 团　圆（嘞）　〔奴 的 情　哥〕。

二、十二月探郎

　　《十二月探郎》这首大别山红色歌谣全面描述一年十二个月探郎的场景。正月探郎，知晓郎君当新四军，救国打日本；二月探郎，知晓郎君过黄州，成立五大队；三月探郎，知晓郎君过黄安，与日本军打仗，得到八架机关枪；四月探郎，知晓郎君过九江，日本的大炮轰轰响，但是红军革命的气势很旺盛；五月探郎，知晓郎君过了煌，在煌受了

---

　　①　叶金元,詹仲凯,王霞.红安民间歌曲集[M].武汉:华中师范大学出版社,2011:86.

很多苦，并升了一个分队长；六月探郎，知晓郎君过了洪山，每天三操带两讲，累得汗流不止；七月探郎，去了郎君的五大队，四门都围尽；八月探郎，在探郎途中听说家中都被敌人杀尽，悲痛不已，泪珠直往下流；九月探郎，知晓郎君在打仗，打了三天两夜，缴获了日本人的枪；十月探郎，郎君嘱咐妻子不要念，打日本得太平；十一月探郎，大雪飘，冷冻难熬，睡在稻草上，浑身上下凌冰响。十二月探郎，蜡梅开花，郎君请假回程，全家人见面喜开怀。

　　以上歌谣描述了大别山地区抗战时期，为了取得抗战胜利，打倒日本帝国主义，夫妻分离、家人被杀的真实场景。但即使在这种场景下，大别山精神还是在歌谣中展现出来，凝聚了人心，激发了斗争，为共同取得抗战胜利做出了贡献。

十二月探郎①

（小　调）

1= A 4/4

鄂东北·麻城

♩ = 72

	6	ⅰ 2	3 5 3 2	3	2 5	3 2 3 5	2 -	3 5 3 2 1 2	3
1.	正	月 (里)	探	郎	是 (呃)	新	春,	我 探 (的个)我	郎
2.	二	月 (里)	探	郎	是 (呃)	花	朝,	我 探 (的个)我	郎
3.	三	月 (里)	探	郎	三 (啊)	月	三,	我 探 (的个)我	郎
4.	四	月 (里)	探	郎	麦 (啊)	刁	黄,	我 探 (的个)我	郎
5.	五	月 (里)	探	郎	是 (呃)	端	阳,	我 探 (的个)我	郎
6.	六	月 (里)	探	郎	是 (呃)	炎	天,	我 探 (的个)我	郎
7.	七	月 (里)	探	郎	七 (呀)	月	七,	陈 汝 怀 谋	杀
8.	八	月 (里)	探	郎	是 (呃)	中	秋,	我 探 (的个)我	郎
9.	九	月 (里)	探	郎	是 (呃)	重	阳,	我 探 (的个)我	郎
10.	十	月 (里)	探	郎	小 (呃)	阳	春,	我 探 (的个)我	离
11.	冬	月 (里)	探	郎	大 (呀)	雪	飘,	我 探 (的个)我	郎
12.	腊	月 (里)	探	郎	腊 (呀)	梅	开,	我 郎 (的个)请	假

①　黄中骏.历史回声：湖北革命历史民歌典藏[M].武汉：长江文艺出版社，2021：65.

2̇ 2̇ 1̇ | 6 5 6 5 - | 2̇ 2̇ 2̇ | 2̇ 6 2̇ 6 1̇ | 2̇. 2̇ |

1. 去	当	兵;	当兵	要当	新四	军（哪）
2. 过（了）	黄	州;	黄州的	革命	召了	集（呀）
3. 过（了）	黄	安;	黄安与	日本	交一	仗（啊）
4. 过（了）	九	江;	日本的	大炮	轰轰	响（啊）
5. 过（了）	垃	煌;	垃煌的	苦处	说不	尽（哪）
6. 过（了）	洪	山;	每日里	三操	带两	讲（啊）
7. 五	大	队;	炉子坳	点火	扑扑	旺（啊）
8. 过（了）	铁	路;	听说	家中	都杀	尽（哪）
9. 去	打	仗;	打了	三天	并两	夜（呀）
10. 转（嘞）	回	程;	嘱咐	我妻	不要	念（哪）
11. 冷 冻	实难	熬;	浑身	上下	凌冰	响（啊）
12. 转（嘞）	回	来;	夫妻	三人	见一	面（呀）

2̇ 1̇ 6 1̇ | 1̇ 3 6 5 - | 6 6 2̇ 2̇ | 2̇ 6 1̇ | 2̇ 6 | 5. 3 5 - ‖

1. (小	郎	哥	嗻,	救国	打日本	（哪儿	唷吹吹）。
2. (小	郎	哥	嗻,	成立	五大队	（哪儿	唷吹吹）。
3. (小	郎	哥	嗻,	得	八架机关枪	（哪儿	唷吹吹）。
4. (小	郎	哥	嗻,	不过	势候旺	（哪儿	唷吹吹）。
5. (小	郎	哥	嗻,	升了个	分队长	（哪儿	唷吹吹）。
6. (小	郎	哥	嗻,	累得我	汗不干	（哪儿	唷吹吹）。
7. (小	郎	哥	嗻,	四门	都围尽	（哪儿	唷吹吹）。
8. (小	郎	哥	嗻,	泪珠	往下流	（哪儿	唷吹吹）。
9. (小	郎	哥	嗻,	顽固	缴了枪	（哪儿	唷吹吹）。
10. (小	郎	哥	嗻,	打日本	得太平	（哪儿	唷吹吹）。
11. (小	郎	哥	嗻,	睡的个	是稻草	（哪儿	唷吹吹）。
12. (小	郎	哥	嗻,	鸡叫	要开差	（哪儿	唷吹吹）。

三、举起枪和刀

《举起枪和刀》这首歌谣体现了在抗日战争年代,广大老百姓期待取得抗日战争的胜利。他们通过歌谣表达了对日本帝国主义的痛恨以及对国家独立的期盼,希望通过歌谣来鼓舞士气,以便让全中国人民更好地齐心协力、团结一心,共同对付日本帝国主义,取得抗日战争的伟大胜利。

在抗日战争时期,大别山地区人民英勇奋斗,这首歌谣歌唱新四军打日本、打国民党反动派,也显示了汪精卫在抗日战争中不作为,消极抗战,甚至暗中投降日本,成了日本的帮凶。《举起枪和刀》中写道:"叫声打柴的哥,听我说根苗(咧)。新四军一心要打日本佬(咧)。国军吓着拔腿跑(哎咳哟),(哎呀么)打柴的哥(喂)国军吓得拔腿跑(哎唉哟)。"这句歌谣写出了国共两党在抗战方面的态度,新四军一心抗日,国民党见日军吓得拔腿跑。

"(哎呀)放牛的妹,你也冒说倒(咧),汪精卫暗中投降了日本佬(咧),蒋介石儿也是他老表(哎咳哟),(哎呀么)放牛的妹(哎)蒋介石儿也是他老表(哎唉哟)。"这首歌谣唱出了国民党将领汪精卫投降日本,而蒋介石也是采取的消极抗日。这严重影响了国共合作、共同抗日的效果。

"叫声打柴的哥,这事我知晓(咧),共产党做事人民齐叫好(咧),坚决抗战横下心一条(哎唉哟),(哎呀么)打柴的哥(哎),坚决抗战横下心一条(哎唉哟)。"这句歌谣唱出了共产党人与汪精卫、蒋介石完全不同,在抗日态度上坚决,获得老百姓的拥戴。

"(哎呀么)放牛的妹,主意打定了(咧),中国不分男女和老少(咧),跟着共产党举起刀和枪(哎咳哟),(哎呀么)放牛的妹(哎),跟着共产党举起刀和枪(哎咳哟)。"这句歌谣是在对前三句歌谣关于共产党、蒋介石和汪精卫的描述的基础上,进行分析得到结论,进而号召放牛的妹和打柴的哥一样,作为中国人,不管中国男女老少,只有跟着中国共产党,举起刀和枪,共同对付日本,才能取得抗战胜利。这首通俗易懂的大别山红色歌谣具有很强的爱国主义教育意义。

举起枪和刀①
(山 歌 · 跳 槽 调)

1 = ♭B 2/4

鄂东北·英山

中速、坚定地

1 16	123	2 -	123	2 16	5 53 5
1. 叫 声	打 柴 的	哥,	听我	说根	苗 (咧),
2. (哎 呀)	放 牛 的	妹,	你也	冒说	倒 (咧),
3. 叫 声	打 柴 的	哥,	这事	我知	晓 (咧),
4. (哎呀么)	放 牛 的	妹,	主意	打定	了 (咧),

① 黄中骏.历史回声:湖北革命历史民歌典藏[M].武汉:长江文艺出版社,2021:82.

5	6	1̲ 6̲ 1	2· 3̲ 2̲ 1̲	6̲ 2̲ 3	2̲ 6	5̲ 5̲ 3̲ 5

1. 新 四 军　　一　心　要 打　日 本　佬（咧），
2. 汪 精 卫　　暗　中　投 降 了　日 本　佬（咧），
3. 共 产 党　　做　事　人 民　齐 叫　好（咧），
4. 中　国　　不　分　男 女　和 老　少（咧），

1̲ 6̲ 1̲ 1	6̲· 5̲ 3̲ 2̲ 3	5̲ 6̲ 5̲ 3̲	2 -	1̲ 1̲ 6	1̲ 3̲ 3

1. 国军吓得　拔　腿　跑（哎咳　哟），（哎呀么）打柴的
2. 蒋介石儿　也是　他老　表（哎咳　哟），（哎呀么）放牛的
3. 坚决抗战　横下　心一　条（哎咳　哟），（哎呀么）打柴的
4. 跟着共产党 举起 枪和　刀（哎咳　哟），（哎呀么）放牛的

2· 6̲ 1̲ 6̲	1̲ 6̲ 1̲ 1	6̲· 5̲ 3̲ 2̲ 3	5̲ 6̲ 5̲ 3̲	2 -

1.哥（喂）　国军吓得　拔　腿　跑（哎唉　哟）。
2.妹（哎）　蒋介石儿　也是　他老　表（哎唉　哟）。
3.哥（哎）　坚决抗战　横下　心一　条（哎唉　哟）。
4.妹（哎）　跟着共产党 举起 枪和　刀（哎唉　哟）。

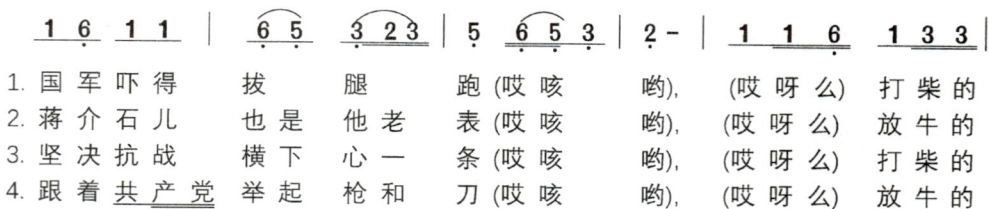

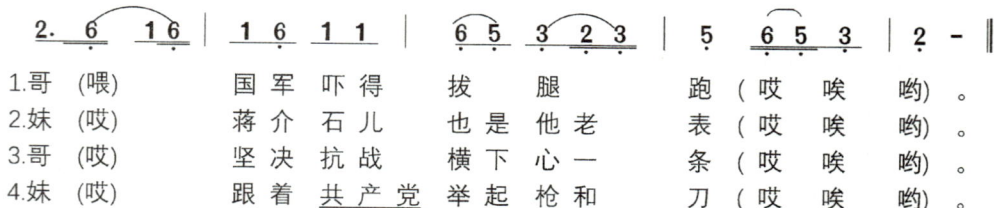

四、大悟山高又高

　　《大悟山高又高》这首歌谣是 1942 年春节大别山地区大悟山安来乡儿童团文艺宣传队到新四军第五师师部白果树慰问时演出的一个节目。节目展示的是大悟县人民对以毛主席为首的中国革命领导人的感激之情,特别是在歌中传唱了五师师长李先念同志、五师副政委陈少敏同志领导新四军在战争中取得较好成绩,处处为广大人民群众,组织人民子弟兵生产又练兵。

　　"大悟山,滚河水,水秀山青,毛主席派来新四军(四季花儿开),人民子弟兵。"这句歌谣道出了大悟山的山青、滚河水的水秀,毛主席派来新四军,人民子弟军,体现了毛主席对大别山区大悟山的关心,派新四军来助战。

　　"大悟山,高又高,红日照山岭,五师师长李先念(四季花儿开),苏区传威名。"这句歌谣唱出了五师师长李先念同志带部队来大悟山,开展慰问活动。

　　"大悟山,山连山,青松高入云,边区政委陈大姐(四季花儿开),处处为人民。"这句歌谣唱出了边区政委陈少敏同志在边区战斗过程中取得很好的成绩。

　　"新五师,子弟兵,勇敢又机灵,深入敌后依靠群众(四季花儿开),抗战打日本。李

师长，陈大姐，真是有本领，宣传革命武装群众（四季花儿开），万众一条心。……高高举起革命红旗（四季花儿开），永远向前进。"这几句歌谣写出了新五师子弟兵，依靠群众，深入敌后，在抗日战争中取得胜利。新四军与老百姓一起前呼后应，宣传革命武装，大家万众一心。

大悟山高又高①

1=G $\frac{2}{4}$ $\frac{3}{4}$

鄂东北·大悟

欢快地

5 6 5 3 2	5 6 5 3 2	2 5 3 2 1	2. 3 2

1. 大　悟　山，滚　河　水，水秀山　又　青，
2. 大　悟　山，高　又　高，红日照　山　顶，
3. 大　悟　山，山　连　山，青松高　入　云，
4. 新　五　师，子　弟　兵，勇敢又　机　灵，
5. 李　师　长，陈　大　姐，真是有　本　领，
6. 李　师　长，陈　大　姐，我们的贴心　人，
7. 大　悟　山，老　苏　区，革命根　据　地，

1. 2 5 3	1. 2 5 3	1 2 3 1 2	2 1 1 6 1	2. 6 5 :

1. 毛主席　派来　新四军，　（四季花儿开）人民子弟　兵。
2. 五　师　师长　李先念，　（四季花儿开）苏区传威　名。
3. 边　区　政委　陈大姐，　（四季花儿开）处处为人　民。
4. 深　入　敌后　依靠群众，　（四季花儿开）抗战打日　本。
5. 宣　传　革命　武装人民，　（四季花儿开）万众一条　心。
6. 领　导　我们　组织起来，　（四季花儿开）生产又练　兵。
7. 高　高　举起　革命红旗，　（四季花儿开）永远向前　进。

结束句。

1. 2 5 3	1. 2 5 3	1 2 3 1 2	6 5 3 5 6 2	5 -

高高 举起 革命 红旗，（四季花儿开）永远 向　前　进。

① 黄中骏.历史回声：湖北革命历史民歌典藏[M].武汉：长江文艺出版社，2011：483.

◆ 第四节　解放战争时期大别山的红色歌谣

在国共双方达成停战协议的第二天,国民党先后调集 30 余万部队,悍然向中原解放军大举围攻,公开挑起了全面内战。经过 8 年浴血抗战的中原军区部队,在李先念、郑位三、王震和王树声的领导下,顽强地在中原解放区进行了 10 个月的战略坚守,并于 1946 年 6 月 26 日晚成功进行了具有深远意义的"中原突围",从而拉开了人民解放战争的序幕。人民解放军中原军区的存在,让蒋介石如坐针毡,每时每刻都想消灭"红安木匠"李先念的部队。从 1945 年 8 月开始,30 万敌军层层围困。我 6 万余名将士以敢为人先的自我牺牲,为其他解放军部队休养生息赢得了宝贵时间,由此拉开了全国解放战争的序幕。

解放战争时期,大别山将士舍生忘死,负重坚守,勇于担当;大别山人民朴诚勇毅,顾全大局,甘于奉献。中原突围,拉开解放战争的序幕;刘邓大军千里跃进大别山,实现人民解放军战略大反攻的伟大转折。从东北黑土地,到海南琼崖岛,大别山将士一路凯歌。渡江作战,百万雄师过大江,大别山人民紧密配合,支援前线,赢得了"红色渡口""英雄水手"等诸多美称。

这一时期,大别山红色歌谣以解放战争为题材,通过描述讴歌解放军的革命成果,凝聚了广大人民群众的革命共识,对推翻国民党反动派具有重要的意义。

一、刘邓大军

红旗就是号令,突围就是军令。突围队伍抛掉辎重,轻装上阵。山高林密,河流纵横。平汉铁路边,敌人里三层,外三层,铁丝网,密布的碉堡,铁桶一般密不透风。敌人枪炮轰鸣,不断有战士倒在血泊之中。中原突围,我军将士用生命实现了党中央关于"向南防御,向北发展"的战略目标,落实了党中央"生存第一,胜利第一"的指示,为其他解放军部队休养生息赢得了宝贵时间。

1947 年 6 月 30 日,在胜利结束鲁西南战役后,刘邓率领晋冀鲁豫野战军第一、第二、第三、第六纵队 12 万多人,突破黄河天险,鏖战鲁西南,挺进中原,于 8 月 27 日千里跃进大别山,揭开了人民解放军战略大反攻的序幕。凶狠的敌人烧杀抢掠,丝毫也不能动摇老区人民拥军爱军的决心，他们端茶送饭，提灯打伞，使军民鱼水深情久久荡漾在巍峨瑰丽的大别山。大军战斗英勇、纪律严明、士气高涨，为进一步发动群众、建立根据地创造了极为有利的条件。

《刘邓大军》这首歌谣就是这一时期诞生的。歌谣中写道，"刘邓大军真（呀）勇敢，鲁西大战，渡河反攻歼敌十几万，蒋介石正在手忙又脚乱，我们要挺进大别山（呀咿唷），大别山好比一把剑，直插在蒋介石心（呀）里面。"从歌谣中得知，刘邓大军在鲁西大战中，渡河反攻歼敌十几万，大大鼓舞了解放军的士气，为挺进大别山，再一次取得革命胜利奠定了基础。

刘 邓 大 军①

（小　调）

鄂东北·红安

二、欢迎代表团

《欢迎代表团》这首歌谣是 1946 年大别山人民为欢迎董必武率领的慰问团而唱

---

①　叶金元，詹仲凯，王霞.红安民间歌曲集［M］.武汉：华中师范大学出版社，2011：87.

的。1946 年 6 月 26 日,中原突围之后,中国共产党领导的解放军在解放战争中占据了主动权。

歌谣中写道,"锣鼓响连天(哪),欢迎那代表团(哪),悬灯结彩来迎接,好像温暖的春天来到宜化店"。歌谣体现了在解放战争时期,大别山老区人民敲锣打鼓、悬灯结彩欢迎董必武慰问团。这不仅表明了大别山人民爱军拥军,而且也表明了军民一心,为了共同的目标而努力奋斗。

欢迎代表团①

1=C 2/4

佚名　词曲

$\dot{2}$ 2 3 3 2 | 1 2 0 | $\dot{1}$ 1 1 2 1 | 5 6 0 | $\dot{2}$ 2 $\dot{2}$ 1 |

锣 鼓 响 连 天(哪)　欢 迎 那 代 表 团(哪)　悬 灯 结 彩

$\dot{2}$ 3 1 2 | $\dot{2}$ 2 $\dot{2}$ 1 1 | $\dot{2}$ 3 $\dot{2}$ 1 | $\dot{2}$ 2 $\dot{1}$ 6 | 5 - ‖

来 迎 接　好 像 温 暖 的　春 天　来 到 宜 化 店。

---

① 黄中骏.历史回声:湖北革命历史民歌典藏[M].武汉:长江文艺出版社,2011:483.

后　记

　　正值党的二十大胜利闭幕,《大别山红色文化概论》一书的撰写和统稿工作也终于完成了！即将付梓之际,半是喜悦半是忐忑。喜悦的是,本书的内容与二十大报告中"推进文化自信自强,铸就社会主义文化新辉煌"的精神契合,是贯彻报告中"弘扬以伟大建党精神为源头的中国共产党人精神谱系,用好红色资源""推动理想信念教育常态化、制度化,持续抓好党史、新中国史、改革开放史、社会主义发展史宣传教育"等重要指示的应时应势的高校思政课校本教材。忐忑的是,好的书总是精益求精,慢慢打磨、细细推敲,用时间成就品质,我们这本教材的写作还是有些仓促,在内容上必有待丰富的空间,在质量上也有较粗糙的地方,在观点上还有可商榷的余地。当然,这种忐忑也增加了我们下一步继续完善教材的动力。

　　本书的准备工作自 2021 年秋,完稿于 2022 年秋,历时一年。特别感谢黄冈师范学院党委行政对本书的高度重视和全力支持。黄冈师范学院是一所具有深厚红色基因的革命老区高校,红色是校园文化的底色,红色文化育人是学校人才培养的特色。多年来,在校党委行政的领导部署下,通过建设一个红色资源馆、一个红色剧目、一个红色文化研究中心、一批红色教育读本等"十个一"载体,打造出以"红色基因代代相传"为主题的"红色薪传"育人品牌,本书即是这项育人工程中的内容之一。

　　全书共六章的内容,第一章为汪季石、夏慧撰写,第二章为王贵东、陈永典撰写,第三章为宋文生、张扬撰写,第四章为夏慧、汪季石撰写,第五章为郑鹏、王贵东撰写,第六章为余晚霞撰写。宋文生、汪季石对全书进行了最后的统稿。

　　本书存在的不尽人意之处,请各位专家学者批评指正,不吝赐教！